esotera

Taschenbücherei im
Verlag Hermann Bauer

Mit dieser Reihe, in der jährlich etwa acht Titel erscheinen, macht der Verlag Hermann Bauer dem interessierten Leser bedeutende Werke aus Bereichen der Esoterik und Grenzwissenschaften zu ungewöhnlich günstigen Preisen zugänglich. Der Schwerpunkt bei der Auswahl für die *esotera-Taschenbücherei* liegt auf Titeln, die dem Leser auf leicht faßliche und umfassende Weise esoterisches Wissen vermitteln, und das er auch in seinem Leben anwenden kann. Die Auswahl der Werke erfolgt auf Vorschlag und in enger Zusammenarbeit mit der Redaktion der in Europa führenden grenzwissenschaftlichen Fachzeitschrift »esotera«; ein Teil der Neuveröffentlichungen geht direkt aus der redaktionellen Arbeit von »esotera« hervor.

Bisher sind erschienen:
Archarion: Von wahrer Alchemie.
Findlay: Beweise für ein Leben nach dem Tod.
Sterneder: Tierkreisgeheimnis und Menschenleben.

Harry Edwards

Geistheilung

Verlag Hermann Bauer
Freiburg im Breisgau

CIP-Kurztitelaufnahme der Deutschen Bibliothek

Edwards, Harry:
Geistheilung / Harry Edwards. – 1. Aufl.,
Freiburg im Breisgau: Bauer, 1983.
(esotera-Taschenbücherei)
ISBN 3-7626-0603-X

Die *esotera-Taschenbücherei* erscheint im
Verlag Hermann Bauer KG, Freiburg im Breisgau.

1. Auflage 1983.
© 1983 by Hermann Bauer KG, Freiburg im Breisgau.
Alle Rechte vorbehalten.
Gesamtherstellung: May & Co Nachf., Darmstadt.
Printed in Germany.

ISBN 3-7626-0603-X

Inhalt

Vorwort des Übersetzers   5
Vorwort   9

Erster Teil:

Geistheilung   11
Grundlagen der Geistheilung   13
Das ganzheitliche Selbst   25
Voraussetzungen, um Heilung zu bewirken   30
Methoden der Geistheilung   36
Die Heilungsgabe   53
Geistheilung und Kirche   67
Geistheilung und Arztberuf   80
Die Göttliche Absicht der Geistheilung   91

Zweiter Teil:

Die Anwendung geistiger Heilung   97
Die Heilungskräfte   99
Weshalb einige Heilungen zu versagen scheinen   108
Die eigentliche „geistige" (mentale) Heilung   120
„Glaubens"-Heilung   138
Heilung organischer Krankheiten   145
Heilung „nervlicher" Krankheiten   178
Außergewöhnliche Heilungen   201
Schlußfolgerungen und Ausblick   223

Vorwort des Übersetzers

Als gemäßeste Übersetzung des englischen Originaltitels „Spirit Healing", der sich wörtlich auf die Heilung mit Hilfe *jenseitiger* Geister" bezieht, empfahl sich das schlichte Wort „Geistheilung".

Kraft jenes eigentümlichen jedem Sprachgebrauch anhaftenden „Zaubers" werden unsere die eigentlichen Wirklichkeiten ohnehin schon kaum umgreifenden Worte häufig noch mit langgehegten Vorurteilen entspringenden „Verfärbungen" imprägniert, die ebenso wenig ausrottbar scheinen wie ein Schock aus dem menschlichen Gemüt oder die „Urangst" aus dem Unterbewußtsein.

Mögen wir also mit der Bezeichnung „Geistheilung" gleichzeitig ein sprachliches „gentleman agreement", also sozusagen einen „Ehrenkompromiß" zwischen den beiden sich anbietenden Extremen der Übersetzungsmöglichkeiten, „Geistheilung" und „Geistige Heilung". schließen. Denn erstere dieser Möglichkeiten wäre im Deutschen denn doch nicht gut geeignet, da dem Worte „Geister" für das deutsche „Gespür" (im Gegensatz zum entsprechenden für englische Ohren und Hirne viel „saubereren" Worte „spirit") nun einmal der makabre Gout „umherwallender Gespenster" anhaftet, so läppisch diese Fehlschaltung auch ist und „jenseitige Leute", wie sie vom Verfasser einmal herzhaft und Rechtens genannt werden, nicht zu Gespenstern herabgewürdigt werden können und auch keine solchen sind; jedoch erschiene die Bezeichnung „Geisterheilung" auch ohne solchen makabren „Beigeschmack" nicht als Titel angezeigt, denn das Wort „Geist" meint vorrangig eine qualitative Potenz, und nur der törichte Sprachgebrauch, unsere ins

Größere Leben hineingegangenen Mitmenschen als „Geister" zu bezeichnen (obwohl es sich allmählich „herumgesprochen" haben sollte, daß man „Drüben" einen entsprechend feinstofflicheren Körper hat), gibt Anlaß zu den skurrilsten „Sprachscherzen". Ein solcher ist etwa das auf eine gewisse Art scheinmedialer „Massenkundgaben" bezogene Wort: „viele Geister, aber kein Geist."

Harry Edwards, dieser große Leistende, mag in seiner echten Bescheidenheit seine Funktion, bloßes Werkzeug, bloßer „Kanal" für die Jenseitsheiler und -heilungskräfte zu sein, ein wenig übertonen und seinen eigenen „Geist" im besten und weitesten Sinne, mit allen Gemütswerten und seiner christlichen Liebe nicht so hoch selbst einschätzen, aber nichtsdestoweniger ist dieser sein Geist (und das gilt für jeden Geistheiler, wie er auch ausführt), wesentliche Mithilfe seiner Einung mit den „Brüdern aus dem Größeren Leben" und damit Voraussetzung der Heilungsvermittlung. Nicht zuletzt also aus diesem Grunde ist die schlichte Definition „Geistheilung" zugleich die umfassendste, denn sie wird der für den Heilungsvorgang tatsächlich vorausgesetzten Überein-Stimmung („attunement") des Geistes des Heilers mit dem Geiste seines jenseitigen Kollegen am besten gerecht, da „beide Geister in einem Wort" erfaßt werden.

Diese Titelbezeichnung wird also am häufigsten im Text verwandt, während der im Originaltext vorkommende Begriff „Spiritual Healing" als „Geistige Heilung" und zuweilen, wenn die Gestimmtheit des Satzbildes dafür sprach, als „Spirituelle Heilung" übersetzt wurde, wobei es sich grundsätzlich um dieselbe, nämlich aus der „Geistigen Welt" gesteuerte Heilung, handelt, welcher Bezug durch Großschreibung der betreffenden Attribute gekennzeichnet wurde.

Als Titel empfahl sich der Begriff „Geistige Heilung" deshalb nicht, da man bekanntlich unter „geistiger Heilung" auch alle anderen außerhalb der orthodoxen Therapien liegenden Heilungsmethoden versteht, wobei sowohl „Glaubensheilung" und Gebetsheilung als auch etwa Homöopathie und Naturheilverfahren im besten Sinne „geistige Heilungsmethoden" sind.

Der Verfasser ist aber weder Homöopath noch Glaubensheiler, sondern er vermittelt Heilung durch *Jenseitige,* durch „Persönlichkeiten aus der Größeren Welt" bzw. „Leute von Drüben".

Daß man sich unter dem Titel die Heilung von „Geisteskrankheiten" vorstellt, dürfte kaum vorkommen, da der Name des Verfassers als „Geisterheiler" (da haben wir wieder das „schöne Wort") auch bei uns Suchern nach höherer Wahrheit und „gebildeten Okkultisten" allgemein bekannt sein dürfte; abgesehen davon natürlich, daß die „Heilung von Geisteskrankheiten" sprachlich korrekt „Geistesheilung" heißen müßte, obwohl dieser Begriff als solcher gar nicht gebraucht werden sollte, da der „Geist nicht krank sein kann". Wir sehen, daß die Sprache ihre Tücken hat.

Lassen wir also diese puren Äußerlichkeiten beiseite. Betrachten wir es auch als unwesentlich, daß der Verfasser die polemischen Ausführungen gegen Kirche und Medizin vielleicht gelegentlich, aber auch nur gelegentlich, „überdreht", denn im Prinzip hat er recht, und halten wir auch nicht seine Terminologie für das Entscheidende des Buches, denn er will kein Philosoph oder Theologe sein, und übrigens gibt es "1001" Systeme und Ansichten über Aufbau und Zusammensetzung von Körper, Seele, Geist und Transzendenz. Wie es wirklich ist, läßt sich nicht begrifflich fassen. Worte sind Hilfsmittel, und sie sollen nur als solche verwandt werden, und das tut der Verfasser im besten Sinne.

Was allein zählt, ist die wahrhaft ungeheuerliche Tatsache, die ich ohne Exaltation und objektiv, aber mit echter Bewunderung und Begeisterung ausspreche, daß dieser warmherzige, gütige und wahrlich „treue" Mensch, Harry Edwards, die „Unheilbaren" dennoch heilt, bei der Beseitigung schwerster körperlicher und seelischer Leiden wahre „Wunder" vollbringt (obwohl er dieses Wort nicht gebrauchte, aber man kann auch sagen, daß „alles Wunder" ist); kurzum: daß er bei aller seiner und wohl gerade wegen seiner überzeugenden warmherzigen Schlichtheit dennoch einer der größten „Meister der Tat" aller Zeiten und Räume ist.

Seine und seiner getreuen Mitarbeiter Segenstaten sind schier unermeßlich; sie sind „Magie" im besten Sinne und mögen wahrlich ein neues Zeitalter einleiten, ein Zeitalter der gegenseitigen Hilfsbereitschaft und des Friedens, und des Verfassers von Oben begnadetes Wirken berechtigt zu der Hoffnung, daß das bekannte dämonistische Motto „Dienen macht groß, aber Herrschen macht größer" seine Umpolung erfährt, indem Dienen als Helfen und damit als gewaltlose Herrschaft über das Böse, wie es Harry Edwards mit Hilfe seiner jenseitigen Freunde seit Jahren demonstriert, zum alleinigen und allgemeinen Menschheitsziel wird.

„Wer heilt, hat recht" gilt für diesen großen Mann in zweifacher Hinsicht; er hat recht, indem er dem irdischen Leibe und Gemüt Heilung bringt; aber er bringt Heilung und damit „Heil" und „Heiligung" auch unserem unvergänglichen Menschen, unserem unverlöschlichen Selbst, denn ein reinerer und erhabenerer Beweis des Vorhandenseins von echten Persönlichkeiten in einer jenseitigen Welt, als diese auf unserer Erde Leid lindern und beseitigen zu lassen, wäre nicht mehr denkbar.

Mit Worten vermag man diesem echten „Geistlichen", diesem wahrhaften „Priesterarzt" und seinen „Jüngern" nicht zu danken. Versuchen wir deshalb, ihm nachzueifern; Heilung, Heil und Hilfe auch im kleinsten „Alltags"-Kreise, und sei es nur mit dem echten guten Willen (und nicht nur mit der Attrappe eines solchen), zu schaffen. Das wird dem Verfasser und seinen Freunden „von Drüben" der schönste Dank sein.

Seesen/Harz, Oktober 1960.   Eberhard Maria Körner

Als dieses Buch gerade in Druck gehen sollte, erreicht uns die Nachricht eines bedeutsamen Fortschritts in der Anerkennung der geistigen Heilung seitens der offiziellen Medizin. Im September 1959 wurde von der „National Federation of Spiritual Healers" (Nationaler Bund Geistiger Heiler) ein Brief an die Kapazitäten der Londoner Krankenhäuser gerichtet, in dem um Erlaubnis gebeten wurde, den bevollmächtigten Mitgliedern des Bundes Krankenhausbesuche zu gestatten, um die Heilung der Patienten, falls diese einwilligten, unter Beachtung der üblichen ärztlichen Richtlinien durchzuführen. Eine solche Behandlung würde mittels Gebetshilfe und Handauflegen erfolgen.

Am 30. November gaben nicht weniger als zweiundzwanzig der verantwortlichen ärztlichen Kapazitäten diese Erlaubnis, und dies bedeutet, daß annähernd zweihundert Londoner Krankenhäuser nunmehr ihre Tore den geistigen Heilern öffneten. Ein Sprecher des Gesundheitsministeriums erklärte, daß dieses Vorrecht auf der gleichen Grundlage gewährt würde, wie sie auch für Priester und Religionsdiener Anwendung fände.

Nachdem die erste öffentliche Ankündigung dieser fortschrittlichen Neuerung erfolgt war, brachte ein Vertreter der Britischen Ärztekammer seine Bedenken gegen diesen Plan zum Ausdruck. Als diese Kammer jedoch von den Absichten des Heiler-Bundes im einzelnen informiert worden war und zur Kenntnis genommen hatte, daß die ethischen Ärzterichtlinien von den Heilern angenommen worden waren, schrieb der Sekretär der Britischen Ärzte-Kammer, daß diese Vorschläge ihre eigenen Bedenken mildern würden. Er ging so weit, den praktischen Wink zu geben, daß das Anliegen des Bundes auch anderen Krankenhäusern nahegelegt werden möge.

Es ist beabsichtigt, an jede medizinische Kapazität im Vereinigten Königreich heranzutreten, und es ist zuversichtlich zu erwarten, daß die übrigen Krankenhäuser dem Beispiel Londons folgen werden.

Somit werden wir zum ersten Male in unserer Geschichte eine Form der zusammenwirkenden Ko-Existenz zwischen Ärzteschaft und Geistigen Heilern erleben. Daraus werden sich weitreichende Wirkungen ergeben. Die eine wird die Notwendigkeit der Revision des Einspruchs der Britischen Ärzteversammlung gegen jene Ärzte sein, die mit Geistigen Heilern zusammenzuarbeiten wünschen. Eine andere begrüßenswerte Wirkung wird insofern eintreten, als Ärzte und Chirurgen den Genesungsforschritt der Patienten durch Geistige Heilung beobachten und damit geneigter werden, diese Heilungsweise auch für die Kranken unter ihrer Obhut mit heranzuziehen.

Das wichtigste Ergebnis dieser Entwicklung wird schließlich die Anerkennung der wahrhaftigen Existenz der menschlichen Geisteskräfte sein, die beweisen, daß der Mensch Teil des Geistes selbst sein muß, um imstande zu sein, Hilfe aus einer geistigen Quelle zu empfangen, womit der medizinischen Forschung ein weites Neuland erschlossen ist.

I. Teil:

GEISTHEILUNG

1. Kapitel

Grundlagen der Geistheilung

Geistheilung ist kein Mysterium, obwohl wir dazu neigen, sie als solches anzusehen. Die wichtigste Lehre, die ich aus meinen nunmehr mehr als ein Vierteljahrhundert während Heilungserfahrungen gewonnen habe, ist die Erkenntnis, daß der Heilungsvorgang an sich sehr einfach ist, sofern sich der Heiler wirklich bemüht und an der Heilung mit dem Herzen interessiert ist, während die Ausführung der Heilung dennoch eine exakte Wissenschaft ist.

Während des letzten Jahrzehnts verbreitete sich die Anerkennung der Geistigen Heilung in größtem Ausmaß, und dieser Erfolg machte sich wiederum in Form zahlreicher gelungener Krankenheilungen bemerkbar. Die Geistige Heilung wird jetzt im Prinzip auch von der Kirche und Medizin anerkannt. Auch die Presse erkennt diese Heilungen an und bringt in der Regel keine Berichte mehr darüber, denn es handelt sich um nichts „Neues" mehr. Wichtiger ist noch der Umstand, daß das Wissen um die Geistige Heilung in den Herzen jener Menschen und jener Familien Platz gefunden hat, die selbst dadurch ihre Gesundheit wiederfanden; dabei oftmals in Fällen, in denen die Schulmedizin nicht mehr zu helfen vermochte. Diese Anerkennung beschränkt sich keineswegs nur auf Großbritannien, sondern fand weltweite Verbreitung, besonders in den Kolonien und in den USA, während die Vorurteile des kontinentalen Europas auch allmählich der Anerkennung der Tatsächlichkeit der am Werk befindlichen Heilungskräfte weichen.

Jene Skeptiker, welche annehmen mögen, daß es nur die leichtgläubigen und beeinflußbaren Menschen sind, welche die Geistheilung bezeugen, haben sich mit der Tatsache vertraut zu machen, daß sich Menschen aus allen sozialen Schichten an den Verfasser um Heilung wandten; darunter der Führer einer politischen Partei; Parlamentsmitglieder; ein kommandierender General, als auch andere Generale und Admirale. Nahezu jeglicher Berufsstand ist vertreten; hervorragende Chirurgen und praktische Ärzte und viele sonstige Mediziner. Allein von Ärzten erhielt ich mehr als tausend Briefe im letzten Jahr und weit mehr noch von Geistlichen oder sonstigen Religionsdienern, die zu meinem Heiligtum (so werden in England die spiritualistischen Heilstätten genannt. D. Übers.) auf Veranlassung anderer maßgeblicher Vertreter und Verkünder des Christlichen Gedankens geführt wurden. Da kamen indische Prinzen, ein Erzbischof, Richter und andere Angehörige des Rechtsberufs, Dirigenten bekannter Orchester, Komponisten, Olympiakämpfer, Verantwortliche des BBC (größte englische Rundfunkstation) und viele weitere Prominenzen, deren Namen von Film und Bühne her bekannt sind. Also wahrlich aus jeder sozialen Schicht kamen die Menschen; aus den höchsten Rängen bis hinunter zu den bescheidensten. Aber alle waren sich einig in ihrer Suche nach Heilung.

Es ist nicht möglich, die Namen dieser bekannten Persönlichkeiten preiszugeben, denn die überwiegende Mehrheit von ihnen lebt, und Heilung wurde ihnen auf Vertrauensbasis zuteil. Jedoch kann ich als Beispiel die Namen zweier Mitglieder unserer Königlichen Familie angeben, die bereits in das Geistige Leben hinübergegangen sind: der Earl (Graf) von Athlone und H. R. H. (Ihre Königliche Hoheit) Prinzessin Marie Louise. Die Prinzessin kam vor einer Reihe von Jahren in das Heiligtum, um zunächst von ihrer Gicht in Knien und Schultern befreit zu werden, was auch bald gelang. Und später kam sie wieder, um allgemein gekräftigt zu werden und wegen anderer inzwischen ausgebrochener Beschwerden. Die Prinzessin bat auch um Fernheilung von Mitgliedern ihres Kreises, darunter der Exkönigin von Spanien, und sie bestand darauf, dieser laufende Berichte von den Fortschritten, die jeder einzelne gemacht hatte, zu geben.

Zwei Tage vor der Krönung der Königin kam sie, um Stärkung und Hilfe zum guten Überstehen der anstrengenden Empfänge und Zeremonien zu erbitten. Doch die Zeit ging dahin, und das Alter forderte seinen Tribut, und die Prinzessin wurde körperlich schwächer und schwächer. Ihr letzter Besuch bei mir erfolgte kurz vor ihrem Hinübergang. Sie hatte soeben ihr Buch veröffentlicht, und ihre Bitte war, daß sie noch Kraft genug bekommen möge, um die geglückte Publikation traditionsgemäß mit dem üblichen Essen in „Foyle's" Restaurant einweihen zu können. Bei ihrer Ankunft war sie so schwach, daß sie auf dem Wege vom Auto bis auf meine Couch gestützt werden mußte. Sie hatte nicht mehr die Kraft, die kurze Strecke zum Heiligtum allein zu gehen. Doch nachdem Frau Burton (sie und ihr Mann sind meine Mitarbeiter) und ich um Kraft für sie gebeten hatten, war sie imstande, aufrecht zu stehen und allein zu ihrem Wagen zurückzugehen. Sie bekam so ihren Wunsch erfüllt und konnte noch dem Essen beiwohnen. Offizielle Anerkennung dieser Heilhilfe, die wir der Prinzessin zuteil werden lassen durften, erfuhr ich durch die Einladung Lord Chamberlains, ihrer Beisetzung in der St.-George's-Kapelle in Windsor beizuwohnen.

Ich führe diese Beispiele hervorragender und prominenter heilungsuchender Persönlichkeiten nicht etwa an, um meiner Person einen selbstgefälligen Dienst zu erweisen, sondern einfach deswegen, um zu zeigen, wie weitgehend die Geistheilung bereits auch von den Kulturträgern und Intellektuellen in unserem Land anerkannt wird. Es kann aber gesagt werden, daß auch alle anderen Menschen, aus allen Schichten und Kreisen, zum Heiligtum gereist sind, um Heilung zu suchen und zu finden, und zwar aus den Kolonien, aus den USA und vielen anderen Ländern.

Unser Verständnis der Heilungskräfte ist bis jetzt begrenzt; doch reichen unsere bisherigen Erfahrungen hinlänglich genug aus, um erste Schlüsse auf Ursprung und Anwendungsarten dieser Kräfte zu ziehen.

Diese Heilungskräfte sind nicht physischer Natur. Sie wurzeln im Geistigen Reich. Diese Tatsache ist eine Herausforderung an alle jene, die sich einer rein materialistischen Weltanschauung verschworen haben; sie ist mithin ein Beweismittel, das in diesem mit wissenschaftlichen Maßstäben messenden Zeitalter der Menschheit eine der wesentlichsten Wahrheiten beweist: die Existenz des lebenden Geistes und der lebenden Seele!

Es gibt keine äußeren Regeln noch irgendeine menschliche Technik, welche die Geistheilung unter Kontrolle halten könnte. Sie entspringt einer anderen Lebensdimension, und deshalb ist ihre Handhabung im einzelnen für uns ebenso schwierig zu begreifen, wie ein blindgeborener Mensch die Beschreibung einer Farbe begriffe. Doch die neuen physikalischen Erkenntnisse, insbesondere in bezug auf Struktur und Zweck der Energie, trugen nicht unwesentlich dazu bei, um auch unser Verständnis für die Heilungskräfte ein wenig mehr aufzuhellen.

Ich definiere den Begriff „Geistheilung" als einen solchen, der eine Heilung, die durch eine nicht-menschliche Kraft erfolgt, bezeichnet. Da es die gemeinsame Aufgabe aller Heiler ist, die Wiedergenesung kranker Menschen von allen Arten von Beschwerden zu erwirken und zu bezeugen, sind wir genötigt, unseren Fall, nämlich die Geistheilung, an den als unheilbar geltenden Fällen zu messen. Eine Prüfung kann nicht mit der erfolgreichen Heilung weniger schwerer Fälle als erfolgreich abgeschlossen gelten, denn es kann mit Fug und Recht gesagt werden: „Der Patient würde sowieso gesund geworden sein", oder „Die Wiederherstellung des Patienten ist auf Medikamente oder ärztliche Behandlung zuückzuführen".

Die Zeugnisse für die Geistheilung beruhen auf einer großen Anzahl sogenannter „unheilbarer Kranker", die zur normalen Gesundheit zurückgefunden haben. Soeben gesteht die „Britische Ärztekammer" ein, daß „durch die Geistheilung gesundheitliche Wiederherstellungen erreicht wurden, die nicht mittels der medizinischen Wissenschaft erklärt werden können".

Da wir aber als direktes Ergebnis unserer Geistheilung die Bemeisterung „unheilbarer" Krankheiten erleben, die der ganzen „Kunst" unserer „Ärzte vom Fach" trotzen, so haben wir damit das einzig gültige und unwiderlegliche Beweismittel sowohl für die Tatsächlichkeit als auch für die Berechtigung der Geistheilung erbracht.

Zur Einführung ist die Darlegung unserer Überzeugung von Ursprung und Anwendung der Geistheilung angebracht. Wir glauben, daß alle Heilkraft und Heilung göttlich ist, und daß sie ihren Ursprung in Gott hat. Die Zulassung der Geistheilung ist ein Teil Seines Planes, um zu zeigen, daß der Mensch ein geistiges Wesen ist, und nur auf geistigem Wege dem Bösen der Krankheit wirklich beigekommen werden kann.

Alte Religionen offenbaren uns Geschichten, die von Geistererscheinungen zu berichten wissen, und die Bibel bezeugt die Erscheinung von Engeln, Visionen, Propheten und Stimmen. Im letzten Jahrhundert vollzog sich ein bedeutender Fortschritt in der Entwicklung der Gewahrung und Anwendung der „Gaben des Geistes", und damit wurden auch die Persönlichkeiten der Geistführer eine selbstverständliche und vertraute Tatsache in der Geisteswissenschaft.

Daß wir nicht direkt auf das Wirken der Geistführer hinsichtlich Christi Mission auf Erden Bezug zu nehmen haben, bedeutet nicht, daß diese Geistführer nicht wirken würden. Wir wollen hier nur an die Vision des Elisa, die Anwesenheit der Geister bei der Pfingstgemeinde und an die Stimme, die Saulus bekehrte, erinnern.

Mit der Entwicklung des modernen Spiritualismus wurde die Aufmerksamkeit vor allem auf die mutige Bereitschaft der Geistführer, sich selbst zu offenbaren, gelenkt; und nicht zuletzt dadurch machte auch die Entwicklung der Mediumschaft und Heilerschaft gewaltige Fortschritte und brachte uns eine weitere Annäherung des Geistigen Reichs.

Die meisten Richtungen der Christlichen Religion erkennen das segensreiche Werk nicht an, das sich durch die Zusammenarbeit mit diesen guten jenseitigen Beratern, die uns beistehen, führen und Krankheiten heilen, für unser irdisches Leben ergibt; aber sie dulden seine Existenz. Die Kirchen bezeichnen die Geistführer herabsetzend als „entkörperte Geister". Andererseits aber glaubt die Anglikanische und desgleichen die Römisch-Katholische Kirche an die „Gemeinschaft der Heiligen"; und die Heiligenbilder und -medaillen sollen ihre Besitzer doch vor Krankheit, Unfall und anderen Fährnissen durch direkte Einwirkungen bzw. Fürsprache der jenseitigen Heiligen schützen.

Der Stand der Heiligkeit wird durch Menschen ausgesprochen; es handelt sich dabei um keine göttliche Ernennung, und der Umstand, daß die Römisch-Katholische sowie die Anglikanische Kirche glauben, daß diese Heiligen den Menschen Segnungen und besondere Gnaden und Wohltaten erweisen können, beweist, daß die Kirchen im Prinzip die wirkliche Existenz dieser jenseitigen Geistführer ebenso bejahen wie wir.

Die Kirche gesteht zu, daß „entkörperte" und böse Geister schädlichen Einfluß auf manche Menschen nehmen können; und tatsächlich wird ja auch der „Exorzismus", die „Austreibung böser Geister", von der Kirche betrieben. Daraus aber folgt natürlicherweise, daß es, genauso wie es böse Geistereinflüsse gibt, auch gute gibt, die den Himmlischen Heerscharen zugehören, und die im weisen Göttlichen Plane die Aufgabe haben, auf praktische Weise das geistige Bewußtsein im Menschen zu erwecken; indem sie nämlich die Befreiung von Körper, Seele und Gemüt von ihren Unzulänglichkeiten, Gebrechen und Qualen demonstrieren!

In den letzten Jahren gründete nahezu jede Richtung der Christlichen Religion im Vereinigten Königreich, die Kirche von England, die Kirche von Schottland, die Presbyterianer, die Congregationalisten und die Methodisten, Untersuchungskommissionen, um in die Geistheilung einzudringen. Sie haben die Ansprüche und Ziele der Geistheilung mit großer Sorgfalt geprüft. In jedem Falle dauerte diese Prüfung mehrere Jahre; im Falle der Kirche von England waren es fünf Jahre. Das Arbeitsziel jeder dieser Kommissionen war die Feststellung der Tatsächlichkeit von Geistheilungen und die Untersuchung der Frage, auf welche Weise die verlorene Heilungsgabe in das seelsorgerische Werk der Kirchen zurückgeführt werden könnte. Mit dem weiteren Verlauf des zweiten Zieles sind wir nicht vertraut, aber bezüglich der ersten Frage ist zu berichten, daß in jedem einzelnen der Kommissionsberichte zugestanden wurde, daß Geistheilungen gegen die medizinischen Erwartungen stattgefunden haben, obwohl es sich bei den Heilern und Heilerinnen um Laien handelte, die nicht im Besitze irgendeiner medizinischen Ausbildung waren.

Wir beabsichtigen nun die Untersuchung der Frage, auf welcher Grundlage andere imstande sind, ihre Heilungsgabe zu entwickeln, und versuchen ihre Fähigkeiten als ·auch deren Grenzen zu verstehen.

Daß alle Menschen guten Willens den Wunsch, die Kranken zu heilen, haben mögen, ist eine Hoffnung und ein Gebet; aber deren Erfüllung scheint ein Wunschtraum und außerhalb der Reichweite zu sein. Doch wir wollen uns zu zeigen bemühen, daß für jene Menschen, welche die innere Sehnsucht, helfen zu dürfen, besitzen, die Erreichung jenes edlen Zieles der Krankenheilung keinesfalls so unerreichbar ist, wie man im ersten Moment denken mag.

Ich selbst wurde meiner Heilungsbegabung auf unerwartete Weise inne. Vor 1935 war ich Anwalt der Liberalen und Parlamentskandidat und hatte den brennenden Wunsch, für Frieden und soziale Sicherheit zu arbeiten. Mit keinem Gedanken hatte ich mich bis dahin mit Geistheilung befaßt. Ich hatte natürlich Kenntnis vom Spiritualismus. Abgesehen vom Besuch eines spiritualistischen Gottesdienstes im Jahre 1922, der mich sehr beeindruckte, sah ich den Spiritualismus mit sehr kritischem Auge an. Tatsächlich glaubte ich, es handele sich dabei um wenig mehr als um einen unbegründeten Glauben an ein nicht existentes Übernatürliches. Meine Weltanschauung seinerzeit war diejenige eines Rationalisten mit nur wenig Hochachtung der Religion gegenüber.

Im Jahre 1935 fragte mich eine Freundin, ob ich nicht einen Spiritualistischen Gottesdienst besuchen möchte, der in einem Privathaus in meiner Nähe abgehalten würde. Ich folgte dieser Einladung mit wachen Sinnen und auf der Hut vor Täuschungen, denn ich beschloß, alle Ereignisse mit meinem „gesunden Menschenverstand" zu beobachten. Ich empfing eine Reihe von Botschaften durch verschiedene Medien, worin übereinstimmend festgestellt wurde, daß ich die Heilungsgabe besitze. Wenig später wohnte ich nochmals zwei Grundzirkeln der Spiritualistischen Kirche bei, durch die ich wiederum ermutigt wurde, meine Heilungsgabe anzuwenden. In einem dieser Zirkel führte ich nun mein erstes Heilungsexperiment aus. Meine Freundin teilte mir mit, daß einer ihrer Bekannten im Bromptoner Krankenhaus an „galoppierender Schwindsucht" und Brustfellentzündung im Sterben läge. Sein Zustand sei sehr ernst, und es sei nicht damit zu rechnen, daß er noch lange lebe. Wir konzentrierten uns nun zusammen auf diesen Mann mit dem Wunsche, er möge Heilung empfangen und genesen. Während dieser Konzentration wurde mir ein Bild vor das geistige Auge geschoben, und zwar eine Krankenhausstation mit ihren Bettreihen. Im zweiten Bette am Ende des Saales lag unser Patient. Später konnte ich mich davon überzeugen, daß meine Vision ein getreues Abbild des Patienten und der Krankenhausstation war.

Als ich die Freundin eine Woche darauf wieder traf, erkundigte ich mich sofort nach dem Ergehen unseres Patienten, und zu meiner großen Freude und Dankbarkeit hörte ich, daß die Brustfellentzündung gewichen war, die Temperatur auf den Normalpunkt abgesunken war und die Blutstürze aufgehört hatten. Wir setzten unsere Konzentrationen fort. Das Ergebnis war, daß der Mann binnen drei Wochen

20

in dem Maße wiederhergestellt war, daß er in ein Genesungsheim geschickt werden konnte. In verhältnismäßig kurzer Zeit ging er wieder seiner Beschäftigung nach.

Wenig später kam eine Frau in mein Geschäftslokal, in dem ich eine Druckerei und ein Schreibwarengeschäft betrieb. Sie war sehr verstört und erklärte, sie habe den inneren Antrieb bekommen, meinen Laden zu betreten, ohne aber den Grund dafür zu wissen. Sie lud dann ihren Kummer bei mir ab. Ihr Mann war zur Untersuchung in einem Londoner Krankenhaus gewesen, wo festgestellt worden war, daß er an einem bereits fortgeschrittenen Lungenkrebs erkrankt war. Er befand sich in einem chronischen Schwächezustand. Die Ärzte erklärten, nichts mehr für ihn tun zu können und hatten ihn deshalb mittels Krankenwagen nach Hause geschickt. Seine Frau war darüber aufgeklärt worden, daß er sterben müsse und gebeten worden, ihm den Rest seiner Tage noch so bequem wie möglich zu machen.

Um ihren Kummer zu besänftigen, sagte ich der Frau, daß ich versuchen wolle, Geistheilung für den kranken Mann zu erwirken. Das tat ich auch in der folgenden Nacht, obwohl ich wenig Hoffnung hatte und mir die Erwartung einer Heilung nahezu vermessen erschien. Zwei Tage später sprach die Frau bei mir mit einer wunderbaren Geschichte vor. Den folgenden Morgen, nachdem ich der Frau gesagt hatte, daß ich versuchen wolle, Heilung für ihren Mann zu erwirken, war dieser früh aufgestanden und hatte ihr eine Tasse Tee bereitet. Eine große Wandlung machte sich in ihm bemerkbar. Die Kinder wurden herbeigeholt, um auch die wunderbare Wandlung zu sehen. In nahezu bestürztem Erstaunen nahmen sie diese wahr. Als der Mann nun wieder das Krankenhaus aufsuchte, wurde er von einem neuen Arzt untersucht, der ihm freudig zum guten Erfolg der ärztlichen Behandlung gratulierte. Doch nachdem der Arzt vernommen hatte, daß der Mann überhaupt keine solche Behandlung erfahren hatte, weigerte er sich, die Diagnose im Krankenbericht des Mannes auf diesen zu beziehen und meinte, es müsse sich um einen Irrtum handeln. Alsbald konnte der Mann wieder seiner Arbeit nachgehen; und zwanzig Jahre später erfuhr ich, daß er immer noch lebte. Interessant ist der Umstand, daß dieser Mann ein Agnostiker, also jemand, der „von nichts wissen will", war, und daß seine Frau ihm deshalb weder von der Schwere und Bedrohlichkeit seiner Krankheit noch über die Mittel seiner Heilung zu berichten wagte. Somit vollzog ich meine ersten beiden „Fernheilungen" ohne der Kranken Wissen.

Der dritte Fall war eine Kontaktheilung. Die Schwester eines sehr kranken Mädchens hatte von einem Hellseher eine Botschaft erhalten, mich aufzusuchen. Das tat sie und klopfte sehr spät nachts an meine Tür. Sie berichtete mir, daß ihre Schwester mit hohem Fieber sehr krank daniederläge, und daß der Arzt sehr besorgt über ihren Zustand sei. Da sie in einer nahegelegenen Straße wohnte, versprach ich, am nächsten Tage nach der Kranken zu sehen und um Erlangung von Geistheilung für sie zu bitten.

Als ich am nächsten Morgen in dem Hause vorsprach, bemerkte ich, daß auf die Straßenaußenseite Stroh gestreut worden war, um die Verkehrsgeräusche zu mindern und daß die Vorhänge fast zugezogen waren, so daß sich der Raum im Halbdunkel befand. Ich legte meine Hände auf des Mädchens Stirn und bat für sie um Stärkung und Heilung. Das war am Donnerstagmorgen. Während dieser Behandlung wußte ich intuitiv, daß sie wieder gesund werden würde. Ich erinnere mich, daß ich in meiner Unbefangenheit der Mutter erzählte, daß ich annähme, ihre Tochter würde am Wochenende wieder wohlauf sein. Ich kann mir noch genau den ungläubigen Ausdruck im Gesicht der Mutter in Erinnerung rufen. Meine Voraussage aber wurde erfüllt. Das Fieber wich von dem Mädchen, das imstande war, sich am Sonntag aufzusetzen und Tee zu trinken.

Doch hiermit ist die Geschichte nicht zu Ende, denn ich erfuhr, daß das Mädchen früher Tuberkulose hatte. Eine Lunge hatte ein Loch, und ihre Tätigkeit war zusammengebrochen. Ich setzte die Heilung auch für dieses Übel fort. Das Loch verschwand vollständig, und als sie zur Untersuchung in das Sanatorium zurückkehrte, wo sie vorübergehend in ärztlicher Behandlung gewesen war, stellte man fest, daß ihr Leiden tatsächlich geheilt war. Sämtliche Tests waren negativ, d. h. „ohne Befund". Es wurde ihr ein Gesundheitsattest gegeben, und später wurde sie Krankenschwester in dem gleichen Sanatorium, in dem sie weniger als ein Jahr zuvor als Patientin gewesen war. Dieses Mädchen erkrankte niemals wieder. Sie heiratete, hat heute eine inzwischen auch herangewachsene Familie und ist völlig wohlauf und glücklich.

Diese drei Fälle bewiesen mir, daß etwas „daran" war an der Geistheilung. Diesem Zusammentreffen des gleichen Wunders mußte eine Ordnung zugrundeliegen. Ich bemühte mich um Weiterentwicklung meiner Heilungsgabe. Andere erfolgreiche Behandlungen folgten. Vor langer Zeit öffnete ich mein Haus für Heilungsuchende als Zentrum, als „Heiligtum", und die Kranken strömten in ständig wachsender Anzahl herbei.

Meine weiteren Erfahrungen in der Entwicklung meiner Gabe werden in einem späteren Kapitel berichtet. Diese ersten Erfahrungen erzählte ich vor allem aus dem Grunde, um den Lesern kundzutun, daß ich ursprünglich die Erlangung der Heilungsgabe keineswegs absichtlich zu erreichen trachtete, sondern daß die Entdeckung dieser Gabe mehr oder weniger durch Umstände und Fügungen erfolgte. Ein jeder vermag im Besitz der gleichen noch schlummernden Gabe sein, die entwickelbar ist, und auch deshalb sei der Leser ermuntert, sorgsam weiterzulesen.

Als dringende Notwendigkeit erachte ich die Auseinandersetzung der unumgänglichen Grundlagen, auf denen die Ausübung der Heilung beruht, indem ich die Wege zeige, auf denen Kranken geholfen werden kann, nämlich durch Verständnis der körperlichen und geistigseelischen Wesenheit des Menschen und durch Einfühlung in diese.

Möge für jetzt die grundlegende Feststellung genügen, daß es hinlänglich klar ist, daß der Mensch als „Heilungs Werkzeug" keinerlei Heilungsfähigkeiten aus sich selbst heraus besitzt (abgesehen von der Hilfe, die ihm durch seine Wesensverwandtschaft mit dem Patienten zuteil werden kann), und daß es keinerlei menschliche Techniken, Heilung zu erwirken, gibt. Man kann die Heilungsgabe nicht durch Studium entwickeln, wie man sich andere Künste und Wissenschaften anerlernen kann. Die Heilungsgabe kann weder durch akademische Titel noch durch das Tragen des weißen Kittels verliehen werden, sondern sie wird jenen verliehen, welche die Fähigkeit besitzen, sich mit Gottes Heilungsdienern in geistige Übereinstimmung zu bringen, denn jene hohen Geisthelfer sind wahrlich die weisen Verteiler dieser segensvollen Kraft und Gabe.

2. Kapitel

Das Ganzheitliche Selbst

Ehe wir nun dem Verständnis der Wege und Mittel der Geistheilung und den Voraussetzungen, die ihre Anwendung beherrschen, näherkommen können, ist es wesentlich, uns ein Bild von der körperlichen und geistigen Struktur des Ganzheitlichen Selbst zu machen und zu erfahren, auf welche Weise Zusammenarbeit und Übereinstimmung mit dem Göttlichen Geist erlangt werden kann.

Der Mensch besitzt ein Gegenstück zu seinem physischen Körper, den wir den „Geistkörper" nennen. Er ist der vollkommene Körper und dient als Werkzeug des geistigen Selbst im geistigen Leben, geradeso wie unser physischer Körper das Werkzeug für unser materielles Leben ist.

In Ergänzung zum physischen Geist besitzt also jedes Individuum auch einen höheren, einen „spirituellen Geist". Dieser wird durch verschiedene Ausdrücke bezeichnet: „die Seele", „das Ich", „das höhere Selbst" und so weiter. Der physische Geist hat die Aufgabe der Aufrechterhaltung und Leitung der physischen Sinne, der Genußfähigkeiten, der Sexualkräfte; er beherrscht die organischen Funktionen des menschlichen Körpers und die Erlangung und Aufspeicherung irdischen Wissens.

Der spirituelle Geist beherrscht und reguliert die feineren, psychischen Lebensmotive, und zwar sowohl die edlen als auch die gemeinen wie Idealismus und Ehrgeiz, Liebe und Haß, Großzügigkeit und Geiz, Gemütsbetonung und Härte.

Das Bewußtsein ist der Knotenpunkt beider erwähnten „Geister". In ihm wird das Selbst seiner Eindrücke, Antriebe und Erfahrungen gewahr. Der physische Geist kann den spirituellen Geist zum Guten oder Bösen beeinflussen, wie umgekehrt auch der spirituelle Geist den anderen beeinflußt; denn auf andere Weise könnte es keinen Fortschritt geben.

Genauso wie der physische Geist in inniger Verbindung mit unseren körperlichen Bedürfnissen und Eindrücken steht und der Speicher des gesammelten Wissens ist, so vermag der spirituelle Geist in innige Verbindung mit den Impulsen und Führungen der Geistigen Welt zu kommen. Diese Erkenntnis ist ein wichtiger Schlüssel, von dem unser Verständnis der Geisteswissenschaft wesentlich abhängt.

Der Beweis, daß wir einen spirituellen Geist besitzen, ist leicht durch das verhältnismäßig einfache Studium der geistigen und physischen Sinnesvorgänge erbracht.

Alle unsere Erfahrungen wie Not, Hunger, Befriedigung, Gesicht, Gehör usw. vollziehen sich mental, d. h. durch unseren eigenen Geist. Das Auge selbst „sieht" zum Beispiel nicht. Es empfängt charakteristische Lichtreflexionen durch die tausende von Nervenzellen, welche die Netzhaut bilden. Jeder einzelne Nerv übermittelt nun den einzelnen Lichtstrahl durch das Sehnervensystem, und erst das Bewußtsein wandelt das Gesamtbild in eine im Gedächtnis aufbewahrte Erfahrung, obwohl das Bild rein optisch aus tausenden von Bruchstückchen zusammengesetzt wurde. Ein ähnlicher Prozeß vollzieht sich beim Hören, wobei erst das Bewußtsein die mannigfaltigen Tonwellen in sinnvoll hörbare Sprache oder Musik wandelt bzw. die Synthese, den Zusammenklang zu schaffen imstande ist.

Wenn ein Hellseher eine jenseitige Persönlichkeit oder ein geistiges Bild sieht, so empfängt das Bewußtsein diese Schau ebenso präzise wie mit physischer Sehkraft. Jedoch sind geistige Bilder und Töne nicht mit körperlichen Augen und Ohren wahrnehmbar.

Es ist ein Gesetz, daß zwischen jeder Art von Sendung und Empfang ein harmonisches Verhältnis vorhanden sein muß. Das Medium muß sich mit den geistigen Kräften in Einklang bringen, um deren ungebrochenen Einfluß richtig empfangen und weiterleiten zu können. Ein Bild, das von einer geistigen Quelle übermittelt wird, kann selbstverständlich nur durch eine übereinstimmende Anlage im Menschen empfangen werden, und diese ist der spirituelle Geist.

Für das Verständnis des Heilungsvorgangs ist es wichtig zu wissen, daß in derselben Weise, wie geistige Eindrücke vom Bewußtsein empfangen werden, auch `„Gedanken" empfangen werden können. Gedankliche Eindrücke können vom spirituellen Geist in das Bewußtsein vermittelt werden und somit wiederum den physischen Geist beeinflussen. Auf diese Weise ist der Heilungsführer imstande, unterbewußte seelische Schäden und Komplexe zu besänftigen, welche die Ursache so vielfältiger Leiden sind.

Der gleiche Vorgang gilt für alle Arten mentalen Empfangs, so für Inspirationen, Intuitionen, Einfälle von Problemlösungen usw. Alle diese „Phänomene" werden durch den spirituellen Geist zustandegebracht, und jene Menschen, die imstande sind, diese Künste zu entwickeln, nennen wir Medien und Heiler. Sie sind keineswegs grundsätzlich wesensverschieden von nicht-medialen Menschen. Es verhält sich einfach so, daß das Bewußtsein eines Mediums so gestimmt wurde, daß es die Erfahrungen seines spirituellen Geistes empfangen kann. Wie ein Medium oder Heiler die Existenz seines spirituellen Selbst beweist, so besitzt jedoch auch jede andere Person einen spirituellen Geist und Körper, obwohl deren Funktionen noch unerweckt sein mögen.

Wenn ein Mensch, der von einem durch Disharmonie seines spirituellen Geistes verursachten Leiden heimgesucht ist, geheilt werden soll, so werden gute heilsame Gedankenströme in sein Ganzheitliches Selbst gelenkt, obwohl der Patient sich des Vorganges selbst nicht bewußt wird. Doch der heilsame Umschwung wurde eingeleitet, des Kranken Lebensmut erwacht wieder, und die Ursache seines Leidens verschwindet.

Beachtung muß auch dem Zusammenhang der „Körper-Intelligenz" mit der Geistheilung geschenkt werden. Mit dem Worte "Körper-Intelligenz" beziehe ich mich auf jene bekannten Prozesse, die im Falle eines Notstandes in unserem Körper in Tätigkeit gesetzt werden. Wenn zum Beispiel ein Virus in die Blutbahn eindringt, so sorgt die „Körper-Intelligenz" für die Mobilisierung der entsprechenden Menge Gegengift, um gegen den Eindringling zu „kämpfen" und ihn zu überwinden. Wenn eine Wunde entstanden ist, so wird die „Intelligenz" eine genügende Menge Blutplättchen „aufrufen", um den Heilungsprozeß zu unterstützen und zur Schließung der Wunde beizutragen. Wenn wir von Menschen hören, die mittels Anwendung ihrer Willenskraft eine Krankheitsveranlagung meistern, so handelt es sich dabei um Anwendung von wirksamer Gedankenkraft, welche die „Körper-Intelligenz" bestimmt, aktive Maßnahmen zur Überwindung des Übels zu ergreifen. So ist die Annahme nur vernünftig, daß, wenn ein Geistführer das Übel erkennt, er ebenfalls fähig ist, regelnde Gedankenimpulse zur „Körper-Intelligenz" zu senden und diese zum „Handeln" zu veranlassen.

Nirgends in der Schöpfung besteht eine strenge Trennung zwischen den einzelnen Erscheinungsformen des Stoffes und, insbesondere, zwischen den Lebensformen. Es gibt keinen fundamentalen Unterschied zwischen Gasen und Flüssigkeiten, Flüssigkeiten und festen Körpern oder zwischen Fischen und Säugetieren. Desgleichen gibt es keine strenge Trennung des physischen vom geistigen Reich. Vielmehr ist der Schluß berechtigt, daß eine Verbindung zwischen der höheren Geistführung, menschlichem Geist und „Körper-Intelligenz" besteht und somit auch die Fähigkeit entwickelt werden kann, eines auf das andere einwirken zu lassen.

So ist die „Körper-Intelligenz" nicht nur dazu bestimmt, auf physischem Wege, der in der Folgezeit „Natur" oder „Instinkt" genannt wurde, zu wirken, sondern auch vom Geist bzw. von der Geisterwelt eingegebene Impulse zu befolgen. Dies ist nur ein Aspekt der Heilungshandhabungen und zählt zur Direktanwendung der Heilungskräfte im Falle organischer Krankheiten.

Diese „Direktanwendung" kann beobachtet werden, wenn eine Geschwulst zerstört wird oder Gichtknoten aufgelöst werden. Die Schilderung der Anwendung dieser direkten Kräfte folgt der Studie über die Voraussetzungen, Geistheilung zu bewirken.

3. Kapitel

Voraussetzungen, um Heilung zu bewirken

Inzwischen bringen wir also ein wenig Verständnis dafür auf, wie Heilungen stattfinden. Keine einzige Heilung kann als Musterfall für eine andere angesehen werden. Ich habe den verkrüppelten Fuß eines Kindes sofort wiederhergestellt gesehen; aber der andere Fuß in einem scheinbar ähnlichen Zustand änderte sich nicht. In derselben Woche jedoch erfuhr eine fremde und mehr chronische Form desselben Leidens eine außergewöhnlich rasche Heilung.

Nichtsdestoweniger aber gibt es mittels der Logik gewonnene sichere Schlüsse auf Grundvoraussetzungen, welche die Heilung beherrschen.

Die Heilungserfahrungen der Vergangenheit, mit Menschen der verschiedensten Nationalitäten und Religionen, mit führenden Geistern der menschlichen Gesellschaft und mit „unbedeutenden" Menschen, lehrten dennoch, daß ein gemeinsamer Faktor vorhanden war. Dieser Faktor ist der, daß vor Beginn einer jeglichen Heilbehandlung ein Wunschgedanke ausgesandt wurde, daß Heilung erfolgten möge. Dieser kann in Form des Gebets, der Fürbitte oder der Anrufung gekleidet sein. Dies ist der gemeinsame Nenner, der die Römischen Katholiken in Lourdes, die „Christlichen Wissenschafter", die Spiritualisten und jede andere Religionsform, die Heilung ausübt, verbindet. Es scheint, daß eine sinnvolle Gedankenausstrahlung notwendig ist, um die Heilungsprozesse in Tätigkeit zu setzen. Geistheilung vollzieht sich nicht automatisch durch sich selbst oder als ein rechtlich-naturgesetzlicher Vorgang.

Hierzu berichte ich ein klares Beispiel. Die Frau eines Heilers war von einer schweren Wirbelsäulenerkrankung heimgesucht und sollte am nächsten Morgen in einen Gipsverband kommen. Am vorhergehenden Abend hatte ich eine

Sitzung mit ihrem Mann und ihren Kindern. Der Mann ging in Trance. Natürlich befragten auch die Kinder den Geistführer, zumal er über ihre Mutter sprach. Der älteste Sohn war darüber ungehalten, daß die Geistführer sie nicht geheilt hatten. Die Antwort des verantwortlichen Geistes war: „Wir wurden niemals darum gebeten." Daraufhin sagte der Sohn: „Gut, ich bitte dich hiermit, meiner Mutter zu helfen." Der Geist antwortete: „Wir wollen es versuchen." In der Nacht fühlte die Mutter, daß ihre Wirbelsäule behandelt wurde, und sie wußte, daß sie von ihrem Leiden befreit war. Als am nächsten Morgen der Facharzt erschien, um die Kranke in den Gipsverband zu legen, traf er sie völlig geheilt und bei bester Gesundheit umhergehend an.

Daraus ergibt sich der erste Schluß: die Aussendung einer sinnvollen gedanklichen Kraft, die Bitte um Heilung, ist notwendig, um die Heilung einzuleiten.

Alles, was geschieht, jede Bewegung, jeder Wechsel in unserer Auffassung ist das Ergebnis gesetzbeherrschter Kräfte, die sich an das Selbst wenden. Da gibt es keine Ausnahme. Wir beobachten diese Gesetze in der Entwicklung der Materie, den Bahnen der Sterne, bei der Zeugung, Geburt, Wachstum und beim Tod, in dem atomaren Aufbau eines Elements und überall sonst. Die menschliche Wissenschaft ist auf diesen sicheren Gesetzen aufgebaut; andernfalls würde Chaos herrschen. Nichts geschieht durch „Zufall".

Dieselbe Gesetzmäßigkeit gilt auch für Geistheilungen. Wenn eine Geistheilung stattfindet, werden mit dem kosmischen Prinzip übereinstimmende gesetzmäßige Kräfte in Tätigkeit gesetzt, und die Heilungen sind deren Ergebnis nach Maßgabe deren bestimmten Bedingungen.

Dieser Schluß zeigt uns einen der begrenzenden Faktoren in der Heilung. Es kann keine Heilung stattfinden, die gegen die Gesetzmäßigkeit wäre. Wenn zum Beispiel ein Finger amputiert ist, so kann kein neuer wachsen; oder

einem Greis kann die Heilung keine Jugendlichkeit wieder-
gewinnen. Bei jedem Krankheitsbild haben wir nach der
Ursache zu fragen. Wenn ein Kranker von seiner Gicht geheilt wurde, aber weiterhin in ungesunder feuchter Umwelt
lebt und in einem feuchten Bett schläft, so werden damit
Bedingungen für einen möglichen Rückfall in die Krankheit
geschaffen. Das bedeutet nicht, daß eine erneute Heilungsbehandlung negativ verlaufen würde; doch sind die Heilungsaussichten deshalb geringer, da die Ursachen der
Krankheit denkbar ungünstige sind. Man soll also stets
selbst soviel als möglich dazu tun, der Krankheit keinen
„natürlichen" Boden zu geben. Oder wenn zum Beispiel eine
Person in hohem Alter an chronischer Arterienverkalkung
leidet, sollten wir keine restlose Wiederherstellung erwarten,
sondern uns um weitgehendst mögliche Minderung des Übels
und Normalisierung des Kreislaufs bemühen.

Genauso wie die irdische Welt von physikalischen Gesetzen beherrscht wird, so wird auch die geistige Welt von
ihren entsprechenden Gesetzen beherrscht; denn solche Gesetze bestehen, wo immer Ordnung herrscht. Die geistigen
Gesetze müssen offensichtlich den physikalischen übergeordnet sein, denn letztere sind von der „Gerichtsbarkeit"
der geistigen Gesetze abhängig.

Die Praxis der Geistheilung lehrt uns, daß jeder Grund
zu der Annahme besteht, daß die Geistführer geistige Gesetze oder Energien zu benutzen imstande sind, um einen
Umschwung zum Besseren im Ganzheitlichen Selbst des
Patienten zu bewirken.

Die Zusammenfassung dieser beiden Schlüsse läßt uns
erkennen, daß Geistheilungen das Ergebnis gesetzmäßiger
Kräfte sind, die in das Heilungsgeschehen auf Grund unserer
Gedankenaussendung eingreifen.

Die Berichte erfolgreicher Heilungen lassen uns einen
weiteren gemeinsamen Faktor erkennen: waren die richtigen Bedingungen für den Heilungsvollzug geschaffen, gab
es keine Mißerfolge; denn die Kette der Erfolge wird nur

durch physische und geistige Gesetze unterbrochen. Wir erleben Heilungen der verschiedensten Art durch die Mittlerschaft eines einzigen Heilers. So zum Beispiel die Heilung einer Gemütskrankheit, die Auflösung einer bösartigen Geschwulst, die Wiederherstellung der Sehkraft, die Normalisierung der Blutzusammensetzung im Falle der Leukämie usw. Dieser Umstand erweist, daß verschiedene Arten der Heilungskraft für die Behandlung jedes individuellen Krankheitsbildes angewandt werden müssen.

Um nun die richtige Art der Heilungskraft in jedem der verschiedenen Krankheitsfälle anwenden zu können, ist die Fähigkeit der richtigen Diagnose und Aufdeckung der Krankheitsursächlichkeiten erforderlich. Um diese Leistung zustandezubringen, muß eine anweisende hilfreiche Intelligenz vorhanden sein.

Wenn ein kranker Mensch für „unheilbar" erklärt wurde, scheint alle menschliche Weisheit nichts mehr ausrichten zu können, und die Schulmedizin muß versagen. Wenn aber nun der „Unheilbare" durch Geistheilung doch geheilt wird und seine völlige Gesundheit wiederfindet, so bedeutet das, daß eine höhere Intelligenz eingegriffen hat. Und diese Intelligenz ist nicht menschlichen Ursprungs, sondern sie *muß* aus der Geistigen Welt kommen.

Manche behaupten, daß dieses Wissen aus dem menschlichen Unterbewußtsein käme. Jedoch gibt es keinen einleuchtenden Hinweis dafür, daß die Menschheit die genaue Kenntnis der Ausführung einer planmäßigen Geistheilung im Falle des Versagens menschlicher Kunst besitzt oder jemals besaß. Denn es liegt kein menschlicher Erfahrungsschatz vor, aus dem das Unterbewußtsein ein so genaues und tiefschürfendes Wissen hätte schöpfen können.

Daraus ist der einleuchtende Schluß zu ziehen, daß die Geistführer dieses weitere Wissen zu erwerben imstande waren. Ebenso einleuchtend ist es, daß der Heilungsvollzug des physischen Geistes und Körpers nicht nur den regulären Einsatz der geistigen Kräfte an sich erfordert, sondern diese mit den physischen Gesetzen, welche die menschlichen Körperfunktionen beherrschen, zu verbinden verlangt, um nämlich die Geistkraft in eine physische Wirkung zu verwandeln.

Um irgendeinen Plan, und sei es nur der Bau eines Kaninchenstalls, zu verwirklichen, bedarf es stets einer intelligenten Durchführung. Um irgendeine physikalische Kraft, etwa die Elektrizität, nutzbar anwenden zu können, bedarf es unseres Verständnisses der Gesetze, welche die Elektrizität beherrschen. Eine Geistheilung ist ebenfalls eine geplante Handlung; sie erfordert zu ihrer Durchführung sowohl Hingabe als auch intelligente Leitung. Um nämlich das gewünschte Resultat zu erhalten, muß man sich des Wissens bedienen, wie die Helferkräfte eingesetzt werden müssen, um die gewünschte chemische oder funktionelle Veränderung im Körper des Patienten hervorzurufen.

Die Aneignung von Wissen mittels der menschlichen Wissenschaft vollzog sich stets nur durch den langsamen und mühevollen Prozeß der Erfahrung und des Irrtums. Es ist logischerweise anzunehmen, daß auch ein Geistführer nicht plötzlich in den Besitz unbegrenzter Weisheit kommt, sondern daß er auch einst Schritt für Schritt die mühsame Erfahrungstraße ging, um die Anwendung der geistigen gesetzmäßigen Kräfte und ihr Zusammenwirken mit den physischen und physikalischen Kräften zu lernen, um mit diesem Wissen eine glückliche Wendung im Krankheitsbild eines Patienten zu bewirken. Ein deutliches Kennzeichen für diese Annahme ist die Erfahrung, daß gewisse Leiden heute wesentlich leichter durch Geistheilung behoben werden können als in den vergangenen Jahren.

So haben wir diese Folgerung aus den drei Schlüssen zu ziehen: die Aussendung einer Gedankenbitte durch den menschlichen Geist in Übereinstimmung mit einer jenseitigen Intelligenz befähigt diesen Geistführer, dieses Anliegen aufzunehmen und die genaue geistige Kraftqualität abzugeben, um die jeweilige besondere Fehlfunktion im Körper des Kranken zu beheben.

Die Heilungsfähigkeit dieser Geistführer ist jedoch nicht allmächtig. Wie bereits gesagt wurde, ist sie durch das Ganzheitliche Gesetz begrenzt. Zwar sind auch spontane Heilungen ernsthafterer Leiden nicht selten; jedoch der größere Prozentsatz der Geistheilungen benötigt einen gewissen Zeitraum, um auch dem Geistführer ein allmähliches Aufspüren der eigentlichen Krankheitsursache und damit Beseitigung der Symptome zu erlauben. Viele körperliche Krankheitsbilder erfordern diesen Zeitraum, um dem Umschwung zum Guten Eintritt zu verschaffen und Zusammenbrüchen und Schwächen beizukommen, und um neue Stärke, Lebenskraft und reibungslosen Ablauf der Körperfunktionen aufzubauen. Geistheilung ist wahrlich eine Geisteswissenschaft.

In den vergangenen Jahren vernahmen auch ärztliche Autoritäten von den erfolgreichen Heilungen „unheilbarer" Krankheiten, die sie mittels ihrer medizinischen Wissenschaft nicht erklären konnten. So sahen sie „Spontanheilungen" kurzum als „Selbsthilfe der Natur" an, froh, dieses „leidige" Thema damit abgetan zu haben. Freilich muß jedem Ereignis ein vernunftgemäßer Vorgang zugrundeliegen. Wir schlagen indessen vor, die von uns vorgetragene ebenfalls vernunftgemäße These zur Erklärung für jene Heilungen, die jeder medizinischen Erwartung zuwiderlaufen, anzunehmen.

Dieses Buch ist vom Standpunkt des Spiritualismus aus geschrieben, und seine Folgerungen beruhen auf der Voraussetzung des Naturgesetzes vom Weiterleben nach dem Tode. Die Kritiker haben entweder die dargelegten Schlußfolgerungen zu akzeptieren oder eben eine andere auf der Logik beruhende These zu finden.

4. Kapitel

Methoden der Geistheilung

Viele Menschen haben den Wunsch, etwas über die Entwicklung der Heilungsgabe zu erfahren oder diese gar selbst zu entwickeln. Die Heilungsgabe ist vielleicht die größte, die man sich überhaupt wünschen kann; gewiß ist sei eine der größten Geistesgaben. Die Heilungen, die im Neuen Testament berichtet werden, haben die Vorstellungskraft aller Jahrhunderte seit den letzten beiden Jahrtausenden beschäftigt. Wenn man einen Durchschnittsmenschen fragt, welche Ereignisse aus dem Leben Jesu ihm am besten in Erinnerung geblieben seien, so wird dieser zumeist von den „Wundern" berichten, von denen wiederum die Heilungen die eindrucksvollsten sind.

So verhält es sich auch heute, daß man, sowie man in Verbindung mit Kranken und Leidenden, besonders mit einem lieben Verwandten oder Freund, kommt, die innere Sehnsucht bekommt, den Kranken heilen zu können.

Dieser Wunsch, heilen zu können und zu dürfen, ist eine angeborene Veranlagung. Allgemein gesagt: alle jene Menschen, die mit den Leidenden innerlich „mitfühlen", besitzen die grundsätzliche Heilungskraft. Es ist wahr, daß es einige gibt, die „Heiler von Natur aus" sind, genauso wie andere eine natürliche Veranlagung für Musik, Malerei, Mathematik usw. haben.

Doch jene, die ichbezogen, selbstsüchtig und nur auf eigene Vorteile bedacht sind, besitzen die Heilungsfähigkeit sehr wahrscheinlich nicht. Die seelische Antriebskraft des Geistheilers ist nur die Liebe und das Mitleid; und der echte Heiler ist großzügig in der Hingabe seiner selbst, ohne materielle Belohnung zu erheischen. Er liebt es, allen in Not befindlichen Brüdern und Schwestern dienen zu können.

Geistheilung ist nicht neu — sie ist uralt. Jesus kannte

den Weg der Anrufung der Heilungskräfte und lehrte Seine Jünger und andere den Gebrauch dieser Kräfte. Die Wiederauferstehung der Anwendung dieser Gabe erfolgte in diesem Jahrhundert und wurde möglicherweise gefördert durch unser neues Wissen um die spirituellen Kräfte, wie es uns die Geisteswissenschaft offenbarte.

Die erste und vielleicht wichtigste Lehre, die der Heilungsschüler lernen muß, ist jene, daß *er* nicht heilt. Des Heilers Körper besitzt keine besonderen Fähigkeiten, die Krankheitsursache eines anderen Menschen festzustellen. Sein Geist besitzt nicht das Wissen, um den Heilungsvorgang zu kennen, und es gibt auch keine Technik, es zu lernen. Der Heiler ist lediglich das Werkzeug des Geistführers, der ihn als „Heilungskanal" benutzt, sofern der Heiler bereit und fähig ist, sich mit ihm zu verbinden.

Es gibt keine bestimmten Regeln, die das Heilen beherrschen, und auch ein bestimmter „sicherer" Weg zur Entwicklung der Heilungsgabe kann nicht gewiesen werden. Jeder Mensch ist für sich eine bestimmte Individualität, und die Geistführer sind ebenfalls bestimmte Individualitäten. Dennoch gibt es gewisse allgemeine Richtlinien, die dem künftigen Heiler bei der Entwicklung der Heilungsgabe dienen mögen.

Der Leser wird inzwischen festgestellt haben, daß der Verfasser, obwohl des Göttlichen Ursprungs der Heilungsgabe stets bewußt, bestrebt ist, das Thema von einem gänzlich praktischen Standpunkt aus zu behandeln, denn je klarer wir verstehen, was wir tuen und warum wir es tuen, desto größer wird der praktische Fortschritt sein. Rituale, Zeremonien und aufwendige phantastische Techniken mögen Leichtgläubige beeindrucken, und solche Menschen mögen in einem psychologischen Sinne auch davon Nutzen haben; aber wirklich sinnvoll sind solche Praktiken nicht; noch haben sie den geringsten Wert, unser Verständnis für die Wissenschaft von der Geistheilung zu fördern, sondern sie können dieses nur hemmen.

Aus dem Grunde, daß die Heilung von einer anderen Dimension aus erfolgt und wir bis jetzt noch nicht ihre genaue Handhabung verstehen können, ist kein Heiler in jedem Falle in der Lage, das Ergebnis der Behandlung vorauszusagen. Es liegt deshalb also nicht in der Macht des Heilers und außerhalb seiner Verantwortung, Prognosen zu geben.

Gleichzeitig sollte der Heiler jedoch der Heilungskraft des Geistführers niemals in seiner Vorstellung eine Grenze setzen. Häufig wurde ich einem chronischen Krankheitsfall gegenübergestellt. Mein „normaler" Verstand mochte denken, daß „in diesem Falle sicher nichts mehr getan werden könne". Doch zu meiner Überraschung und Freude sah ich auch erfolgreiche Heilungen unter diesen scheinbar „unmöglichen" Bedingungen.

Ich führe den Fall der Frau eines Priesters der Methodisten an, die um Heilung ihres schwachsichtigen rechten Auges bat; ihr linkes Auge war bereits seit dreißig Jahren erblindet. Wir hielten es für höchst unwahrscheinlich, daß das blinde Auge geheilt werden könnte, weshalb wir uns auch nicht um dessen Heilung bemühten, sondern die Aufmerksamkeit allein nur auf Heilung des rechten Auges gerichtet wurde. Doch als die Behandlung beendet war, konnte sie auch mit dem linken Auge wieder vollkommen sehen. Kurze Zeit nach dieser Heilung geschah eine ähnliche, und zwar die Heilung des Ohres eines Anglikanischen Priesters, der viele Jahre völlig taub gewesen war. Noch bemerkenswerter war der Fall eines jungen Mannes, dessen Wirbelsäule von Geburt an verkrüppelt war; sie war wie ein regelrechtes „S" geformt, bildete einen Buckel und war völlig steif. Ich hatte mir gedacht, daß dieses Leiden so fortgeschritten und so tiefsitzend war, daß wir vernünftigerweise keine Änderung erwarten durften; aber wir machten den Versuch. Zu meiner Überraschung fühlte ich, daß die Wirbelsäule nachzugeben begann, biegsam wurde und sich geradestreckte.

So erfolgten hunderte von gelungenen Heilungen, deren erfolgreichen Verlauf niemand mit „gesundem Menschenverstand" vorauszusagen gewagt hätte, und die uns zeigen, wie gering unser Wissen über die ungeheuren Möglichkeiten des Eingreifens des Geistes und der Geisterwelt in das Bauwerk des Naturgesetzes ist.

Eines Tages erreicht mich die dringende telefonische Bitte einer sehr verwirrten und unglücklichen Person, einem ihrer lieben Angehörigen doch unverzüglich zu helfen. Die Ärzte hätten das baldige Ende des Kranken vorausgesagt und es gäbe keine Hoffnung mehr. Ich legte nun in der Geistigen Welt Fürsprache für den Kranken ein. Am nächsten Tage erfuhren wir, daß der Kranke gut geschlafen habe und eine Wendung zum Besseren in seinem Befinden eingetreten sei, die sich der Arzt nicht erklären könne. Obwohl wir nicht in jedem solcher Fälle eine Wiederherstellung verzeichnen können, kann der Prozentsatz der Erfolge in solchen chronischen Fällen keinesfalls geleugnet werden.

Es genüge, zu betonen, daß der Heiler ständig das höchste Vertrauen in die Geistführer setzen muß, daß diese in höchstmöglichem Grade innerhalb des Gesetzesrahmens heilen mögen.

Es gibt drei Hauptarten der Heilung; und zwar die Magnetische Heilung, die Kontaktheilung und die Fernheilung.

Die Magnetische Heilung

Der Ausdruck „Magnetische Heilung" (bzw. „Magnetisieren") wird oft gebraucht, aber er ist ein unpassender Ausdruck, denn die magnetische Kraft ist eine polarisierte physikalische Kraft, aber keine Heilkraft. Eine bessere Bezeichnung wäre „Kosmische Heilung".

Diese Art der Heilung wird oftmals unbewußt vollzogen, wenn ein Mensch mit robuster Gesundheit und „kraftstrotzender" Vitalität einen Kranken besucht und dieser sich durch dessen Anwesenheit sehr viel besser fühlt. Andererseits gibt es Menschen, die Kraft von anderen abziehen können. Man hört zuweilen die Bemerkung: „Er schien mir alle Energie auszusaugen."

Diese Heilungsart ist keine Geistheilung, sondern die Übertragung kosmischer Energie von einem zum anderen. Kosmische Energien sind notwendig und existieren für unser Wohlbefinden, und ihr Vorhandensein kann am Beispiel eines Baumes am einfachsten erklärt werden. Der Baum gedeiht nicht allein durch die Nahrung, die er durch seine Wurzeln aufnimmt, und die der unsrigen verwandt ist. Seine Lebenskraft und volle Gesundheit hängt von kosmischen Energien ab, die er mittels seiner Blätter aufnimmt. Zu diesem Zwecke wurde das Chlorophyll geschaffen. Es saugt die Sonnenstrahlen und andere gesundheitsspendende Kräfte, die in der Atmosphäre wirbeln, auf. Bei uns Menschen verhält es sich ähnlich. Wenn wir lernen, diese Lebenskräfte bewußt durch unseren Atem aufzunehmen, können wir uns ein nahezu unerschöpfliches Reservoir innerer Kraft und Gesundheit schaffen. Eine weitere Erläuterung bietet unser Einatmen des Ozons an der See. Natürlicherweise nehmen wir es tief in unsere Lungen auf, da wir innerlich, und teils unbewußt, von seiner gesundheitskräftigenden Wirkung wissen.

Wenn ein „magnetischer" Heiler in sympathischem Kontakt zu einem Kranken steht, kann er bewußt den Kraftstrom der kosmischen Energie von sich zu dem Patienten lenken. Aus diesem Grunde fühlt sich der Patient wohler und gekräftigter. Wenn der Heiler diesen Vorgang bewußt bei einer Reihe von Patienten durchführt, so wird er sich schließlich selbst geschwächt fühlen, und zwar so lange, bis er seine Kraftreserven wieder aufgeladen hat.

Die Arten der Leiden, denen auf diese Weise beigekommen werden kann, ist beschränkt; doch indirekt kann man in nahezu allen Krankheitsbedingungen helfen. Die Be-

schwerden, die auf diese Weise gelindert oder beseitigt
werden können, sind in der Hauptsache Anämie, nervliche
und funktionelle Störungen, Brustkrankheiten, Leiden auf
paralytischer Grundlage und Kreislaufbeschwerden. Diese
Heilungsweise greift das Übel nicht direkt an, sondern ver-
leiht dem Körper jene innere Stärke und Lebenskraft, die
notwendig ist, um die „Körper-Intelligenz" aufzurufen, die
eigenen Heilungskräfte zu mobilisieren und den Krank-
heitsstoffen wirksam entgegenzuarbeiten.

Eine strenge Grenzlinie zwischen magnetischer Heilung
und Geistheilung gibt es nicht; die erstere kann nur zur
letzteren überleiten, und sie ist oft der erste Schritt in der
Entwicklung der Heilungsgabe.

Kontaktheilung

Die Grundvoraussetzung der Durchführung der Kontaktheilung ist die Übereinstimmung zwischen Heiler und Patient und zwischen Heiler und Geistführer. Der Heiler
wird zum vermittelnden Kanal, durch den die Heilkräfte
zum Patienten geleitet werden. Es möge daran erinnert
sein, daß sowohl der Patient als auch der Heiler einen
spirituellen Geist und Körper (Geistkörper) besitzen. Durch
des Heilers Liebe zu seiner Mission und seine Sympathie zu
dem Patienten entsteht eine Verschmelzung ihrer beider
spirituellen Selbst. Somit haben wir nicht nur die bewußte
Verbindung vom Heiler zum Patienten, sondern auch die
Vereinigung ihrer beider Geister. Diese Bedingung der
größtmöglichen Verwandtschaft von Heiler und Patient ist
notwendig, um dem Geistführer die Leitung der Heilströme
durch den Heiler zum Patienten zu erlauben.

Die Heilungskraft, die aus der geistigen Welt kommt,
ist zuerst nicht-materiell, denn sie kommt aus einer nicht-
materiellen Quelle. Doch muß sie zur Wirkung in ihr
materielles Gegenstück gewandelt werden, und der Ge-

danke ist nur vernünftig, daß diese Umformung durch die enge Verwandtschaft, die zwischen des Heilers bzw. des Patienten Geistkörper und seinem physischen Selbst besteht, erfogt.

Fernheilung

So erstaunlich auch die Erfolge der anderen Heilungsarten sind, so scheinen doch die durch Fernheilung errungenen Ergebnisse auf den ersten Blick weitaus wunderbarer und geheimnisvoller zu sein. Bei der Kontaktheilung besteht doch eine greifbare menschliche Verbindung, nämlich die des Heilers zum Patienten, während bei der Fernheilung nur die ungreifbare Gedankenverbindung besteht.

Fernheilung wird vom Heiler auf irgendeine Entfernung hin ausgeübt, und zwar großenteils bei Patienten, die der Heiler niemals gesehen hat. Mag auch der Patient auf der anderen Seite der Erde wohnen; die Entfernung spielt keine Rolle.

Mit dem Vollzug der Fernheilung kommt ein neuer wesentlicher Faktor in unser Bild, der die Behauptung zunichte macht, daß Geistheilung eine Folge der Willenskraft, oder eine „Glaubens"-Heilung sei. Dieser Faktor findet im Falle der Erkrankung „dritter Personen" Anwendung, wenn also ein Verwandter oder Freund des Kranken um Hilfe für diesen bittet. Die Notwendigkeit der Fernheilung ergibt sich im Falle eines Kranken, der nicht selbst schreiben kann; bei einem Kind, vor allem bei einem Baby; bei einem Patienten, der über seinen Zustand nicht informiert werden soll oder in dem Falle, daß der Patient und seine Familie aus religiösen oder anderen Gründen Vorurteile hegen, von einem Spiritualisten Heilung zu empfangen. Unter diesen Umständen besteht also auch kein direkter Kontakt zwischen Heiler und Patienten, so daß die Frage des „Eigenwillens" oder „Glaubens" seitens des Patienten völlig ausscheidet.

Das Heilungsgesuch wird entweder mündlich oder schriftlich erbracht. Wenn der Heiler ein solches Gesuch erhält, so sucht er Verbindung mit dem Geistführer und gibt ihm das Gesuch nebst allen Informationen, die ihm dazu zur Verfügung stehen, kund. Diese Übermittlung findet in der Regel statt, wenn der Heiler allein oder mit engen Freunden in Abgeschlossenheit und Stille sitzt. Er verbannt sämtliche Gedanken materieller Natur aus seinem Bewußtsein und verbindet sich innerlich mit dem Geistführer. Der Heiler hat das höchste Vertrauen, daß durch diesen Zustand der innerlichen Hingabe der Anruf vom Geistführer empfangen und diesem zugunsten des Kranken entsprochen wird. Wenn der Heiler in seiner Entwicklung fortgeschritten ist, so gelingt ihm die Verbindung mit dem Geistführer mit Leichtigkeit und wird ihm zur „zweiten Natur".

Es gibt keine Begrenzung in der Art der Leiden, die innerhalb des ganzheitlichen Gesetzesrahmens durch Geistheilung beseitigt oder gelindert werden können, und das bezieht sich ebenso auf die Fernheilung.

Nachdem der Geistführer im Besitz der Information ist, hat er Verbindung mit dem Patienten aufzunehmen. Dieser Vorgang mag schon schwieriger für uns zu verstehen sein.

So wie das geistige Selbst des Mediums augenblicklich bei einem entfernten Patienten sein kann (das „geistige Reisen" erwähne ich später in diesem Kapitel), so ist der „Spirit", also der jenseitige Helfer, ebenso leicht imstande, den bestimmten Kranken ausfindig zu machen und aufzusuchen. Das Beweismaterial für erfolgreich vollzogene Fernheilungen ist so gewichtig geworden, daß wir zu der Annahme eines solchen geistigen Kontaktes gezwungen sind, denn auf andere Weise könnten diese Heilungen nicht erfolgen. Im Falle des Verfassers stellen Fernheilungen bei weitem den größeren Anteil seiner Heilungen, und tausende solcher Fälle werden wöchentlich behandelt.

Der Heilungsgeist wird zuerst die Diagnose des Leidens und dessen Ursache stellen, denn seine Aufmerksamkeit richtet sich zuerst auf die Beseitigung der Ursache und dann erst auf die Bekämpfung der Symptome.

Es gibt hauptsächlich zweierlei Krankheitsarten. Solche rein physischer Art, wie etwa gebrochene Glieder, und solche, die eine Folge geistiger und innerlicher Disharmonie sind. Es wird nun von allen Autoritäten zugestanden, daß der größere Prozentsatz aller Leiden in erster Linie durch irgendeine Form der seelisch-geistigen Unstimmigkeit verursacht wird. Da nun der physische und der spirituelle Geist eng aneinander gekoppelt sind, wird auch des Geistführers Aufgabe der Diagnose bedeutender erleichtert, als man zunächst vermuten mag. Ferner ist die logische Schlußfolgerung zu ziehen, daß die Geistführer die Krankheitsursachen weitaus leichter festzustellen vermögen als unsere Ärzte, vorausgesetzt, daß sich der spirituelle Geist des Patienten dem heilenden Einfluß des Geistführers genügend öffnet.

Bei Durchführung der Fernheilung und desgleichen bei allen anderen Arten der Geistheilung muß eine Gemütshaltung seitens des Heilers streng vermieden werden: nämlich den Heilungsvollzug als rechtmäßigen Vorgang zu erwarten. Die sinnvolle Gedankenausrichtung und Bitte um Heilung soll deshalb in Abständen stets erneuert werden.

Manche Heiler machten es sich zur Regel, sich für einen bestimmten Patienten täglich zu einer bestimmten Zeit einzusetzen. Der Patient wird gebeten, sich zu dieser bestimmten Zeit gedanklich auf die Heilung, die ihn erreichen soll, einzustellen. Der Verfasser mußte diese Praktik nach Zerstörung seines Heims im Kriege aufgeben, denn die sorgsam erstellten Zeitpläne gerieten damit durcheinander. Ich hatte erwartet, daß als Resultat dieser Mißlichkeit die Heilungserfolge erheblich gemindert werden würden; aber zu meiner Überraschung erhielt ich Berichte, daß an Stelle der erwarteten Fehlschläge sogar größere Heilungserfolge zu verzeichnen waren. Bei der Überlegung, wie dieses zugehen könne, rief ich mir ins Gedächtnis, daß zur Erreichung der

Vereinigung und Zusammenarbeit mit dem Geistführer der eigene Geist völlig gelassen und frei von gewaltsamem Nachdruck sein muß. Meine behutsame Beachtung der Uhrzeiten half nicht, und ich mußte mich belehren lassen, daß die Ausführung der Geistheilung keiner Anpassung an einen starren Zeitplan bedarf. Schließlich ist der hindernde Umstand zu bedenken, daß die Patienten vor Ausrichtung auf die Heilungszeit ihre etwaigen häuslichen Zwistigkeiten beilegen mußten, um einen annähernd ausgeglichenen Zustand zu erreichen. Und nicht zuletzt spielt der gewichtige Umstand eine Rolle, daß ein von Schmerz und Leid geplagter Patient eine Art gewaltsamer Gedankenausrichtung in seine Heilungserwartung bringt. Eine solche Gewaltsamkeit bildet aber gerade das größte Hindernis für eine erfolgreiche Heilung.

Folgendermaßen ist nun der Vorgang, den wir im Falle einer Fernheilung im Heiligtum praktizieren: nach Posteingang werden die Briefe sofort von meinen Mitarbeitern und von mir selbst gelesen. Die Art der zu erteilenden Antwort wird durch verschlüsselte Anweisungen und persönliche Notizen auf den Briefen gekennzeichnet. Sämtliche neuen Heilungsgesuche und Fälle ernsthafter Erkrankungen gehen durch meine Hände. Durch langjährige Erfahrung vermochten meine Mitarbeiter und ich einen Dauerkontakt mit den Geistführern herzustellen, so daß unmittelbar nach Kenntnisnahme und Beantwortung der Briefe unser gemeinsames Eingreifen stattfinden konnte, nachdem wir dem zuhörenden Geistführer den Fall unterbreitet hatten. Die dafür erforderliche Zeit ist gerade jene, die unser spiritueller Geist benötigt, um das „Bild" des Falles zu übermitteln. Für jene, die gut zu übermitteln und noch besser zu empfangen und weiterzuleiten verstehen, ist das alles, was für den Heilungsvorgang notwendig ist. Die Briefe werden dann an erfahrene Maschinenschreiber weitergeleitet, die unsere vornotierten Antworten übermitteln.

Die Fälle jener Patienten, deren Leiden chronisch und

sehr schwerwiegend sind, werden beiseitegelegt, um die Einschaltungen in den späten Abend- und frühen Morgenstunden vorzunehmen.

Allein der Erfolg rechtfertigt eine Methode, und so ist es auch in unserem Falle. In jedem Falle machten wir eine Analyse des Heilungsverlaufs, die erwies, daß in mehr als achtzig Prozent der Fälle die bösartigen Symptome verschwanden. Von diesen Fällen wurden dreißig Prozent mit der Zeit völlig geheilt. Diese Ziffern sind desto aufschlußreicher, wenn man bedenkt, daß geringfügigere Leiden, die zu Hause oder durch den Arzt behandelt werden können, im allgemeinen nicht an uns herangetragen werden.

Die zwanzig Prozent, die keine generelle Änderung verzeichnen, bedeuten jedoch nicht, daß dem Kranken keinerlei Hilfe gegeben werden konnte. So wird uns zum Beispiel im Falle irgendeiner ernsthaften Krankheit, nehmen wir einen bösartigen Krebs, die wir ursächlich nicht beheben konnten, dennoch regelmäßig berichtet, daß mit unserer Heilbehandlung der Kranke ruhiger wurde, normalen Schlaf wiederfand und die ärgsten Beschwerden überhaupt nachließen. Obwohl wir einen solchen Fall zu den „erfolglosen" zählen, ist es keine Frage, daß dennoch größere Hilfe und Linderung gebracht werden konnte, als gewöhnliche Worte sagen können.

So finden heute unsere Einwirkungen in schweren Fällen vornehmlich in den späten Abendstunden und in den frühen Morgenstunden statt, von denen zu hoffen ist, daß die Patienten schlafen und ihr Geist in etwa zur Ruhe gekommen ist. Das hat den weiteren Vorteil, als der Heiler dadurch befähigt wird, weitere intuitive Anweisungen, wie dem Patienten beim weiteren Heilungsverlauf geholfen werden kann, zu bekommen.

Ein erst einmal begonnener Heilungsprozeß kann nicht abgebrochen werden. Deshalb empfiehlt es sich für den Patienten, dem Heiler laufenden Bericht über den Fortschritt des Heilungsprozesses zu erteilen, so daß sich dieser ein so vollständiges geistiges Bild vom Befinden des Patienten wie möglich machen kann. Dieses geistige Bild übermittelt der Heiler dem Geistführer und gewährleistet damit eine sinnvolle Fortsetzung der Behandlung.

Wenn der Heiler in Stille und Abgeschlossenheit in weitere innere Tiefen hinabzusteigen imstande ist, so wird er zuweilen einer Erfahrung inne, die unter dem Namen „astrales" oder „geistiges Reisen" (bzw. bei uns als „Astralwandern". D. Übers.) bekannt ist. Dabei geschieht folgendes: wenn des Heilers spiritueller Geist sich mit einer Heilbehandlung von, sagen wir, Mr. Brown aus Oxford, der an Tuberkulose leidet, befaßt, so wird ihm plötzlich eine Vision des Raumes, in dem sich der Patient befindet, mit allen Einzelheiten zuteil. Diese Visionen sind deutlicher, lebendiger und klarer umrissen als jede natürliche Ansicht oder ein Erinnerungsbild. Es ist so, als wenn der Heiler tatsächlich in dem Raume wäre. Das Bild mag nur für wenige Sekunden aufgetaucht sein, und doch prägt es sich dem Bewußtsein des Heilers so tief ein, daß, es auch später zu jeder Zeit als ebenso lebendig vor das geistige Auge geholt werden kann. Der Verfasser erinnert sich an Erfahrungen dieser Art, die vor zwanzig Jahren gemacht wurden. Und wenn immer Schritte unternommen wurden, die Exaktheit einer solchen Vision im einzelnen nachzuprüfen, erfolgte eine volle Bestätigung.

Viele beglaubigte Fälle widerfuhren auch mir und meinen Kollegen, daß der Patient die Gegenwart des Heilers in seinem Zimmer „sah", in dem dieser jedoch „nur" astral, also mit seinem Geist, weilte. Wenn nun dieser Patient später die Photographie jenes Heilers zu Gesicht bekommt oder diesen selbst trifft, erkennt er dessen Gesichtszüge wieder.

Ein kleiner Junge war krank, und sein Vater bat für ihn um Fernheilung. Es erfolgte eine volle Wiederherstellung. Es ergab sich später, daß der Vater seinen Sohn zu einem Heilungsdienst, bei dem ich demonstrierte, mitnahm. Aufgeregt rief der Junge plötzlich aus: „Sieh, Vater, das ist der Mann, den ich in meinem Schlafzimmer sah, als ich krank war!"

Wenn eine „Astralwanderung" stattfindet, wird dem Heiler seine Anwesenheit bei dem Patienten augenblicklich bewußt. Er empfindet nicht den Eindruck, irgendeine Entfernung überwunden zu haben. Er ist unmittelbar da. Die Erklärung dafür ist einfach. Es handelt sich um des Heilers spirituellen Geist, der sich zu dem Patienten begibt, auf den sich der Heiler einstellte. Wenn eine solche Fernwirkung sogar dem spirituellen Selbst des Heilers möglich ist, um wieviel einleuchtender ist es dann, daß der Geistführer unmittelbar mit einem Kranken Kontakt aufnehmen kann, wenn ihn die Bitte um Fernheilung erreicht, ist doch der Geistführer in jenem Reiche zuhause, in dem physikalische Gesetze keine Gültigkeit mehr haben.

Geistheiler werden oft gefragt, was sie empfinden, wenn eine Heilung durch sie stattgefunden hat.

Um die Art der Empfindungen des Heilers zu verstehen, muß man die Motive seiner Mission richtig zu würdigen wissen. Die Heilungsgabe ist eine persönliche Gabe, die nur jenen Menschen zukommt und verliehen wird, die mitleidensfähig sind, und deren selbstlose Hilfsbereitschaft und Liebesausstrahlung sich in ihrer ganzen Lebensführung ausdrückt. Sie sind großherzig, tolerant und besitzen die Gnadengabe, überall und stets im Namen Gottes und der Menschlichkeit zu dienen, auch wenn es persönliche Opfer erfordert. In manchen Menschen schlummert diese Gabe, kann aber durch Entwicklung der inneren Übereinstimmung mit der Geistigen Welt erweckt werden.

Man wird niemals einen Heiler finden, der rechthaberisch, selbstsüchtig und arrogant ist, und der keine Kraft abzugeben bereit wäre, ohne der vielfachen Vergeltung gewiß zu sein. Die Heilungsgabe ist deshalb eine geistige Qualität, die einer geistigen Natur entspringt. Das bedeutet nicht, daß der Heiler unbedingt „kirchlich" gestimmt sein muß, denn Geistigkeit ist der Ausdruck natürlicher All-Liebe, Güte und Großzügigkeit. Ich habe oft in meinen Vorträgen gesagt, daß ich, um „Engel auf Erden" zu finden, nicht in die Bischofspaläste oder nach Mayfair (Londoner „Millionärs-Vorort" D. Übers.) gehen würde, sondern in die Wohnstätten des „gewöhnlichen Volks", wo ich rührende Beispiele der echten Selbstaufopferung erlebte. Ich denke an eine Mutter, die sich selbst verleugnete für ihr Kind und trotz ihrer harten Arbeit bis zur Erschöpfung trotzdem noch die kranke Nachbarin mit Lebensmitteln versorgte und deren Haus rein zu halten half.

Des echten Heilers Mitleid mit den Kranken und seine brüderliche Liebe läßt in ihm ein tiefes innerliches Verlangen erwachsen, alle Schmerzen und Ängste mit fortnehmen zu helfen; und eine glückliche und segensvoll erfolgte Heilung ist die Erfüllung seiner höchsten Wünsche und hebt ihn in einen Glückszustand empor, für dessen Beschreibung es keine passenden Worte gibt; zumindest ich kann keine finden.

Der Verfasser hat sowohl Leid und Mühsal als auch viele der gewöhnlichen Lebensfreuden erfahren. Aber keine einzige dieser Freuden ist jener vergleichbar, die den Heiler überkommt, wenn er ein verkrüppeltes Glied wieder beweglich machen durfte, oder wenn ihm das intuitive Wissen zuteil wird, daß er einem dem Tod nahen Schwerkranken neue Lebenskraft zurückgewinnen und ihn damit wiedergenesen lassen wird.

Die Ausübung der Heilungsgabe schafft ein Empfinden, das sich von sämtlichen anderen menschlichen Erfahrungen grundsätzlich unterscheidet. Der Heiler weiß, er hat „irgendetwas"; eine innere Kraftquelle und eine Geistesgemeinschaft, die ihn Handlungen vollbringen lassen, wie sie nicht „nur Menschen" ausführen können, sondern Menschen mit jenem „Irgendetwas"; Menschen, die in unsichtbarer, aber nichtsdestoweniger wirklich vorhandenen Verbindung mit den guten Wesen und den guten Abgeschiedenen auf „der anderen Seite des Vorhangs" stehen.

Nur in äußerst seltenen Fällen geschah es mir, daß ich „nichts" in mir vorgehen fühlte, wenn ich mich zur Heilung eines Menschen niedersetzte. Irgendetwas Wesentliches mußte mir und dem Patienten fehlen, und ich vermochte keine Verbindung zu bekommen. Es war, als handele es sich um eine sehr fremde Person, zu der ich keine innere Verwandtschaft empfinden konnte. Wenn ich diesen Übelstand zu überwinden versuchte, erschien es mir, als wolle ich einem unbeseelten Gegenstand zu helfen versuchen. In diesen seltenen Fällen unterbreche ich den Heilungsversuch für eine Weile. Ich bleibe ruhig sitzen und bitte um Unterstützung meiner jenseitigen Freunde, die mir alsbald die innere Überzeugung schenken, daß ich in meinem Ganzheitlichen Selbst eingebettet bin, und die mir von neuem versichern, daß ich nicht allein bin, so daß meine Mittlerschaft der Heilungskräfte neu geweckt wird.

Die menschliche Natur hat ihre Eigentümlichkeit. Die meisten Menschen wissen zu berichten, daß sie sich von jemand vom ersten Sehen an so abgestoßen fühlen, daß sie geradezu zurückschaudern. Ich berichte einen solchen Fall aus eigenem Erleben, der direkt nichts mit Geistheilung zu tun hat. Als ich noch mein Ladengeschäft hatte, kam ein Mann herein, um irgendetwas zu kaufen. Als ich ihn ansah, konnte ich mich des Gefühls einer ausgeprägten Antipathie gegen ihn nicht erwehren. Sein ganzes Wesen stieß mich ab. Ich hatte ihn niemals vorher gesehen. Ich wußte auch, daß er meine ablehnenden Empfindungen aufnahm und seinerseits auch mir gegenüber ähnlich empfand. Ich empfand, daß dieser Mann schlecht war. Einige Zeit später kehrte er in meinen Laden zurück, und zwar nicht, um etwas zu kaufen, sondern um zu fragen, aus welchem Grunde wir uns eigentlich gegenseitig unsympathisch fänden. Das Eigenartige ist nun, daß uns beide während dieses Gesprächs das Gefühl der Antipathie verließ. Es gehört nicht hierher, lang und breit über das „warum" und „wieso" dieses Wandels zu diskutieren; das wäre gewiß ein interessantes Problem für den Psychologen. Meine Antwort lautet einfach, daß ein Impuls aus der Geistigen Welt den einen oder uns beide überkommen hat, der uns die Gegengefühle überwinden ließ und vielleicht jenen Mann sogar zum Besseren umwandelte.

Ich erinnere mich an nur zwei Fälle während meiner bereits ein Vierteljahrhundert währenden Heilungstätigkeit, daß ich eine Abneigung gegen jemanden empfand. Der erste Fall liegt über zwanzig Jahre zurück; aber ich kann ihn mir noch lebhaft vorstellen. Eine Frau kam in mein Haus, um sich zu erkundigen, ob ich ihre Taubheit heilen könne. Sie erklärte, daß ihre Mutter ihr als Baby heißes Öl in die Ohren gegossen habe und daß sie seither völlig taub sei. Als ich nun vor ihr saß, vermochte ich beim besten Willen keinen Kontakt mit ihr zu bekommen. Ich hatte nicht das Empfinden, ihr helfen zu können; doch machte ich den Versuch, legte meine Hände auf ihre Ohren und bat für sie um Heilung; scheinbar ohne Erfolg. Um zehn Uhr abends am gleichen Tage klopfte es heftig an meiner Tür. Draußen stand jene Frau in heller Aufregung. Alles, was sie hervorbringen konnte, waren die Worte: „Ich kann hören! Ich kann hören!" Diese Geschichte hat einen humoristischen Ausklang. Die Frau erzählte mir, daß sie in einer Wäscherei arbeite und niemals gedacht habe, daß die Mädchen, mit denen sie zusammenarbeite, so viel fluchen könnten.

Auch der andere Fall der Abneigung hatte ein glückliches Heilungsresultat. Dadurch ist bewiesen, daß Geistheilung allen unseren geringfügigen Vorurteilen und niederen Empfindungen, von denen wir von Zeit zu Zeit heimgesucht werden, überlegen und übergeordnet ist.

Jedoch glaube ich, daß die Harmonie und Übereinstimmung zwischen Heiler und Patient von erstrangiger Wichtigkeit bei der Geistheilung sind. Denn auf dem Wege der möglichst innigen Vereinigung des Heilers und des Patienten Ganzheitlichen Selbst wird das gegenseitige Verständnis und Vertrauen, die gegenseitige Sympathie und selbstverständlich die Heilung selbst wesentlich gefördert.

Wenn die Heiler nicht von diesem inneren Drang, Gutes tun, und der Sehnsucht, heilen zu müssen, verzehrt würden, so würden sie sich gewiß nicht nach Heilungsgelegenheiten als nach dem größten Ereignis des Tages oder der Woche umsehen, und sie würden sich nicht die Mühe machen, ihre Zeit in dieser Weise zu verwenden. Kann es vernünftigerweise angenommen werden, daß irgendein Mensch, der nicht diese Sehnsucht, heilen zu wollen, in sich hat, seine Freizeit opferte, um nach hartem Tagewerk die Atmosphäre der Krankheit und des Leids zu betreten, die in Schmerzen und Depressionen liegenden Kranken aufzusuchen, mit denen die meisten Menschen nicht in Kontakt zu kommen wünschen, nur um jenes „Heilungsgefühls" willen, das der Erklärung widersteht, das aber eine wahrhaftige *geistige* Qualität ist?

„Heilungsgefühle" sind also grundsätzlich von allen normalen menschlichen Freuden und Vergnügungen verschieden; sie unterscheiden sich von der Freude am Reisen, an Hobbies, am Theaterbesuch, Gesellschaften oder dem Badeleben an der Küste. Sie unterscheiden sich auch von den Gemütsbewegungen und Empfindungen der „irdischen" Liebe. Diese sind gut, reizvoll und befriedigend für unser physisches Selbst. Doch jeder echte Heiler wird Ihnen sagen, daß es für ihn keine einzige höhere Freude geben könne als Schmerzen vergehen zu sehen, Kranke wiedergenesen zu erleben und vor allem das herrliche Bewußtsein zu haben, Werkzeug zur Krankenheilung sein zu dürfen.

5. Kapitel

Die Heilungsgabe

Es wurde oft gesagt und genugsam betont, daß der Heiler weder aus sich selbst heraus noch mittels irgendeiner angenommenen Technik oder eines Rituals heilt. Die Heilungsanweisung kommt aus der Geistigen Welt. Die Entwicklung der Heilungsgabe ist deshalb abhängig vom Grade der Übereinstimmung, der zwischen dem Heiler und seinen Geistführern erreicht wird.

Manche Heiler empfangen ihre vorläufige Entwicklung in einem Heim- oder Kirchenzirkel unter Führung eines erfahrenen Mediums. Der Zweck dieses Entwicklungsganges liegt darin, dem Heileranwärter den eigenen Trance-Zustand zu ermöglichen, der dem Geistführer den Gebrauch des Heilers Geistes und Körpers erlaubt. Dieser Vorgang ist insofern von höchstem Wert, als der Schüler der Persönlichkeit des Geistführers gewahr wird und dadurch die Versicherung und das Vertrauen bekommt, daß alles, was in Trance geschieht, nicht das Ergebnis irgendwelcher eigener bewußter Anstrengungen ist.

Wenn einem Durchschnittsmenschen zum ersten Mal gesagt wird, daß er die schlummernde Heilungsgabe besitze, so scheint ihm das zu erstaunlich, um wahr zu sein. Doch obwohl er zunächst mißtrauisch dieser Eröffnung gegenüber sein wird, so würde er doch nichts lieber sehen, als wenn sie wahr wäre. Wenn er aber nun der Nähe oder Anwesenheit des Geistführers bewußt wird, so wird ihm dadurch der hemmende Gedanke seiner persönlichen Verantwortlichkeit für die Heilung genommen und damit das Selbstvertrauen gestärkt.

Der Verfasser begann seine Heilungstätigkeit auch auf diese Weise. Doch es bedurfte nur kurzer Zeit, um zu erkennen, daß die Geistführer auch genauso gut ohne Be-

53

nutzung des Trance-Zustandes zu wirken vermögen. Ich folgte auch allen jenen traditionellen Praktiken, die ich andere ausführen sah. Das geschah aber nur solange, bis ich diese herkömmlichen Praktiken mit meinen Belehrungen durch die Geisteswissenschaft verglich und sie dann eine nach der anderen ablegte. Wie ich im Eingangskapitel dieses Buches darlegte, ist der Heilungsvorgang ein sehr einfacher, sofern der Heiler aufrichtig bemüht ist.

Häufig haben mir Menschen ihre Erfahrung erzählt, daß sie in Gegenwart eines Kranken den inneren Drang verspürten, ihre Hände auf den kranken Körperteil zu legen, wodurch dann auch die Schmerzen und andere Symptome des Übels verschwunden oder vermindert seien. Sie waren von diesen Erfahrungen so beeindruckt, daß sie mich fragten, wie sie die Heilungsgabe nun erlernen könnten. Ich mußte sie bescheiden, daß es da nicht mehr viel zu erlernen gäbe. Es ist eine Eigentümlichkeit des menschlichen Wesens, daß wir nicht damit zufrieden sind, die einfache Heilungsgabe zu empfangen, sondern von uns aus noch ein gutes Teil dazutun wollen.

Jede Heilung ist eine bewußte intelligente Handlung durch ein Geistwesen. Deshalb ist es nicht möglich, daß wir uns die Heilungsfähigkeit durch irgendeine Technik selbst erwerben. Die Heilungskräfte wirken *durch uns;* sie stammen nicht *von uns.*

Der Anfänger sollte sich in den Anfangsstadien seiner Entwicklung nicht um die Individualität seiner jenseitigen Heilungsführer bekümmern; das alles wird später kommen. Er sollte sich in einen Raum zurückziehen, wo er für etwa eine halbe Stunde ruhig und ungestört sitzen kann. Mit fortschreitender Entwicklung kann diese Entspannungs- und geistige Einstellungsübung täglich ausgeführt werden. Anfangs genügt zwei- bis dreimalige Übung in der Woche.

Der Schüler soll es sich so bequem wie möglich machen; ein Lehnstuhl wäre ideal für diesen Zweck. Man kann seine

Arme auflegen und so eine völlige Körperentspannung erzielen.

Das Licht sollte abgedunkelt werden, denn ein schwaches Licht schont die Sehnerven und ermöglicht eine bessere Sammlung. Am zweckmäßigsten ist die Verwendung eines blauen Lichts, während sich die Verwendung von Rotlicht nicht empfiehlt.

Der Ausdruck „Konzentration" findet allgemeine Anwendung in Verbindung mit der spirituellen Entwicklung; doch handelt es sich um einen sehr unpassenden Ausdruck. Denn keine geistige Konzentration, sondern im Gegenteil geistige Loslösung ist erforderlich, obwohl man auch nicht versuchen sollte, den Geist „völlig leer" zu machen; denn das ist nicht möglich.

Der zu erreichende Idealzustand ist die innige, reine Meditation mit der Zielrichtung, in Kontakt mit der Geistigen Welt zu kommen. Wenn sich auf diese Weise der physische Geist völlig hingibt und der spirituelle Geist erhoben wird, wird der Geistführer allmählich in die Lage versetzt, die Gedankenimpulse des Meditierenden mehr und mehr zu beeinflussen. Die Gedanken sollen sich so intensiv und so ausschließlich wie möglich mit dem Wunsch der Heilung des Kranken befassen; sie sollen auf Beseitigung der Schmerzen und Beschwerden und auf Ergründung und Beseitigung der Krankheitsursachen gerichtet sein und sich ganz mit diesen geistigen Idealen erfüllen. Es ist kein Unrecht, die Gedanken auch mit diesen Idealen „spielen" zu lassen, denn heilsame und edle Gedanken kann man niemals genug hegen, und sie sind eine der wirksamsten Unterstützungen zur Erreichung sowohl der Verbindung mit der Geistigen Welt als auch der eigenen geistigen Veredelung.

Die Meditation soll jedoch nicht allzu lange fortgesetzt werden, um den Geist nicht in einen Spannungszustand geraten zu lassen. Um die ideale Entspannung einzuleiten, beschäftige dich gedanklich mit schönen, atmetischen und aufbauenden Dingen. Nimm einmal „geistigen Urlaub in einem Garten der Schönheit". Stelle dir das Bild eines friedlich plätschernden Bächleins und eine Waldwiese vor. Laß dein inneres Auge auf dem Porträt deines ethischen oder religiösen Vorbilds ruhen. Diese Vorstellungsbilder sind „nur Suggestionen"; aber sie öffnen den Weg der Loslösung des physischen Geistes von den prosaischen Alltagsdingen und erlauben dem spirituellen Geist, sich in höhere Sphären erheben zu können.

Zunächst wird man im allgemeinen keinerlei wesentlichen Unterschied in sich selbst verspüren. Eine Meditation ist keine Trance-Sitzung; denn eine solche ganz allein abzuhalten wäre sehr unklug, und nur in einem gut geleiteten fortgeschrittenen Zirkel sollte man Trance-Sitzungsversuche machen. Die reine obenerwähnte Meditation verfolgt den Zweck, den eigenen Geist in harmonische Übereinstimmung oder Annäherung mit der Geistigen Welt zu bringen und bildet einen wesentlichen Unterschied zu den spiritualistischen Sitzungen, in denen man mit jenseitigen Persönlichkeiten und Abgeschiedenen in Verbindung kommt.

Die ersten Gedanken in jeder Meditation und bei jeder Heilungsgelegenheit sollten an Gott, den Vater allen Lebens und der Menschheit, gerichtete Gebetsgedanken sein. Bei „bestimmten" Gebeten besteht die Gefahr, daß sie in mechanisches „Herunterleiern" ausarten und dann von geringem Wert sind. Am besten sind einfache schlichte Gedanken, die in natürlicher Weise wie in einer persönlichen Zwiesprache an Gott gerichtet werden. Vermeide hochtönende und unnatürliche Phrasen. Bringe in diesen Gedanken zum Ausdruck, daß du Ihm im Sinne der Güte, Harmonie und Vollkommenheit dienen willst; daß du bestrebt sein willst, an der Beseitigung von Disharmonie und Schaden sowohl des Geistes als auch des Leibes zu wirken. Bitte Ihn, daß Er dir Seine Geistführer zur Seite stellen möge, die dich in deiner Meditation unterstützen und die absolute Zuversicht geben mögen, daß nur noch gute Einflüsse in dich einströmen können.

Verbanne jeglichen Furchtgedanken aus deinem Gemüt. Sollte dir das einmal nicht gelingen, so setze die Meditation für jenes Mal nicht fort.

Niemals suchten meine Kollegen und ich Verbindung mit irgendeinem besonderen Geistheilungsführer. Wir wissen, daß die Geistführer da sind, und so verbinden wir uns mit der Geistigen Welt an sich. Es ist zu bedenken, daß im Falle unserer Beschränkung auf die Zusammenarbeit mit einer einzigen jenseitigen Persönlichkeit auch die Heilungsmöglichkeiten auf die Weisheit jenes einen Geistführers beschränkt bleiben. Wenn die anfängliche Verbindung mit der Geistigen Welt gesucht wird, bitte man um Kontakt mit jener Intelligenz, die am besten über das Problem des „in sich Lauschens" orientiert ist und somit die wirksamste Meditationshilfe geben kann.

Nachdem du die Meditation eine Weile durchgeführt hast, lenke deine Gedanken auf einen Verwandten oder Freund, der unpäßlich oder leidend ist. Wahrscheinlich wirst du den Charakter der Symptome dessen Leidens kennen. Wenn es der Fall ist, so stelle dir das Bild des Kranken lebhaft vor und verweile einige Zeit bei den Gedanken an seine Persönlichkeit und an die Natur seines Leidens. Dabei lasse in dir die Empfindung aufkommen, als wenn du deine Gedanken jemandem anvertrautest, der „in dich hinein lauscht". Laß das ganz einfach und natürlich geschehen und verkrampfe die Situation nicht durch inbrünstige Beschwörungen des Spirits, doch unbedingt zu heilen. Eine solche Gewaltsamkeit stört nur die Versenkung des eigenen Geistes, schafft Verwirrung und unterbricht den Kontakt mit „Drüben". Setze aber andererseits die gedankliche Befassung mit dem Kranken nicht zu lange fort, denn dadurch wächst die Gefahr, daß dein Geist von deinen eigenen Gedanken „überschwemmt" wird und der Kontakt ebenfalls abreißt. Versuche ganz einfach, das Vorstellungsbild auf den Geistführer „hinauszuprojezieren" und stelle dir dabei vor, daß er es empfängt. Wenn dir diese Projektion mittels deines spirituellen Geistes gelungen ist, so wird sie vom Geistführer oder anderen Geistbrüdern „auf der anderen Seite des Lebens", die mit dir in Verbindung stehen, empfangen. Nunmehr äußere in Gedanken die bescheiden vorgetragene Bitte, daß jene, die in dich lauschen, sich bemühen mögen, die Schmerzen fortzunehmen, die Übel zu erleichtern, die Anfälle zu unterbinden oder was immer es sein möge, so daß Wohlsein und Gesundheit zum Kranken zurückkehren mögen.

Unterlasse es aber, anfangs zu viel erreichen zu suchen oder die Verbindung zu lange aufrechterhalten zu wollen. Nach Beendigung deiner Bemühungen für den Kranken belasse deinen Geist noch eine Weile in entspanntem Zustand, summe eine erbauliche Hymne vor dich hin und führe ihn somit zur normalen „Alltagstätigkeit" zurück, nachdem du abschließend ein Dankgebet an Gott gerichtet hast.

Es gibt einen geistigen Zustand, den jedermann unter dem Namen „Tagträumen" kennt. Die Gedanken wandern umher und sind von allen nahen und realen Dingen losgelöst. Dieser Zustand ähnelt jenem, der während der Meditation erreicht werden soll, wobei im letzteren Falle die „wandernden" Gedanken natürlich zielgerichtet werden.

Es gibt keine grundsätzlichen zeitlichen Begrenzungen für die Dauer einer solchen Meditationssitzung. Während der ersten Sitzungen scheinen die Minuten sich auszudehnen; doch je häufiger man „sitzt", desto schneller scheint die Zeit zu vergehen, und es wird allmählich zur reinen Freude, seine Zeit so verbringen zu dürfen.

Vermeide unbedingt die Festlegung eines bestimmten Zeitpunktes für den Sitzungsbeginn. Es ist auch grundsätzlich besser, die Sitzungen erst nach zufriedenstellender Beendigung der Tagesarbeit durchzuführen. Übereile deshalb die Erledigung der täglichen Aufgaben nicht, sondern sieh dein Glück auch in deren verantwortungsvoller Bewältigung. Wenn du den Wunsch in dir aufsteigen fühlst, dich mit den Jenseitigen zu verbinden, ist es der richtige Zeitpunkt für eine Sitzung.

Nimm aber vor der Sitzung keinerlei gewaltsame „geistige Übungen", wie Fasten oder andere „Enthaltsamkeitsübungen", auf dich. Der Körper soll die Entspannung und geistige Verbindungsfähigkeit auf leichtem und natürlichem Wege erreichen.

Ein wesentliches und wichtiges Gesetz ist unserem Lebensweg eingewoben, und das ist unsere Verpflichtung, dem „Gesetzbuch der wahren Werte" folgen zu müssen. Du hast keinem Wesen Leid und Schaden zuzufügen; du hast nur danach zu trachten, zu dienen. Du hast duldsam und großzügig in allen Dingen zu sein. Du hast jenen, die dir ein Unrecht zufügten, keine Haß- und Rachegedanken nachzusenden. Hilf deinen Nachbarn und Freunden, besonders den kranken und einsamen, durch gütige und fürsorgliche Handlungen; habe für sie stets ein Wort des Trostes und versehe für sie auch praktische Hilfsdienste, wenn es notwendig ist. Wenn du im Laufe des Tages einem Leidenden begegnest, verwahre für diesen deine Heilungsabsicht im Gedächtnis, so daß du später in der Stille für ihn um Hilfe nachsuchen kannst.

Das sind einige der unumgänglichen Gesetze, auf denen die Fernheilungsfähigkeit beruht. Da du dir selbst und den Patienten nicht versichern kannst, daß irgend ein Heilungsresultat erzielt werden wird, kann es der Fall sein, daß du vom ersten Tage deines Einschreitens für einen Leidenden an erleben wirst, daß die Heilung viel schneller als erwartet vor sich geht.

Manche Menschen werden die Verbindung mit der Geistigen Welt leichter und schneller herstellen können als andere. Es kann kein bestimmter Zeitraum als Maßstab für das Zustandekommen der Verbindung zugrundegelegt werden. Jeder Mensch ist ein eigenes Gesetz in sich selbst, und die Entwicklung ist in Wahrheit niemals beendet. Doch nichtsdestoweniger wird man bei fortschreitender Übungspraxis und erweitertem Erfahrungsschatz die Verbindungsfähigkeit zur Geistigen Welt wesentlich erleichtern können, daß sie geradezu zur „zweiten Natur" wird und dem Heiler eine so „natürliche" Verbindung mit dem Geistführer ermöglicht, daß er sich mit diesem wie mit einem irdischen Freund unterhalten kann. Darüber hinaus wird der Heilungsschüler Zeuge seiner eigenen geistigen Entwicklung und seiner Fortschritte werden und damit einen dauernden wertvollen Ansporn erhalten.

Die nächste Entwicklungsphase liegt in dem Entschluß des Selbst, kosmische Energie durch bestimmte Atmungsweise aufzunehmen. Der Schüler soll für eine Weile in der beschriebenen Meditationshaltung verbleiben. Wenn er dann den Zustand der friedlichen Entspannung erreicht hat, soll er sich seiner Atmung voll bewußt werden.

Es wurde bereits bei der Beschreibung der „Kosmischen Heilung" ausgeführt, daß wir von kosmischen Kräften umgeben sind, die für unser Wohl vorhanden sind. Wir können sie direkt aufnehmen. Um dieses aber erfolgreich durchführen zu können, muß man die Gewißheit und das Vertrauen haben, daß sie wirklich existieren. Der Schüler soll langsam und ruhig durch die Nase einatmen und die Lungen füllen. Während dieses Einatmens wird er empfinden, daß er innere Stärke und Lebenskraft in sich aufnimmt, die seinen Körper mit reinigenden und belebenden Schwingungen aufladen. Bei der Ausatmung soll er das Bewußtsein haben, daß ihn alle schädlichen Kräfte und Einflüsse verlassen und mit dem Atem vernichtet werden.

Der normal gesunde Körper nimmt beständig ein Gemisch aller jener kosmischen Kraftströme in sich auf, die für die Erhaltung des gesundheitlichen Gleichgewichts notwendig sind; doch durch die bewußte Einatmung wird die Wirksamkeit dieser kosmischen Kräfte bedeutend gesteigert und das innere Kraftreservoir wird aufgefüllt.

Diese Atmungspraktik braucht nicht auf die Sitzungszeiten für die Jenseitsverbindung abgestimmt zu werden. Sie kann zu einer beliebigen passenden Tageszeit ausgeübt werden; vor dem Aufstehen, vor dem Weggang zur Arbeit und bei der Rückkehr und vor dem schlafengehen. Wenn man diese Atmungstechniken regelmäßig ausübt, wird man ein aufbauendes Gefühl der inneren Freude und Kraftsteigerung empfinden, als wenn man „die Welt aus den Angeln heben könne".

Wir nähern uns dem Stadium, in dem wir uns an Kontaktheilungen heranwagen können. Es gibt keine größere Freude als das Bewußtsein, die Schmerzen eines Kranken beseitigt oder gar die Korrektur einer Verkrüppelung oder sonstiger sichtlicher organischer Fehler vollbracht zu haben.

Jedenfalls gibt es für mich persönlich keine größere Freude als das Erlebnis, ein wunderbares Heilungsergebnis erzielt zu haben, das nicht einmal durch viele Jahre währende „normale" Behandlung beseitigt werden konnte. Ich denke zum Beispiel an den Fall der Behandlung eines durch Gichtknoten versteiften Schultergelenks, das den Kranken nicht einmal den Arm, um sich zu kämmen, hochheben ließ. Mit einer Hand umschließe ich das Gelenk, und mit der anderen versuche ich, sachte den Arm zu bewegen, wobei ich den innigen Wunsch der Behebung der Steifheit habe. Zunächst fühle ich Widerstand, und der Bewegungsradius des Armes ist sehr gering. Doch langsam steigert sich die Beweglichkeit, bis der Arm frei schwingen kann und ich intuitiv weiß, daß die Verhärtung des Schultergelenks aufgelöst wurde, so daß der Arm in Kürze wieder völlig frei beweglich werden wird. Das ist der Augenblick des höchsten Glücks für den Heiler, wenn er sieht, wie der ehemals Leidende seinen früher nahezu unbeweglichen Arm nunmehr in alle Richtungen bewegen kann.

Bei der richtig vollzogenen Heilungsbehandlung von sehr schmerzhaften Leiden, wie es die Gicht ist, werden dem Patienten gewöhnlich keinerlei Schmerzen verursacht. Wenn in seltenen Fällen der Patient doch Schmerzen dabei fühlt, dann weiß ich, daß ich das betreffende Glied mehr als notwendig bewege, und ich setze eine Weile mit der Behandlung aus. Dieser wesentliche Umstand der fast völligen Schmerzfreiheit bei der Heilung ernster und schmerzhafter Krankheiten ist ein weiterer Beweis für die übermenschlichen Hilfskräfte der Geistführer, denn wenn ein schmerzhaftes organisches Leiden in direkter Weise von einem „normalen" Arzt behandelt wird, so wird der Patient gewöhnlich in Betäubung versetzt, was bei der schmerzlosen Geistheilung nicht notwendig ist.

Der einzige Weg, seine Heilungsgabe zu prüfen, besteht in der praktischen Anwendung. Wenn man die ersten erfolgreichen selbst ausgeführten Heilungen erlebt hat, ist auch das Selbstvertrauen und der wahre Glaube erwacht. Nach den allerersten Erfolgen neigen viele Anfänger jedoch auch zu übertriebenem Selbstbewußtsein, das aber noch nicht der inneren Gewißheit entspringt. Es kommt dann zunächst die Zeit des „Rückfalls" in Zweifel. Dieses „Eis" muß „gebrochen werden". Wenn der Heiler aber mit sich selbst in Harmonie gelangt ist, hat er das wahre Vertrauen gewonnen und wird zum Meister der Lage. Alle Zwangsgedanken der Beschränkung und der eigenen „Unzulänglichkeit" sind dann restlos verschwunden.

Manche Heiler üben ihre Behandlung hinter dem sitzenden Patienten stehend aus. Dafür spricht kein vernünftiger Grund. Denn wenn der Heiler seine Kräfte erschlaffen fühlen sollte und der Unterstützung durch Verbindung mit seinem Geistführer bedarf, so kann dieses bedeutend leichter erreicht werden, wenn er vor dem Patienten sitzt.

Der Heiler hat sich auf die Verbindung mit der Geistigen Welt innerlich vorzubereiten. Er vergißt seine Umgebung, läßt die „alltäglichen" Dinge los und schafft damit die Bedingungen für sein geistiges Selbst, sich erheben zu können, wie er es in den vorhergehenden Sitzungsübungen gelernt hat. Wenn er diesen Zustand erreicht hat, wird er sich auch mit der Wesenheit des Patienten vereinigen können. Um diese Einigung zu erreichen, empfiehlt es sich, des Patienten Hände zu halten, damit sich die gegenseitigen Ausstrahlungen miteinander verbinden können.

Zunächst kann der Heiler eine Weile „frei" mit seinem Patienten plaudern, um ihm die Entspannung damit zu erleichtern. Der Patient kann aufgefordert werden, über seine Beschwerden zu berichten und seine Leidensgeschichte zu erzählen. Dadurch wird dem Heiler ein möglichst abgerundetes Bild übermittelt, das der Geistführer ebenfalls empfangen wird. Diese Unterhaltung ist auch geeignet, in den meisten der vorher gehemmten Patienten Sympathie für den Heiler zu erwecken. Während dieser Unterhaltung wird der Heiler auch lernen, daß es gleichzeitig möglich ist, sowohl zwecks Vereinigung mit dem Geistführer in sich zu lauschen als auch das echte Mitleiden die Einigung des eigenen Selbst mit dem des Leidenden herbeizuführen und damit zur Stärkung beider beizutragen. Es kann unter Umständen wertvoll sein, wenn der Heiler während dieser Zeit die Augen schließt.

Es ist für den Patienten sehr wichtig, körperlich und geistig völlig entspannt zu sein, den Körper erschlaffen und den Geist gelöst werden zu lassen. Diese Bedingung kann durch den Heiler erzielt werden, indem er mit sanfter und beruhigender Stimme spricht und seine Hände sachte über des Besuchers Stirn und Kopf und, wenn nötig, über den ganzen Körper gleiten läßt, während er den intensiven Wunschgedanken aussendet, daß ein gelöster und friedvoller Zustand den Patienten überkommen möge.

Wenn ein Glied geheilt werden soll, laß es so entspannt wie möglich, und frei von jeder Muskelanspannung sein und versuche niemals ein durch Hemmungen zusätzlich „verkrampftes" Glied zu behandeln, sondern warte, bis die im Rahmen des Leidens dennoch jeweils „natürliche" Entspannung eingetreten ist, die der Heiler zu empfinden vermag.

63

Während die Verbindung des Heilers mit seinem Patienten hergestellt wird, stellt sich auch der Verbindungszustand mit dem Geistführer ein.

In diesem Stadium soll der Heiler seine Hand auf die kranke Körperstelle legen, während seine andere Hand noch Kontakt mit der Hand des Patienten behält. Dann nimmt der Heiler für einen Moment sein Ganzheitliches Selbst, die Mittlerkraft seiner Hände, seines Geistes und seines Bewußtseins zusammen und überträgt in Gedanken alle ihm von Oben gegebenen Heilungskräfte auf den Patienten, indem er nur den einzigen Gedanken hegt, daß diese den Kranken erreichen und ihm Gesundheit bringen mögen. Diese Momente sind die wichtigsten während der ganzen Behandlung. Der Heiler vergißt sich selbst. Sein einziges „lebendes" Organ ist seine Hand, die zum Werkzeug seines Geistes wird, und in die er sein ganzes Wesen, sein wahres Selbst hineinlegt. Das geschieht ganz ungezwungen und natürlich. Die Hand bleibt so lange auf der kranken Körperstelle, wie es dem Heiler intuitiv notwendig erscheint.

Die Handbewegungen während dieses „Auflegens" mögen buchstäblich von dem Wunsch, die Krankheiten zu vernichten und die Schmerzen zu vertreiben, „beseelt" sein; denn das ist der natürliche Ausdruck der Wunschgedanken der Heilung. Lasse deine auf das Ziel der Heilung gerichteten Gedanken stets alle Handbewegungen begleiten. Wenn es sich bei dem zu behandelnden Übel zum Beispiel um eine Geschwulst handelt, fühle deine Finger von der Kraft, eben dieses Gewächs auflösen und vernichten zu können, durchströmt. Keinerlei andere Vorgänge sind für die Heilungsdurchführung erforderlich. Halte während der ganzen Behandlung enge Verbindung und Sympathie zu dem Patienten aufrecht und behalte einzig und allein nur deine Heilungsabsicht im Auge.

Der für die Heilung erforderliche Zeitraum braucht keineswegs erheblich zu sein. Ein schnellerer Heilungsfortschritt kann nicht durch eine entsprechend länger fortgesetzte einmalige Behandlung erzwungen werden. Bei chronischen Krankheiten ist gewöhnlich eine Reihe von Heilungsbehandlungen notwendig. Wenn der Heiler einmal nicht die erwünschten Besserungen eintreten sieht, sollte er auf alle Fälle die „gewaltsame" Weiterbehandlung und den Versuch, eine Änderung aus eigenen Kräften zu erzwingen, vermeiden.

Wenn der Heiler sein Werk beginnt, wird er fühlen oder empfinden, daß eine Hand positiver „geladen" und besser für die Behandlung geeignet ist als die andere. Die positivere ist die sogenannte „Krafthand", und sie soll auf die erkrankte Körperstelle gelegt werden. Der Heiler fühlt im allgemeinen einen Kraftstrom durch Arm und Hand fließen; er verspürt eine „Vibration" oder ein Hitze- bzw. Kältegefühl, das ihm die positivere Hand anzeigt.

Diese Vibration ist nur ein Kennzeichen und keine Heilungskraft. Die heiße oder kalte Hand soll dem Anfänger die Versicherung und Ermutigung geben, daß er als Heilungswerkzeug, als „Kanal" für die Übermittlung der Heilströme geeignet ist.

Wie in allen anderen Lebensbereichen auch, ist es auch bei der Geistheilung die Erfahrung, welche zählt; die Erfahrung des Geistführers im „Gebrauch" seines menschlichen Werkzeuges, des Heilers; die Erfahrung des Heilers, durch den Geistführer geleitet zu werden und sich dem Patienten zu verbinden. Wenn der Heiler nicht in jedem Falle und zu jeder Zeit den erwünschten Erfolg erzielt, sollte er weder sich selbst noch den Patienten noch den Geistführer „beschuldigen". Er muß Kraft und Zufriedenheit aus dem Bewußtsein schöpfen, daß er sein bestmögliches im Rahmen der jeweiligen Behandlung tat und daraus die Hoffnung ableiten, in künftigen Behandlungen noch mehr zu erreichen.

Keine Heilung kann ohne vorherige Beseitigung der Krankheitsursache erfolgen. In vielen Fällen erfordert diese Beseitigung jedoch einen gewissen Zeitraum; besonders dann, wenn die primäre Krankheitsursache in einer der verschiedenen Formen der geistigen und seelischen Disharmonie liegt.

Der Heiler soll seine geistige Aufnahmebereitschaft den Impulsen öffnen, die ihm auf intuitivem Wege vom Geistführer gegeben werden. Oft wird er auch von diesem die Anweisung erhalten, den Patienten darauf hinzuweisen, wie dieser selbst dazu beitragen kann, höchstmöglichen Nutzen und größtes Heil durch die Behandlungen zu empfangen.

6. Kapitel

Geistheilung und Kirche

Wenn es wahr ist, daß die Christliche Kirche ihre verlorene Heilungsgabe wiederzugewinnen wünscht, brauchte sie nur Heilungspriester auszubilden, um jenen Wunsch in die Tat umzusetzen.

Es möge daran erinnert werden, daß jedoch mit den religiösen Bewegungen des Spiritualismus und der „Christlichen Wissenschaft" die verschiedenen Arten der geistigen Heilung zum festen Bestand deren Religionsausübung wurden. Die Entwicklung der Heilungsgabe jener ihrer Mitglieder, welche die Heilungskraft besitzen, ist sogar die Krönung der praktischen Religionsausübung dieser Gemeinschaften. Deshalb geht die Zahl der Spiritualistischen Heiler und der „Ausüber" der „Christlichen Wissenschaft" in die Tausende. Es kann ohne weiteres gesagt werden, daß sich die Verbreitung der „Christlichen Wissenschaft" auf die Zeugnisse der von ihren „Ausübern" Geheilten zurückführen läßt. Die erhabene Aufgabe des Spiritualismus liegt auch darin, die Wahrheit des persönlichen Weiterlebens nach dem Tode, wie sie durch die vielfältigen Formen medialer Jenseitsverbindung, durch Hellsichtige und nicht zuletzt durch die wundersame Tatsache der Heilungen durch Geister bewiesen wird, unermüdlich zu verkünden.

Wie kommt es dann, daß die Evangelischen und Römisch-Katholischen Kirchen nicht den mutigen Entschluß aufbringen, die Entwicklung der Heilungsgabe ihrer Priester durchzuführen? Wenn ein Papst die Möglichkeit hat, nur drei übernormale Heilungen in seinem ganzen Leben auszuführen, ist er würdig, nach seinem Übertritt in das Geistige Leben heiliggesprochen zu werden.

Jährlich pilgern viele Tausende von Krüppeln, Gebrechlichen und sonstigen Leidenden nach Lourdes. Sie kommen voller Vertrauen und Glauben, daß sie geheilt werden mögen. Sie empfangen die Gebetshilfe von Kardinalen und unzähligen Priestern. Täglich finden Prozessionen und ununterbrochene Gottesdienste statt. Wenn der Glaube allein genügen würde, Krankheiten zu heilen, so wären die Bedingungen in Lourdes für geistige Heilungen ideal.

Jeder Heilungsfall in Lourdes wird einer strengen und genauen Untersuchung von einem aus Geistlichen und Medizinern gebildeten Ausschuß unterzogen. Im Jahre 1958 wurde die Hundertjahrfeier der Pilgerzüge nach Lourdes feierlich begangen. Doch lediglich vierundfünfzig Heilungsfälle in diesen hundert Jahren wurden von dem Ausschuß beglaubigt. In Anbetracht der Hunderttausende, möglicherweise Millionen von Kranken, welche die beschwerliche Reise nach Lourdes unternahmen, ist dieses Ergebnis kläglich. Die meisten Spiritualistischen Heiler mit einiger Erfahrung erzielen ein besseres Ergebnis als dieses. In meinem Buch „Der Beweis für die Tatsache der Spiritualistischen Heilung" zitierte ich über zehntausend Fälle übernormaler Heilungen innerhalb eines Zeitraumes von nur vier Jahren. Gewiß, diese Fälle wurden keiner unparteiischen Untersuchung unterworfen, obwohl ich eine solche generelle Untersuchung von Herzen begrüßt hätte; aber leider zeigen sich die Mediziner, wie wir später zeigen werden, in der Regel höchst widerwillig, eine derartige Überprüfung zu unternehmen. Es erhebt sich also hier die berechtigte Frage: Aus welchem Grunde haben Spiritualistische Heiler so unvergleichlich größere Erfolge, als wir sie in der mächtigsten und am straffsten organisierten Kirche innerhalb der zahlreichen christlichen Religionsgemeinschaften, nämlich der Römisch-Katholischen Kirche, sehen?

Zu dieser Frage kann noch eine weitere hinzugefügt werden. Die Kirche von England und alle anderen Christlichen Religionsgemeinschaften schließen in ihre Gottesdienste auch Gebete für die Kranken mit ein. Ihre Priester statten den Leidenden unzählige Besuche in ihren Wohnungen ab, wenn individuelle Gebete für deren Genesung angezeigt erscheinen. Während zweifellos einige Heilungen auf diese Weise erfolgen, ist der Erfolg doch im Verhältnis zur Ganzheit der Bemühungen sehr gering. Erzbischöfe, Bischöfe und die übrigen Geistlichen einschließlich des Papstes nehmen für sich in Anspruch, Gottes Kämpfer und Stellvertreter zu sein und bei Ihm Gehör zu haben. Dieses Vorrecht ist allen Priestern innerhalb dieser Kirche übertragen. Weshalb aber gesteht dann diese Kirche ein, daß sie die Heilungsgabe verloren habe und benötigt Kommissionen, die einen Weg ausfindig machen sollen, diese Gabe wiederzugewinnen?

Die Antwort ist sicherlich die, daß die Kirche sich dem Problem auf verkehrte Weise nähert, während die Spiritualisten und die „Christlichen Wissenschafter" einen erfolgreicheren Weg zu diesem Ziel gehen.

Die Einstellung der Kirche lehnt die Notwendigkeit des Eingriffs Jenseitiger, die wir als Geistführer kennen, ab und ist der Meinung, daß Heilung ein direkter Eingriff Gottes in das Geschick des auserwählten Kranken ist, und daß diese Eingriffe Gottes Antwort auf Gebet und Glauben darstellen.

Es ist eine logische Annahme, daß auch die Methoden, mittels derer die spiritualistischen Heilungen erfolgen, dem gleichen Grundgesetz folgen: nämlich praktisches Ergebnis der Weltanschauung bzw. der religiösen Erkenntnis ihrer Ausüber zu sein. Es ist unwahrscheinlich, daß es verschiedene geistige Gesetze für die Römisch-Katholische Kirche, die Anglikanische Kirche, die „Christliche Wissenschaft" und die Spiritualisten geben soll. Der wesentlich höhere Erfolgsprozentsatz, den wir auf dem der Spiritualistischen Erkenntnis folgenden Heilungswege sehen, zeigt an, daß eben die Spiritualisten mit den wahren Heilungsmethoden vertrauter sind.

Wenn also eine Heilung dem Gebet des Priesters irgendeiner Kirche folgt, ist diese das Resultat der Annahme dieses Gebetsrufes in der Geistigen Welt und der guten Tat jener

Heilungsführer. Dieser Umstand sollte aber die Kirche, sowie sie sich dazu bereitgefunden hätte, ihn als Wahrheit anzunehmen, veranlassen, ihre Priester als Übermittler auch der Heilungskraft anzusehen, und ein wesentlich größerer Heilungserfolg könnte in kurzer Zeit erzielt und die verlorene Heilungsgabe zurückgewonnen werden.

Dieses Argument gilt freilich nicht nur für die Religionsdiener, sondern auch für die Ärzte. Viele Ärzte wissen von erfolgreichen Heilungen zu berichten, die ganz im Gegensatz zu ihren auf der medizinischen Wissenschaft beruhenden Erwartungen erfolgten. Es liegt auf der Hand, daß sich ein Arzt, der Mitleid mit seinem Patienten empfindet und innerlich ein Gebet um Heilung für diesen aussendet, unbewußt mit der Geistigen Welt verbindet und Kontakt mit den Geistführern bekommt, die dann dem Patienten auf jenem Wege zur Wiederherstellung verhelfen, die dem Arzt eingegeben wird.

Die kirchliche Ansicht beruht auf der Voraussetzung „bei Gott sind alle Dinge möglich" und folgert, daß Gott, wenn Er will, die physischen und geistigen Gesetze überwindet. Wenn Geistheilungen Gottes Antwort sind, dann ist Er also auch verantwortlich für alle Nichtheilungen. Das würde bedeuten, daß der all-liebende und gütige Gott häufig ein taubes Ohr für die Gebete des Papstes, der Kardinäle, Erzbischöfe, Bischöfe und der gesamten Priesterschaft haben muß. Es bedeutet, daß Er die flehentlichen Hilferufe verzweifelter Eltern, die über ihre im Todeskampf liegenden Kleinen wachen, überhört. Es bedeutet, daß Gott, wenn diese kirchliche Ansicht richtig ist, unsere Gebete hört, und daß Er über die Not eines jeden einzelnen Seiner Kinder orientiert ist; aber Er läßt die Kranken ruhig weiter leiden und schmerzvoll sterben.

Ich glaube nicht, daß es sich so verhält. Gott ist nicht verantwortlich für unsere Krankheiten, und Er verhängt uns diese auch nicht als Strafe. Leiden und Krankheiten sind Folgen unserer Mißachtung der vollkommenen Gesetze, die unsere Schöpfung beherrschen. Leiden und Krankheiten sind das Ergebnis von „Ursache und Wirkung", und wir können uns nicht das Recht anmaßen, Gottes Allmacht herabzuwürdigen, indem wir uns zum alleinigen Maßstab erhöhen.

In den Heiligen Schriften befindet sich kein Hinweis darauf, daß, wenn Gott Werke vollbrachte, Er diese Selbst ausführte; sondern die Biblische Geschichte berichtet uns, daß Er Seine Engel und Helfer einsetzte, Seine geplanten Werke zu vollbringen. Somit sehen wir unsere jenseitigen Heiler als wahre „Priester Gottes" an, die den Göttlichen Plan der Unterjochung des Bösen und des Leides ausführen.

Viele Menschen nehmen an, daß sowohl die herkömmlichen als auch die unorthodoxen Religionsgemeinschaften hauptsächlich mit der Bewahrung und Auslegung ihres theologischen Lehrgutes und dem Aufbau und Ausbau ihrer Organisationen befaßt sind, und daß die Ausübung irgendeiner geistigen Heilungsmethode nicht in das Aufgabengebiet dieser Religionsgemeinschaften gehört.

Die Fähigkeit, geistig heilen zu können, ist Gottes Gabe an alle Seine „Kinder"; ungeachtet ihrer Rasse oder ihres Glaubensbekenntnisses. Diese Fähigkeit kann auch niemals das Vorrecht irgendeiner bestimmten Religionsgemeinschaft oder einer bestimmten Menschengruppe werden.

Es scheint jedoch so zu sein, daß der Spiritualismus und die „Christliche Wissenschaft" durch ihre Glaubensüberzeugung und durch ihre Fähigkeit, die Heilungsgabe praktisch auszuüben, die eigentlichen geistigen Werte und den Göttlichen Plan besser zu erkennen und zu würdigen vermögen.

Es spricht überhaupt kein einziger Grund dafür, weshalb die Kirchen nicht imstande sein sollten, Heiler-Priester auszubilden, wenn sie nur die Wahrheit der Verbindungsmöglichkeit zwischen Heiler und jenseitigem Führer und die Möglichkeit des Zusammenwirkens und der Zusammenarbeit beider Reiche des Lebens, des hiesigen und des jenseitigen, einsehen und annehmen würden.

Erzbischof Temple ernannte ein eigenes Komitee, das ihm berichten sollte, ob eine solche Vereinigung und Zusammenarbeit beider Bereiche Wahrheit wäre. Mit einer Stimmenmehrheit von acht gegen drei kam das Komitee zu einer positiven Entscheidung. Dieser Bericht wurde unterdrückt und niemals offiziell veröffentlicht, da die überwiegende Mehrzahl der Prüfer damit das Glaubensbekenntnis des Spiritualismus bestätigt hatte!

Viele Geistliche fühlen sich jedoch zur Krankenheilung berufen, denn andernfalls würden sie sich nicht dazu bekennen. Viele von Ihnen kamen in unser Heiligtum, um die Gabe zu entwickeln. Einer von ihnen war der Rev. Alexander Holmes, ein Priester der Congregationalisten, dessen Kirche in Godalming war. Er wohnte einer Reihe von Heilungssitzungen in unserem Heiligtum bei, empfing alle wesentlichen Belehrungen und arbeitete schließlich mit uns in der Krankenbehandlung zusammen Auf diesem Wege entwickelte er seine Heilungsgabe mit außerordentlichem Erfolg. Nach einer Weile suchte er ein größeres Tätigkeitsfeld für sein Heilungswerk, und mutig nahm er den Dienst in der Cavendish-Kapelle in Manchester auf.

Diese Kapelle, die nahezu zweitausend Menschen Platz bot, hatte zu jener Zeit eine Gemeinde von nur ungefähr vierzig Getreuen. Zum ersten öffentlichen Heilungsdienst in dieser Kapelle, bei dem auch meine Kollegen, Herr und Frau Burton, und ich, mitwirkten, waren jedoch so viele Besucher gekommen, daß nicht genügend Platz für alle Einlaß Begehrenden vorhanden war. Rev. Holmes führte täglich persönliche Heilungen und einmal monatlich öffentliche Heilungsdienste durch. Er empfing einmal vierhundert Kommunikanten (Teilnehmer am Abendmahl), und tausende von Menschen besuchten seine Heilungs- und Gottesdienste. Innerhalb von zwei Jahren waren alle Schulden der Gemeinde bezahlt, und außerdem hatte sich ein genügender Fonds angesammelt, um die Kirche renovieren zu können.

Auch andere Geistliche leitete Rev. Holmes, angefeuert von seinem unbändigen Eifer, zur Heilungsausübung an. Das hatte zur Folge, daß über fünfzig nicht-spiritualistische Kirchengemeinden regelmäßige Heilungsdienste einrichteten, die zum festen Bestand ihrer Gemeindearbeit wurden und sowohl ihre Anhängerschaft als auch ihr Ansehen ungeheuer vergrößerten. Rev. Holmes ging später nach Kanada, um dort seine Mission weiter zu erfüllen. Sowohl dort als auch in den USA führte er zahllose erfolgreiche Heilungsdienste mittels der Geistheilung durch. Was er leistete, können auch andere jederzeit leisten. Ich habe mich der Kirche von England zur Verfügung gestellt, indem ich mich bereit erklärte, bei der Entwicklung der Heilungsgabe einer Anzahl ihrer Priester behilflich zu sein; aber bis jetzt hat man dieses Angebot nicht angenommen.

Nicht ein einziger der verschiedenen kirchlichen Kommissionsberichte vermochte die Kirche zu bestimmen, ihren Priestern einen Weg der Entwicklung der Heilungsgabe zu weisen oder ihnen zu gestatten, diese ausbilden zu lassen. Wo in dieser Richtung Vorstöße unternommen wurden, wurden sie mit dem Verweis auf die rituellen und „mechanischen" bzw. allgemeinen Heilungsbemühungen abgetan. Außerdem ist die Kirche bestrebt, jede Art von Heilungsdienst nur auf ihre eigenen Mitglieder zu beschränken. Das geht auch aus einem Beitrag in der „Kirchenzeitung" hervor, in dem es heißt: „Wenn die geistige Heilung in ein vertretbares gesundes Stadium eingetreten ist, so muß sie in das sakramentale Kirchenleben einbezogen und innerhalb dieses bewahrt werden." Der Bericht der Erzbischöflichen Kommission zur Untersuchung Göttlicher Heilungen enthält alle möglichen Arten von Bedingungen, die man sich für unumgänglich zu halten bemüßigt fühlt, ehe man sich an die praktische Krankenheilung „heranwagen" kann. Wenn man die Geistheilung in dieser Weise einschränken zu müssen glaubt, ist es keine Frage, daß jede erfolgreiche Durchführung von vorneherein zum Scheitern verurteilt ist.

Ich sprach mit einem Geistlichen, der die orthodoxen Heilungsdienste in seiner Kirche ausübte, indem er dem vorgeschriebenen Ritual folgte und bei jedem Kranken dasselbe mechanische Gebet sprach, während er seine Hände auf deren Häupter legte. Ich fragte ihn: „Wenn einer Ihrer Kranken beispielsweise Gicht in der Schulter hat, weshalb legen Sie dann nicht Ihre Hände auf dessen Schulter und bitten im Gebet, daß die Krankheit weggenommen werden möge?" Er erwiderte: „Ich bin nicht dazu befugt, das zu tun. Aber nach Beendigung des offiziellen Heilungsdienstes nehme ich den Kranken mit in meine Sakristei und dort suche ich für ihn *wirkliche Heilung* zu erlangen."

Die Kirche gesteht freilich die Existenz böser Geister zu. Aber weshalb sollte sie dann nicht auch die Existenz guter Jenseitiger zugestehen, die den Göttlichen Plan ebenso ausführen, wie es auch die Priester im diesseitigen Leben zu tun versuchen? Die Kirche sagt, daß sie an die „Gemeinschaft der Heiligen" glaube. Weshalb sucht sie nicht auch einen praktischen Weg, um Hilfe aus „jenem Reich" zu finden? Diesen praktischen Weg geht der Spiritualismus durch Ausübung der Heilung mittels jenseitiger Hilfe, obwohl wir unsere „Heiligen" als „Geistführer" bezeichnen.

(Anmerkung des Übersetzers: Die Gesichtspunkte, nach denen die Heiligsprechung seitens der Katholischen Kirche erfolgen, lassen sich freilich rational nicht definieren; fest steht jedoch, daß diese nach einem streng einheitlichen durchgängigen esoterischen Prinzip erfolgen. Ebenso fest steht aber auch, daß es weitaus mehr heilige, zumindest „heiligmäße" Menschen gibt als nur die „amtlichen", also die kirchlichen Heiligen. Sämtliche dieser Heiligen, also auch die „unbekannten Heiligen", vermögen von „Drüben" aus auf unser Geschick einzuwirken, und sie tun das auch, wofür es unwiderlegliche Beispiele aus allen Zeiten und allen Religionsbereichen gibt. Wenn der Verfasser die jenseitigen Heilungshelfer mit den Heiligen vergleicht, so hat er insofern recht, als die wesentlichste Bedingung der Heiligkeit bzw. Heiligmäßigkeit außer dem Opfer das echte Helfertum ist, das in der segensvollen Wirkung der Heiler „von der anderen Seite" in herrlicher Form zum Ausdruck kommt.)

Die Kirche sollte auf keinen Fall den Umstand des sich von Tag zu Tag weiterverbreitenden Ansehens der Geistheilung in der Öffentlichkeit und deren tatkräftigen Unterstützung von allen Bevölkerungsschichten achtlos übersehen. In den vergangenen Jahren habe ich öffentliche Heilungsdienste in den größten Hallen in jeder größeren Stadt des ganzen Landes gehalten. Die größte dieser Veranstaltungen war vielleicht die in der „King's Hall" in Manchester, bei der zusammen mit einem im darauffolgenden Jahre veranstalteten Treffen, etwa siebentausend Menschen zugegen waren. Die „Royal Albert Hall" in London war während zweier, und die „Royal Festival Hall" während dreier Heilungsdemonstrationen restlos gefüllt. Besonders im Norden von England ist es gewöhnlich so, daß ohne irgendeine Notwendigkeit der besonderen Publikumsankündigung bereits bis über den letzten Sitz in den Hallen vorher verfügt ist; auch wenn der Heilungsdienst erst Monate später stattfindet. Öffentliche Heilungsdienste wurden ebenfalls in Zypern, in Griechenland, in Holland und in der Schweiz abgehalten. Auch dort waren die größten Hallen bis zum „Überfließen" gefüllt.

In England beobachten wir den bemerkenswerten Fall, daß die Kirchen gefüllt sind, wenn öffentliche Heilungsdienste dort abgehalten werden, wie wir am Beispiel des Rev. Holmes sahen. Hier haben wir den einzigen gangbaren Weg, die Menschen unter die „Fittiche" der Kirche zurückzuführen; und wir sehen nicht zuletzt in der praktischen Ausübung der Heilungsgabe auch die Möglichkeit des Anstoßes zur Vergeistigung der Menschheit überhaupt.

Lediglich törichte Vorurteile bilden das Hindernis für das Eindringen der geistigen Heilungsmethoden in das seelsorgerische Werk. Dieses Hindernis liegt in dem Wort „Spiritualismus". Die Kirchenführer fürchten, daß sie sich zu eindeutig zu dem Glauben bekennen würden, den sie einige Jahrzehnte hindurch mit Nichtachtung und Spott bedachten, wenn sie die Entwicklung von Heiler-Priestern aus ihren Reihen auf Grund der in diesem Buch aufgezeigten Richtlinien empfehlen würden. Jedoch sind weder Worte noch die verschiedenen Glaubensbekenntnisse entscheidend. Die Wahrheit allein ist wichtig!

Wenn Priester ihr Leben im wahren kirchlichen Dienst verbringen, indem sie mit ihren Gebeten allen in Not Befindlichen zu helfen trachten, so sind sie wahrlich Gottes Priester. Wenn nun die Zeit des Hinüberganges in die „Andere Welt" für sie gekommen ist, so ist es nur natürlich und verständlich, daß viele von ihnen auch dort Gott weiterhin nach Maßgabe der Wege, die ihnen im Geistigen Leben offenstehen, zu dienen wünschen. Sie werden dann feststellen, wie es auch das Erzbischöfliche Komitee zur Untersuchung des Spiritualismus bestätigt fand, daß sie den Geist der in „dieser Welt" Zurückgelassenen zum Guten beeinflussen können. Indem sie dieses ausführen, sind sie „Priester Gottes" in einer noch weit entsprechenderen Weise. Sie verdienen nicht so schimpfliche Ausdrücke wie „umherwandernde Geister" oder „entkörperte Seelen". Solche Bezeichnungen sind teuflischen Ursprungs, denn im Jenseits sind wir dieselben ganzheitlichen Persönlichkeiten wie hier und erfahren in dieser Ganzheit keine Minderung, sondern im Gegenteil eine Steigerung!

Es ist ganz natürlich, daß auch die jenseitigen Ärzte, die ihren Beruf aus Berufung des Herzens ausübten und diesen liebten, ihre Mission der Krankenheilung in dieser Welt weiter auszuüben trachten, zumal es keine organischen Leiden im „größeren Leben" gibt.

Das ist die Wahrheit, welche die Kirche erkennen und

anerkennen muß. Sie kann auf die Dauer nicht die Augen von den bewiesenen Tatsachen der Geistheilung und dem Umstand, daß die Geistführer als echte Priester Gottes die Erfüllung des Göttlichen Planes fortsetzen, verschließen.

In jedem Bericht der verschiedenen Kirchlichen Kommissionen kommt die Meinung zum Ausdruck, daß die Veranstaltung öffentlicher Heilungsdienste in Kirchen unerwünscht sei. Man führt die Begründung an, daß solche Heilungsdienste geeignet seien, Gefühlsübersteigerungen und hysterische Erscheinungen hervorzurufen und dem Kranken einen falschen Begriff des Glaubens zu vermitteln. Es stimmt, daß Heilungsdienste das Gemüt ansprechen; aber darin liegt nichts Bösartiges. Der Pfarrer auf der Kanzel wäre wahrhaftig ein ungeeigneter Seelsorger, wenn er nicht mit dem Herzen zu sprechen und gemütsmäßige Erhebungen bei seinen Zuhörern hervorzurufen imstande wäre. Das ist jedoch etwas wesentlich anderes als Hysterie. In allen den vielen großen öffentlichen Heilungsdiensten, die ich abgehalten habe, ist niemals auch nur ein Fall von Hysterie vorgekommen. Gewiß gibt es keinen Grund zu der Annahme, daß ein mit Würde abgehaltener Kirchlicher Heilungsdienst hysteriefördernd sei. In den USA gibt es zwar eine gewisse Art von Heilern, die bewußt eine Atmosphäre schaffen, die zu Überspannungen führt. Aber das kann bei echten Geistheilungen nicht geschehen. Nach allen Erfahrungen führt Christus selbst Seine Heiler bei den öffentlichen Demonstrationen. Heute besteht kein Grund mehr, daß man nicht zur Kirche gehen sollte, um geheilt zu werden oder seine Sympathie für Heiler und Geheilte zum Ausdruck zu bringen.

Alle jene Kommissionsberichte enthielten ferner die Behauptung, daß sich Spiritualistische Heilungen nur mit dem Wohl des Leibes befaßten, während die Kirche um das Heil des ganzen Menschen, um Leib und Seele, bemüht sei.

Keine Heilung kann sich ohne Beseitigung der Krankheitsursachen vollziehen. Wir wissen, daß die Ursache der meisten Krankheiten in den vielen Formen der geistigen oder seelischen Disharmonie liegt; folglich geht auch unsere Heilungsweise von der Heilung der Seele aus. Wie oft erfahren wir, daß mit dem Vollzug der Geistheilung der Charakter eines Patienten zum Besseren gewandelt wurde. Ein gefühlsroher und unmäßiger Ehemann wird liebevoll und mäßig; die Trunksucht wird aufgegeben, die Grausamkeit wird abgelegt. Das ist gewiß Heilung der Seele!

Die Berichte, welche die Feststellung enthalten, daß die Kirche mehr mit der Heilung der Seele als des Leibes befaßt sei, empfehlen als Notwendigkeit eine gewisse Zeit der religiösen Unterweisung für den Patienten, ehe er Heilung empfangen könne. Der Bericht der Kirche von England ist sehr genau in diesem Punkt. Sie gibt als Bedingungen für den Empfang geistiger Heilungen an, daß der Kranke zunächst zu Gott umkehren, seine Sinne ändern und die Heilige Kommunion nehmen müsse; und dann solle der Priester nicht eher um Heilung bitten, ehe er davon überzeugt sei, daß der Leidende wahrhaftig bußfertig sei.

Das ist sicherlich eine verkehrte Einstellung. Es ist besser, den Kranken sofort zu heilen und ihm dann zu predigen. Es ist wahrlich grausam, einen Mann oder eine Frau, die sich in schweren Schmerzen befinden, einer Reihe von religiösen Belehrungen zu unterwerfen und diese noch als Voraussetzung zur Erleichterung ihres Leidens anzusehen. Es ist vielmehr so, daß der mittels Geistheilung von seinen Plagen befreite Kranke weitaus aufgeschlossener für die Predigt ist. Er hat ja die praktische Demonstration des Einwirkens der Göttlichen Kräfte durch das eigene Befreitwerden von Schmerzen und Qualen erlebt. Nicht zu vergessen, daß der Patient sterben kann, während ihm „gepredigt wird".

Die Kirche befindet sich in einem entschiedenen Irrtum, wenn sie meint, die Heilungen in verschiedene „Arten" einteilen zu müssen. *Alle* Heilung ist göttlich! Sie in „körperliche Heilung" und „seelische Heilung" teilen zu wollen, kann nur zu Fehlschlägen führen.

Ein weiterer entscheidender Fehler besteht in der Maßnahme, daß jeder zum Heiler „ernannte" Priester die
Ausübung seiner Gabe lediglich auf die Kirchenmitglieder
zu beschränken hat. Den Priestern wird angedroht, daß sie
zur Rechenschaft gezogen werden, falls sie ihre Heilungsgabe auch an „Außenseitern" ausüben. Es scheint notwendig
zu sein, die Kirchenführer an das Gleichnis vom „guten
Samariter" zu erinnern. Christus predigte den Aussätzigen
und Krüppeln auch nicht, ehe er sie heilte! Kein wahrer
Priester Gottes dürfte seine Heilungsausübung auf diese
Weise begrenzen.

In unserem Heiligtum sehen wir Menschen aller religiösen Bekenntnisse, und auch solche ohne diese, geheilt
werden. Wir haben den Hindu, den Mohammedaner und
den Ungläubigen gleicherweise geheilt. Alle sind Gottes
Kinder, und der Empfang der Heilungsgabe steht jedermann offen.

Wenn die Kirche ihre veraltete wahrheits- und wirklichkeitsfremde Theologie gemäß der Wahrheit ändern würde,
wenn sie die Wahrheiten, die ihre eigenen Kommissionen
bestätigen mußten, annehmen würde, daß unser Leben nach
dem Tode fortdauert, daß die Verbindung mit der Geistigen
Welt Wirklichkeit ist, und daß die Geistheilung im Plane
Gottes liegt, um in diesem materialistischen Zeitalter auch
den Menschen als geistiges Wesen zu beweisen, so würde sie
ihren Einfluß zurückgewinnen. Damit wäre der Weg für
die Menschheit beschritten, eine neue Rangordnung der
Werte anzunehmen; eine Wertordnung, welche die gefährlichen und gemeinen Tendenzen in der heutigen Menschheitsführung endgültig ächten würde.

7. Kapitel

Geistheilung und Arztberuf

Man kann vielleicht die ablehnende Haltung von Angehörigen des Ärztestandes gegenüber den die Kranken heilenden „Laien" aus persönlichen Motiven heraus verstehen. Dennoch macht sich die erfreuliche Tendenz bemerkbar, daß die Zahl der die Bedeutsamkeit der Geistheilung anerkennenden Ärzte ständig wächst.

Im vergangenen Jahr erhielt ich mehr als tausend Briefe von Ärzten, die um Heilung für sich, ihre Familien und ihre Patienten baten. Viele von ihnen kamen persönlich zum Heiligtum, um unsere Heilungsbehandlung zu empfangen, oder sie brachten ihre Patienten, um diese von uns behandeln zu lassen.

Das alles mußte jedoch im Geheimen vor sich gehen, denn wenn die Ärztekammer von diesen „kühnen Unternehmungen" ihrer Mitglieder erfahren würde, so würden diese unweigerlich einem Disziplinarverfahren unterworfen werden, und es bestände die Möglichkeit, daß sie aus der Ärzteliste gestrichen und damit ihre Existenz verlieren würden.

Ein anderes gutes Zeichen liegt darin, daß eine ebenfalls beständig wachsende Anzahl von Krankenhausärzten Patienten zu uns schickt, und daß uns ärztliche Ausschüsse einladen, Patienten in Krankenhäusern zu behandeln; aber offiziell besteht das Verbot der Zusammenarbeit fort.

Ferner ist beachtenswert, daß die Britische Ärztekammer, von anderen einflußreichen Körperschaften nach ihrer Meinung über die Geistheilung befragt, antwortete, daß „zugestanden werden müsse, daß auf diese Weise augenscheinliche Heilungen erzielt würden, die mittels der medizinischen Wissenschaft nicht erklärt werden könnten."

Wenn immer in der Vergangenheit die Britische Ärztevereinigung oder berühmte Ärzte von uns aufgefordert wurden, eine übernormale Heilung zu untersuchen und dazu Stellung zu nehmen, weigerten sie sich entweder oder gebrauchten Ausflüchte und „Verlegenheitsantworten", wie: „Falsche Diagnose", „Spontanheilung", „Zu lange Zeit ist vergangen", oder „Zeigen Sie uns den Patienten in fünf Jahren wieder" und „Die Röntgenplatten waren falsch etikettiert".

Ein Beispiel für dieses Vorgehen haben wir in einem Kranken, bei dem ein bösartiger Halskrebs von zwei Spezialisten diagnostiziert worden war. Um diese Diagnose zu treffen, hatte man eine geringe Substanzmenge von der erkrankten Stelle für die Laboratoriumsuntersuchung zugrundegelegt. Eine Operation wurde für notwendig erachtet, und diese war für zwei Wochen später angesetzt worden. Am gleichen Tage der Feststellung des Krebses wurden wir von dem Kranken informiert und um Fernheilung gebeten. Ehe die zwei Wochen verstrichen waren, waren sowohl die Schwellungen im Halse als auch die Heiserkeit der Stimme verschwunden, und der Mann fühlte sich in jeder Weise wohl. Er suchte dann auf unsere Empfehlung um eine weitere ärztliche Untersuchung nach. Nachdem diese durch die beiden gleichen Spezialisten vollzogen worden war, die den Krebs diagnostiziert hatten, erklärten sie nunmehr, daß dieser nicht mehr bestehe. Dieser Fall wurde einem Arzt, der mit der Untersuchung der Geistheilung befaßt war, zur Stellungnahme unterbreitet. Er berichtete den Spezialisten von seinem Auftrag und fragte sie, ob sie eine Heilung auf Grund dieser Geistigen Methode anerkennen würden oder eine andere Erklärung vorzögen.

Die Antwort der Spezialisten lautete: „Infolge eines glücklichen Zufalls enthielt gerade der für die Untersuchung verwendete Gewebeschnitt den ganzen Krebs." Diese sogenannte „Erklärung" wurde im „Britischen Medizinischen Journal" veröffentlicht, um die Ansicht, daß die Erfolge der Geistigen Heilungsweise unbewesen seien, zu unterstützen.

Diese Haltung findet ihre Parallele in meiner Erfahrung mit der Erzbischöflichen Kommission zur Untersuchung der Göttlichen Heilungen. Ehe ich persönliches Zeugnis ablegen sollte, wurde ich gebeten, sechs Fälle übernatürlicher Heilungen anzuführen. An Stelle von sechs Fällen führte ich jedoch deren siebzig an; und zwar nur jüngere und jüngste Fälle, die leicht nachgeprüft werden konnten. Als ich vor der Kommission erschien, erklärte ein von der Britischen Ärztevereinigung eingesetzter Arzt, nachdem er meine angeführten Fälle kurz gestreift hatte: „Alle diese Fälle können Spontanheilungen sein." Unter „Spontanheilungen" verstehen die Ärzte solche Fälle, in denen „die Natur auf eine wissenschaftlich noch nicht erklärte Weise sich selbst helfe und so den Symptomen beikomme." Auf meine Vorhaltung, daß die angeführten Fälle sämtlich in die Kategorie der „unheilbaren" fielen und aus diesem Grunde eine Spontanheilung vernünftigerweise nicht angenommen werden könne, wurde mir die Antwort zuteil: „Zu viele Ärzte behaupten die Unheilbarkeit von Kranken, die dennoch heilbar sind."

Später übermittelte ich der Kommission auf Grund deren Aufforderung acht detaillierte Krankengeschichten von Patienten, die an sogenannten „unheilbaren" Krankheiten litten, und die völlige Heilung erfahren hatten. Ein Sonderausschuß der Britischen Ärztekammer wurde für die Erforschung dieser Fälle ins Leben gerufen. Dieser Ausschuß befragte nicht einen einzigen der Patienten und fragte auch nicht nach einem einzigen von deren Krankenhausberichten.

Hierzu will ich ein Beispiel anführen: Ein Junge von drei Jahren litt an einem undiagnostizierbaren Übel. Er konnte keinerlei Nahrung aufnehmen und zeigte typische Symptome von Paralyse. Er wurde hin- und hergebogen und schwankte von Seite zu Seite wie ein Pendel. Im Alter von sieben Jahren war er schon Patient in einer Reihe von Hospitalen gewesen. Viele verschiedene Behandlungen wurden ohne Erfolg versucht. Viele Spezialisten untersuchten

seinen Fall, und alle erklärten, daß dieses Leiden unheilbar
sei. Der Junge wurde in ein Londoner Kinderkrankenhaus
gebracht, und zwar unter die Obhut eines berühmten Arztes,
der dem Vater erklärte: „Wir können nichts für den Jungen
tun." So wurde er wieder nach Hause geschickt, und er
erhielt keine weitere Behandlung durch Medikamente mehr;
galt also als total unheilbar. In dieser Zeit kam der Junge
in einen schrecklichen Zustand. Er war ein lebendes Skelett,
teilweise gelähmt und schwankte immer noch wie ein Pendel.

Die Schwester des Jungen schrieb mir mit der Bitte um
Fernheilung für den bedauernswerten Kranken, und diese
wurde auch gegeben. Innerhalb von drei Wochen hörte das
„Pendeln" auf; er konnte wieder Nahrung zu sich nehmen
und alsbald sogar zur Schule gehen und wurde zu einem
völlig gesunden und normalen Jungen. Heute ist er sech-
zehn Jahre alt und hat bisher alle Schulprüfungen gut be-
standen. In den letzten sechs Jahren war sein Gesundheitszustand so beständig, daß er keinen Arzt benötigte. Es muß
noch erwähnt werden, daß der Junge zum Zeitpunkt der
Übermittlung dieses Falles an die Ärztekommission etwa
zwölf Jahre alt war.

Der „Sonderausschuß" verfuhr mit diesem Fall sehr einfach. Er sagte: „Da sich dieser Junge jetzt nicht in ärztlicher
Behandlung befindet, kann keine Untersuchung stattfinden."
Man mag nun denken, daß ein solcher Fall eine geeignete
Herausforderung für den Ärzteausschuß wäre; dieser
brauchte sich bloß die Krankengeschichte des Jungen von
dem betreffenden Krankenhaus zu beschaffen, um die Heilung entweder bestätigen oder bestreiten zu können. Es
scheint mir völlig klar zu sein, daß das Komitee zur vollen
Anerkennung der Tatsächlichkeit der geistigen Heilungserfolge gelangt wäre, wenn es eine wirklich gründliche und
verantwortungsbewußte Untersuchung vollzogen hätte.

Geistige Heiler stellen sich den „wissenschaftlichen" Medizinern in keiner Weise entgegen; im Gegenteil suchen sie
Zusammenarbeit mit diesen. Auch in unserem Interesse liegt

es, Kenntnis von den Fortschritten, die auf medizinischem Gebiet erzielt wurden, zu nehmen. Es wäre ebenso töricht von irgendeinem Menschen, wenn er sagen würde: „Ich würde zu keinem Arzt gehen", als wie es von einem Arzt töricht wäre, der sagte: „Geistheilung ist ein Märchen." Der ideale Weg, um alle Krankheiten bekämpfen zu können, ist die Erreichung des praktischen Zusammenwirkens beider Behandlungsweisen, denn beide ergänzen einander.

Die medizinische Behandlung vermag nur wenig bei jenen Patienten zu erreichen, deren primäre Krankheitsursache in Störungen der geistigen Harmonie und des Selbst zu suchen ist. In diesen Fällen kann die Geistheilung von größtem Nutzen sein.

Häufig hören wir, daß von einem Krankenhauspatienten, der Geistheilung empfing, gesagt wird: „Er ist das ‚Glanzstück' des Krankenhauses", oder: „Die Ärzte können nicht begreifen, woher er seine Kräfte nimmt", oder: „Die Ärzte sind verblüfft und sagen, er sei ein Wunder". Doch wenn wir fragen: „Wurden die Ärzte davon unterrichtet, daß ihm Geistheilung zuteil wurde?", so wurde uns von den Angehörigen des Kranken die Antwort zuteil: „Nein, wir fürchteten, es den Ärzten zu erzählen." Mir sind auch Fälle bekanntgeworden, in denen sich Ärzte weigerten, von uns fernbehandelte Patienten zu behandeln.

Geistige Heiler sind bisweilen imstande, die Ursachen des Leidens auf Grund ihrer Erfahrung und ihrer Informationen seitens der Geistigen Welt zu ermitteln. Im Jahre 1945 wurde mir vermittelt, daß die meisten Arten von Hautleiden auf nervliche Spannungen und Verkrampfungen zurückzuführen sind, und daß Salben und andere äußerliche Medikamente in diesen Fällen gar nicht heilen können. Im Jahre 1947 wurde diese Feststellung auch als „medizinische Entdeckung" von der Ärzteschaft gemacht. Desgleichen haben Geistige Heiler seit langem gewußt, daß auch die Hauptursache organischer Leiden in vielen Fällen in Disharmonien des Selbst liegt. Erst in den letzten Jahren wurde diese Wahrheit allgemein anerkannt. So verhält es sich auch im Falle des Krebs. Vor vier Jahren veröffentlichte ich die Feststellung, daß die meisten Krebsformen, besonders der weibliche Brustkrebs, die Folge seelischer Verklemmung und innerer Unruhe ist. Heute hören wir, daß bedeutende Ärzte wie Sir Heneage Ogilvie ähnliche Ansichten zum Ausdruck bringen, indem er sagt: „Ein glücklicher Mensch bekommt niemals Krebs." Beeindruckt von Sir Heneages fortschrittlicher Ansicht über das Problem der Krebskrankheit, schrieb ich ihm in der Annahme, daß er den Faktor der Geistheilung anerkennen und eventuell in seine Behandlungsmethoden mit einbeziehen würde. Ich fragte ihn, ob er einige mittels der Geistheilung an medizinischerseits als unheilbar erklärten Krebskranken erfolgreich vollzogenen Behandlungen untersuchen wolle. Ich unterbreitete ihm die Krankengeschichte eines geheilten Falles. In seiner Erwiderung führte Sir Heneage aus, daß er sich mit anderen medizinischen Meinungen nicht auseinandersetze und sich nur mit den von ihm selbst behandelten und nachgeprüften Fällen befasse.

Leukämie oder Blutkrebs ist ein anderes Leiden, das vom medizinischen Standpunkt aus als völlig unheilbar gilt; doch heutzutage sehen wir ein beachtliches Erfolgsmaß an Heilungen dieser „unheilbaren" Krankheit. In einem Falle erfuhr ein an Leukämie erkrankter Junge im Midland-Krankenhaus eine derartig sensationelle Heilung, die durch unsere Fernheilung erzielt worden war, daß er als Demonstrationsfall bzw. als „Ausstellungsstück" herausgestellt wurde. Ich schrieb dem verantwortlichen Professor, indem ich ihn bat, in Anbetracht dieser außergewöhnlichen durch Unterstützung geistiger Heilmethoden erzielten Heilung, mich über ähnliche Krankheitsfälle unter seiner Obhut zu unterrichten, so daß wir versuchen könnten, durch Fernheilung bei der Behandlung mitzuwirken. Eine Kopie dieses Schreibens sandte ich auch an die Britische Ärztekammer; aber ich erhielt von beiden Seiten niemals Antwort.

Es ist eine historische Tatsache, daß sich die offizielle

Medizin zunächst allen neuen Maßstäben und Ideen auf ihrem Sektor widersetzte. Erst in jüngster Zeit gestand sie zu, daß gewisse Patienten aus der Hypnose Nutzen ziehen können; doch vordem war sie sich einig in der Verdammung der Hypnose gewesen. Im ähnlichen Falle bekämpfte sie die Einführung der hygienischen Methoden, wie sie von Lord Lister vorangetrieben wurden, und den Gebrauch der Schmerzbetäubungsmittel.

Obwohl es Tatsache ist, daß geringfügigere und auch ernsthaftere Leiden in ihrem Frühstadium der Geistheilung sehr leicht weichen, liegt es nicht in der Absicht des Heilers, den Arzt zu „verdrängen", obwohl es andererseits auch dringlich geboten erscheint, den überforderten allgemeinen praktischen Arzt zu entlasten und die unerfüllbaren Anforderungen, die an das Aufnahmevermögen der überfüllten Krankenhäuser gestellt werden, mit beseitigen zu helfen.

In einem Falle wurde ich eingeladen, Geistheilung vor einer Anzahl von Ärzten, die einem medizinischen Verein in der Wimpole Street angehörten, zu demonstrieren. Ich bat sie, ihre eigenen Patienten mitzubringen, was auch geschah. Zunächst schienen mir die Ärzte nicht sonderlich interessiert zu sein, als sie auf den Polstersesseln zwanglos in dem großen Raum verstreut saßen. Der erste Fall war eine an fortgeschrittener Sklerose (Knochenverkalkung) leidende Frau. Sie wurde von zwei Bekannten in den Raum geführt, denn die Lähmung hatte ihren Gleichgewichtssinn vernichtet und ihr die Beherrschung ihrer Schritte unmöglich gemacht. Ich erörterte den Ärzten den Heilungsvorgang; daß zunächst die Beweglichkeit der verkrampften Wirbelsäule wiederhergestellt würde, und daß im Zusammenhang damit die normalen Beinbewegungen wiedererlangt würden. Diese Patientin reagierte hervorragend. Sie wurde befähigt, wieder aufrecht zu stehen, und, mit ihrer Hand auf den Arm einer Bekannten gestützt, wieder erstaunlich gut zu gehen. Dieser erste Heilungserfolg beeindruckte die Ärzte derartig, daß sie bei der Behandlung aller übrigen Patienten aufstanden und sich nahe herandrängten, um aus der Nähe sehen zu können, wie sich der segensvolle Wechsel jeweils vollzog. Diese Demonstration fand darin ihren Ausklang, daß mich die Ärzte baten, ihnen Behandlung ihrer eigenen Leiden zuteil werden zu lassen!

Anläßlich öffentlichen Heilungstreffen frage ich oft, ob ein Arzt anwesend sei, der heraufzukommen bereit wäre, um den Krankheitsbefund des Patienten und schließlich auch das Ergebnis der Behandlung zu bestätigen. Nahezu in jedem Falle, in dem dieses stattfand, bezeugte der Arzt, daß dem Übel beigekommen worden sei. Nur in einem Falle weigerte sich der Arzt, sein Zeugnis zu geben, ehe er nicht den Patienten ausgekleidet untersucht hätte. Bei einem dieser Treffen, das in Glasgow stattfand, und bei dem auch Lord Provost anwesend war, bekundete sogar der leitende Amtsarzt der Stadt seine freimütige Zustimmung zu den positiven Geistheilungsresultaten.

Alle Ärzte, die das Heiligtum aufsuchen, lade ich ein, bei der Geistheilung mitzuwirken. Wenn ich zum Beispiel einen Patienten mit einem verkrüppelten Rückgrat habe, wird der Arzt zunächst gebeten, die Schwere der Symptome zu konstatieren. Dann bitte ich ihn, seine Finger zusammen mit den meinigen auf des Patienten Wirbelsäule zu legen, um festzustellen, wie die Heilungsbehandlung fortschreitet und die Beweglichkeit in das Rückgrat zurückkehrt. Daraufhin fordere ich ihn auf, sich durch Beugen, Biegen, Wölben und Drehen der Wirbelsäule davon zu überzeugen, daß diese völlig frei wurde. Ein Arzt erklärte uns, daß er gerne fünf Jahre seines Lebens dafür gäbe, um das zu vollbringen, was wir durch Geistheilung zustandebrächten.

Es mag gut möglich sein, daß jene Ärzte, die ihren Beruf wirklich lieben, also „berufen" sind, und die ihre Patienten als „Menschen" und nicht als „Fälle" ansehen, zum unbewußten Kanal werden können, durch den die Geistheilungskräfte fließen. Es kommt häufiger bei Ärzten als bei Pfarrern vor, daß sich übernormale Heilungen vollziehen, während sie auf dem Bettrand des Kranken sitzen, dessen Hand halten und leise ein Gebet für die Genesung des Kranken sprechen. In Aussprachen und auch in gedruckten Berichten wurden viele solcher unerwarteten Heilungen von Ärzten zum Ausdruck gebracht. Wenn alle diese Bekenntnisse solcher wunderbaren Heilungen verglichen werden könnten, würde die Britische Ärztekammer höchst überrascht sein. In diesem Zusammenhang muß auch notwendigerweise zwischen dem Arzt, der mit seinem Patienten *fühlt* und zwischen jenem, dessen Interesse an seinem Patienten nur rein beruflich ist, unterschieden werden, wozu ich eine „wahre Anekdote" anführe.

Ein inbrünstiger Spiritualist, der mit seinem Arzt über das Weiterleben nach dem Tode diskutierte, fragte diesen: „Wenn Sie hinübergegangen sind, werden Sie dann weiterhin die Kranken heilen?" „Das möge der Himmel verhüten!", war die Antwort des Arztes. Er war eben nur ein „Berufsarzt" und kein „Berufener".

Ist die Annahme nicht naheliegend und wahrscheinlich, daß jene Ärzte, welche die Liebe zu ihrer Berufung und das Mitempfinden mit den Kranken besitzen, in „jener Welt" gerne ihre Studien fortsetzen und möglicherweise Heilungsführer werden?

Während die Britische Ärztekammer die Geistige Heilungsmethode durch einen Spiritualisten nicht offiziell anerkennen will, hat sie sich jedoch zu einer offiziellen Zusammenarbeit mit der Kirche auf diesem Gebiet zusammengefunden. Die Kammer begrüßt das Gespräch und die Zusammenarbeit ihrer Mitglieder mit der Geistlichkeit in ihren entsprechenden Bezirken. Bis heute wurde jedoch weder in den medizinischen Fachzeitungen noch in irgendeiner der Kirchlichen Forschungskommissionen irgendein praktisches Resultat dieser Zusammenarbeit verlautbart. Der Grund ist nicht schwer zu finden. Er liegt einfach darin, daß die Kirche die Heilungsgabe, die sie in ihren Anfangsjahren besessen hat, verloren hat, und daß die Ärzte demzufolge mit solchen zusammenarbeiten, die gar keine Heiler sind.

Wenn die Britische Ärztekammer eine solche Bereitschaft zur Zusammenarbeit den spiritualistischen Heilern entgegenbringen würde, wie wesentlich anders sähe dann das Bild aus! Die Geistheiler würden ein solches Zusammenwirken ebenfalls von Herzen willkommen heißen, denn sie haben das Empfinden, daß die ideale Behandlungsweise schwieriger und schwerwiegender Fälle die Vereinigung der medizinischen Behandlung mit der Geistheilung ist, weil beide Behandlungsarten einander ergänzen. Obwohl aber beide Behandlungsarten einander ergänzen, sollte man die Tatsache im Gedächtnis bewahren, daß sich beide Prozesse dennoch völlig voneinander unterscheiden. Die medizinische Behandlung erschöpft sich im Gebrauch physischer Medikamente und anderer Heilweisen, während die spirituelle Heilung ihren Ursprung in einer völlig anderen Dimension hat — nämlich in jener des Geistes.

In manchen Fällen mag die Geistheilung die größere Rolle spielen. Diese kann zum Beispiel im Falle der Gicht die Ursache besser bemeistern und die Knoten lösen, während die physische Therapie anschließend einsetzen und dem Patienten die weiteren Genesungsfortschritte bringen kann. In anderen Fällen mag wiederum die medizinische Behandlung von größerer Wichtigkeit sein, während die Geistheilung ihre unterstützende Rolle spielt, indem sie dem Kranken körperliche und seelische Kraft und Entspannung sowie Gemütsruhe und Zuversicht gibt.

In den Diskussionen zwischen Ärzten und Priestern wurde in letzter Zeit des öfteren die Befürchtung zum Ausdruck gebracht, ob nicht die Priester infolge ihrer „bevorzugten" Stellung etwa mehr Vertrauen der Kranken erwerben könnten als die Ärzte, so daß als Ergebnis dieser Entwicklung die Kranken letzten Endes lieber zum Priester als zum Arzt gingen. Man einigte sich aber schließlich auf die Einhaltung der Grundrichtlinie, daß der Priester in akuten Krankheitsfällen nur die unterstützende Rolle für den Arzt spielen könne.

Geistige Heiler vollbringen ihr Werk mit der unterstützenden seelischen „Anfeuerung" der Liebe ihrer Getreuen. Sie sind jedoch nicht in erster Linie daran interessiert, Glauben und Anschauungen zu bringen, sondern über allen anderen Zielen steht ihnen zunächst die Heilung des Kranken. Wenn nun einmal die Zeit für die echte fruchtbare Zusammenarbeit zwischen Geistheilern und Ärzten gekommen sein wird, darf sich die Frage nach dem „Vorrang" der einen über die andere Heilungsmethode von vorneherein überhaupt nicht ergeben; denn damit wäre das ganze Projekt der Zusammenarbeit hinfällig.

Da aber auch gerade die allgemeinen praktischen Ärzte die eigene Erfahrung machen, daß sie unvergleichlich bessere Heilungserfolge erzielen, wenn sie das Vertrauen ihrer Patienten gewinnen, und daß sie die durch Geistheilung erfolgreich „vorbehandelten" Patienten mittels ihrer Methoden erfolgreich weiterbehandeln können, so ergibt sich auch die Hoffnung, daß der Tag nahe ist, an dem sich die Britische Ärztekammer zu einer wirklichen objektiven und wohlwollenden Untersuchung der Geistheilung entschließen wird. Dann mag auch endlich jene Art der gegenseitigen Zusammenarbeit unserer Heiler mit den Ärzten vollzogen werden, die wir uns wünschen, um die Leiden der Kranken noch weitgehender besiegen und lindern und ihrem Ausbruch vorbeugen zu können, und um vielen die Erfüllung ihres Lebensauftrags, die in Gefahr sind, „vor der Zeit" hinüberzugehen, ermöglichen zu können.

8. Kapitel

Die göttliche Absicht der Geistheilung

Ein Agnostiker sagte zu mir: „Ich gebe zu, daß Sie eine gewisse Kraft, Kranke zu heilen, besitzen; doch wenn Sie irgendeine einzelne Person heilen und deren Plagen auch fortzunehmen vermögen, so fällt das doch angesichts der Millionen von Kranken nicht ins Gewicht." Ich erwiderte ihm, daß die erfolgreiche Heilung irgendeines Menschen selbstverständlich ein glücklich erschütterndes Ereignis für ihn und seine Familie sei, daß die eigentlich wichtige Bedeutung der Geistheilung aber in deren weiteren geistigen Auswirkungen liege.

Wenn nämlich ein Kranker seitens der Mediziner als „unheilbar" erklärt und seine weitere ärztliche Behandlung als „Zeitvergeudung" bezeichnet wurde, so daß er froh sein mußte, weiterhin schmerzlindernde Medikamente durch seinen Hausarzt zu bekommen, so wurde ihm eine unwiderlegliche und eindrucksvolle Demonstration von der Wirklichkeit der Geistesmächte gegeben, wenn er durch die Geistheilung dennoch geheilt wurde. Ein solcher segensvoller Vorgang sollte jeden, der nur den geringsten Sinn für die höhere Wirklichkeit in sich trägt, vom Dasein und der Eingriffsmöglichkeit überirdischer Mächte und Intelligenzen überzeugen. Durch die ungeheure Häufung der gleichen übersinnlichen Ereignisse in aller Welt vermochte der Spiritualismus zu beweisen, daß diese „überirdischen" Eingriffe durch hoch entwickelte Persönlichkeiten aus dem Geistigen Leben erfolgen.

Jeder denkende Mensch wird wissen, daß im physischen und physikalischen Lebensprozeß nur dann Kräfte empfangen und umgewandelt werden können, wenn die Empfangsfähigkeit dazu besteht. Einige Metalle sind gute Elektrizitätsleiter; andere sind es nicht. Radio und Fernsehen empfangen und übermitteln bestimmte charakteristische Energien. Die technischen „Empfangsorgane" des Radio- und Fernsehapparates wurden in jene Übereinstimmung miteinander gebracht, die sie für die Energieströme emp- fangsfähig machten.

Dieses Beispiel läßt sich auch auf das menschliche Wesen übertragen. Der Mensch besitzt eine qualitative Anlage, die ihm erlaubt, die von einem Geistwesen übermittelte Hei- lungsenergie zu empfangen. Deshalb muß er also in seiner ganzheitlichen Struktur die „Organe" haben, die Einflüsse aus „jener Welt" überhaupt aufnehmen zu können, und demzufolge muß er auch einen Geistkörper besitzen, der entsprechend dem physischen Körper, jedoch auf höhere Ebene übertragen, funktioniert.

Bedenken wir einmal, was während der öffentlichen Heilungsdemonstration in einer großen Halle vor sich geht. Da wirken und weben tausende von unsichtbaren Kräften und Vibrationen, Licht- und Tonschwingungen, elektrischen Impulsen und unzähligen Radiowellen. Um deren Vorhan- densein zu beweisen und wirksam werden zu lassen, bedarf es nur der Einführung eines entsprechenden gleichgestimmten Instrumentes.

Bei der öffentlichen Heilungsdemonstration sind sowohl die Geistführer als auch die ihnen „gleichgestimmten Instru- mente", nämlich die Heiler, anwesend. Wenn also etwa ein gelähmter bzw. bewegungsbehinderter Kranker auf die Bühne gebracht wird, so leiten die Geistführer genau jene Art und Stärke ihrer Heilungskraft durch den Heiler zu dem Kranken, die notwendig ist, um die Lähmungsursachen zu beseitigen und die normale Bewegungsfähigkeit zurück- zugewinnen. Die Heilung solcher insbesondere durch Gicht und Rheuma bedingter Verkrüppelungen wurde vieltausend- mal bezeugt. Es gibt auch keine „naturalistische" Erklärung; denn der Kranke litt in den meisten Fällen bereits viele Jahre lang an seiner Gliederlähmung, und keine Art der Suggestion oder Willenskraft konnte ihn von seinem Übel befreien, ganz zu schweigen von der Hilflosigkeit der Ärzte in diesen Fällen.

Hier gibt es nur eine Lösung: das behinderte Glied vermag nicht bewegt zu werden, solange es durch die gichtische oder rheumatische Verhärtung in seiner Beweglichkeit behindert ist. Diese Bewegungshindernisse müssen also beseitigt werden. Niemand vermag eine zugenagelte Tür zu öffnen. Zuerst müssen die Nägel entfernt werden, um sie öffnen zu können. Um ein gichtbrüchiges Glied binnen kürzester Frist befreien zu können, war es notwendig, daß die den Heilungsvorgang leitende Intelligenz genau jene Art und Stärke der Heilungskraft anwandte, welche die Atomstruktur der Gichtknoten umzuwandeln und in ihren normalen Ursprungszustand zurückzuführen vermochte. Diese wundersame Rückwandlung geschieht ohne jegliche Schmerzen der erkrankten Organe selbst oder der angrenzenden Gewebe.

Wir sehen also, daß sich der Patient in Einklang mit den Heilungskräften befinden muß. Voraussetzung dafür ist, daß auch der Körper des Patienten für den Empfang der geistigen Kräfte gestimmt sein muß.

Diese Darlegungen sind nur das Vorspiel zu der Antwort, deren unser agnostischer Zweifler bedarf. Sorgsame Beobachter der Weltgeschichte wissen, daß in Notzeiten Göttliche Eingriffe walten. Das erhellt allein aus der Tatsache des Auftretens der großen Propheten, Heiligen und Meister wie Konfuzius, Mohammed und Christus sowie vieler anderer Meister der guten Tat. Betrachte die Weltverhältnisse zu Christi Geburt. Das Römische Weltreich zeigte die ersten, aber deutlichen Symptome seines Niedergangs. Betrug, Grausamkeit und Sittenlosigkeit herrschten vor. Das „Faustrecht" und das „Gesetz des Schwerts" ging vor Menschenrecht. Die politischen Führer waren dekadent, und das Leben galt nichts mehr. Verkommenheit, Krankheit und Elend übten allerorts ihre traurige Herrschaft aus. Es bedarf keiner weiteren Ausführungen, um zu zeigen, daß durch Seine Predigten, Wundertaten und Heilungen die erhabene

Lehre des Christentums verbreitet und zur Wirksamkeit erweckt wurde.

Wir lesen, daß in jenen alten Zeiten das Wasser des Roten Meeres geteilt wurde, um den Israeliten die Flucht zu ermöglichen. In heutigen Zeiten könnte man sich wundern, daß die sturmgepeitschte See bei Dünkirchen plötzlich beruhigt wurde und den kleinen Booten mit den Truppen die Durchfahrt erlaubte.

So mögen sich also heutzutage die gleichen geistigen Gesetze auswirken wie zu alten Zeiten. Aber leider besteht eine allgemeine Blindheit für die spirituellen Werte in unserer Zeit. Die Jugend, die zum größten Teil im materialistischen Sinne erzogen wird, besitzt im allgemeinen keinen religiösen Glauben. Die Kirchen sind leer. Wir leben in einem Zeitalter der wissenschaftlichen „Heldentaten" und der Überbewertung der wissenschaftlichen Ergebnisse überhaupt. Die Menschen sind nicht länger willens, irgendeine Religion anzunehmen, nur weil sie in diese „hineingeboren" sind und die „Sitte" es erfordert, sich zu dieser zu bekennen. Die Heiligkeit des Lebens wurde verstümmelt und wird mehr und mehr entwertet. Die Furcht und das Mißtrauen haben ihre Weltherrschaft angetreten, und die Nationen fühlen sich nur noch im Besitz von Wasserstoffbomben halbwegs sicher.

Jedoch ist unser mitgebrachter Wesenskern geistiger Natur und entstammt den jenseitigen Bereichen des Seins. Die Menschheit war immer unzufrieden mit ihrem Los; aber dieser Umstand kann sehr heilsam sein, da sich dahinter die tiefe Sehnsucht nach Frieden und Harmonie und versöhnlichem Zusammenleben mit allen Mitmenschen auf der ganzen Welt verbirgt. Die Menschheit hungert nach wahrer Geistigkeit und Sinnerfüllung; jedoch die althergebrachte bloße „Kirchlichkeit" befriedigt den Sucher heutzutage nicht mehr. So mag also die Wiederauferstehung der Geistheilungsgabe in unserer Zeit die rechte Antwort für diese Sucher sein.

Ebenso wie Christus die Kraft des Geistes und die Macht

der Geistigen Welt durch Seine Wundertaten und Heilungen bewies, so sind wir auch heutzutage imstande, unsere „Erbmasse" aus den Reichen des Geistes praktisch anzuwenden, indem wir von unserer Fähigkeit der Verbindung mit jenen Reichen und ihren Bewohnern Gebrauch machen; denn daß wir aktiv oder passiv am Heilungsprozeß teilzunehmen vermögen, erweist uns auch als geistige Wesen.

Die Schwäche der Kirche liegt in ihrer Unfähigkeit, die brennende Frage nach dem Weiterbestehen der individuellen Seele nach dem irdischen Abscheiden befriedigend zu erweisen. Die Stärke der spirituellen Heilung liegt jedoch darin, daß sie diese Frage allerdings positiv und befriedigend beantwortet.

Diese Antwort erteilte ich auch unserem Agnostiker. Es hat sich erwiesen, daß gerade ein solcher Zweifler und Ungläubiger, vorausgesetzt, daß er im Besitze normaler Vernunft ist, bedeutend leichter zur Erkenntnis und Annahme der Wahrheit der Geistheilung gebracht werden kann als ein gläubiger Kirchenmann, der jedoch Vorurteile gegen den Spiritualismus hegt.

Wie oft erfahre ich, daß Menschen, die Heilungssitzungen und öffentlichen Heilungsdemonstrationen beiwohnten, eine neue und geistige Weltanschauung gewonnen haben, und daß sie zum ersten Male seit ihrer Kindheit wieder zu Gott beteten.

Wir behaupten nicht, daß die Krankenheilung den gesamten Göttlichen Plan der geistigen Erweckung und Entwicklung der Menschheit ausmache. Jedoch halten wir sie für eine der wesentlichsten Göttlichen Absichten, durch deren Verwirklichung Er nicht nur eine neue geistige Wertsicht zur endgültigen Überwindung des Materialismus geschaffen hat, sondern die auch dem Ausbruch der Leiden vorzubeugen imstande ist.

Da etwa achtzig Prozent aller physischen Leiden ihre eigentliche Ursache in seelisch-geistigen Disharmonien und Spaltungen des Ganzheitlichen Selbst haben, ist es offen-

kundig, daß der Gewinn und Aufbau einer höheren wahrhaftigen und geistigen Weltanschauung notwendigerweise
diese häufige Krankheitsursache der inneren Disharmonie
erheblich vermindern muß. Je inniger die beiden Lebens-
bereiche, das Diesseits und das Jenseits, einander durchdringen, und je mehr uns Geistheilung zu empfangen als
auch selbst zu spenden zur „zweiten Natur" wird, indem
wir fähig werden, ganz selbstverständlich die jenseitigen
Anweisungen zu empfangen, desto mehr wird auch die
Schranke des Leidens durchbrochen werden.

Ich erwarte den Tag, an dem der aus beglückender Erfahrung geborene Glaube Heilung in jedes Heim bringen
wird, und an dem die Gebrechen des Leibes und der Seele
so verschwinden, wie sie gekommen sind. Dann werden
die Eltern die Hilfe der unsichtbaren geistigen Helfer für
ihre Kinder erbitten, so wie sie heute zumeist nur äußerliche Medikamente anwenden.

Zweiter Teil

DIE ANWENDUNG
DER GEISTIGEN HEILUNG

9. Kapitel

Die Heilungskräfte

Bei der Geistheilung handelt es sich um kein Wunder. Viele Heilungen scheinen uns wunderbar zu sein, weil wir die Art ihres Zustandekommens nicht begreifen. Wenn wir jedoch den Charakter der Heilungskräfte richtig verstehen, wird das „Wunder" zu einem logischen Ergebnis.

Wir wissen, daß alle Materie aus Energie und Strahlung besteht und aus Atomen aufgebaut ist. Jeder atomare Baustein, also ein „Molekül", bildet eine Energiequelle in einer bestimmten Form. Wenn sich ein Atom mit dem anderen verbindet, wird jeweils eine neue Substanz geformt. Die Physiker sind heute imstande, die natürliche Anordnung der Atome zu verändern und aufzubrechen und damit die Energien zu befreien, aus welchen jene Substanz besteht.

Auch der menschliche Körper und jede seiner zahllosen lebenden Zellen sind nach dem Atomprinzip aufgebaut. Wenn diese Zellen erkranken, so bedeutet das, daß sie entweder eine Fehlverbindung mit irgendeiner anderen Energieform eingegangen sind, oder daß sie nicht das richtige Quantum Nahrungssubstanz erhalten, oder daß sie durch Alterserscheinungen in ihrer Funktion behindert werden.

Die Heilung organischer Leiden erweist, daß eine chemische Wandlung im Körper stattfindet. Die Ärzte versuchen mittels Medikamenten und Behandlungen eine günstige chemische Veränderung in den Systemen des Körperhaushalts herbeizuführen und damit die Gesundheit des Zellensystems günstig zu beeinflussen.

Die Geistheilung ist im Prinzip eine Ausweitung dieses biologischen Vorgangs auch auf die geistige und feinstoffliche Ebene.

Der genaue Ablauf dieses Vorgangs kann nur gemutmaßt werden; doch kann man gewisse Schlüsse aus den beobachteten Tatsachen ziehen. So haben wir zum Beispiel viele Fälle verzeichnet, in denen ein organisches Gewächs innerhalb kurzer Frist sowohl mittels Kontaktheilungs- als auch mittels Fernheilungsmethoden aufgelöst wurde. Bei der Kontaktheilung gehört es nahezu zur täglichen Erfahrung, daß eine beachtlich große äußere Geschwulst unter den behandelnden Fingern des Heilers zusammenschrumpft, um schließlich völlig zu verschwinden. Das wurde unzählige Male öffentlich demonstriert.

Röntgenplatten zeigten Nieren- und Gallenblasensteine; nach der Einschaltung der Geistheilung waren die Steine verschwunden, wie die Röntgenplatten ebenfalls erwiesen. Tumoren, Gewebewucherungen und Krebse wurden ärztlicherseits festgestellt und auf Röntgenplatten gebannt, und sie wurden auch im Falle der Operation des Patienten sichtlich festgestellt. Doch nach darauffolgender Anwendung der Geistheilung waren sie verschwunden.

Ich erwähne den bemerkenswerten Fall eines Mannes, der operiert worden war, und bei dem der Chirurg einen zu weit fortgeschrittenen nicht weiter operierbaren Krebs feststellte. Der Kranke wurde wieder zugenäht und nach Hause gebracht, um dort sterben zu können. Für ihn wurde nun Fernheilung erbeten und auch gegeben. Die furchtbaren Symptome verschwanden; der Mann gewann seine volle Lebenskraft zurück und nahm wieder an Körpergewicht zu. Es ergab sich nun, daß dieser Mann ein Jahr später wegen eines Prostataleidens wiederum operiert werden mußte, und zwar von dem gleichen Chirurgen, der ihn seinerzeit operiert hatte. Der Arzt wurde stutzig, als er die Krankengeschichte des Mannes las, und er sah nach dem Krebs, von dem er jedoch keine Spur mehr finden konnte. Er war so verblüfft, daß er es für unmöglich hielt, den gleichen Mann vor sich zu haben.

Die Erfahrung, daß gichtbrüchige, verkalkte und bewegungsunfähige Glieder in einem „unheilbaren" Stadium ihre volle Bewegungsfähigkeit durch Anwendung der Geistheilung wiedererlangten, wurde ständig gemacht. Ein anderes durch Geistheilung beseitigtes Leiden, das Erwähnung verdient, ist die Auflösung der Thrombose.

Somit stehen wir der Tatsache gegenüber, daß organische Übel, deren reales Vorhandensein ärztlicherseits geprüft und bewiesen wurde, mittels der Geistheilung entgegen aller medizinischen Erfahrung und Erwartung beseitigt wurden. Daraus kann der Schluß gezogen werden, daß die Geistführer imstande waren, eine Energieform in den Körper des Kranken zu leiten, welche die atomare Fehlanordnung der kranken Substanz aufbrechen und umordnen konnte.

Die Gesamtheit der Geistheilungsgeschichten legen ein beredtes und herrliches Zeugnis von der erhabenen Weisheit und machtvollen Hilfsbereitschaft der Geistführer ab. Wenn die Erdenmenschen heutzutage mittels schwieriger und gefährlicher Prozesse die Atome spalten können, läge es dann jenseits der Glaubwürdigkeit, daß die Geistführer ihr fortgeschrittenes und unvergleichlich höheres Wissen dazu benutzen, um einen ähnlichen Prozeß auf höherer Ebene, aber in viel einfacherer und natürlicherer und vor allem segensvoller Weise durchzuführen?

Es ist offensichtlich, daß für verschiedene Krankheitsbedingungen auch verschiedene Energieformen in Anwendung gebracht werden. So wird zum Beispiel eine andere Kraftform für die Auflösung eines Gallensteins als für die Beseitigung einer Wucherung benutzt.

Diese These findet eine weitere Unterstützung in dem Phänomen der „Apporte", die durch „physikalische Medien" zustandekommen. „Apporte" sind „Herbeibringungen" von irgendwelchen materiellen und greifbaren Objekten aus beliebiger Entfernung unter Mißachtung sämtlicher physikalischer Gesetze und ohne physikalische Hilfsmittel. Ich habe diesen Vorgang wiederholt selbst gesehen. Einmal wurde durch das Medium Jack Webber ein Gegenstand bei voller Tageshelligkeit in einen Raum gebracht, in dem einige Freunde und ich saßen. Dieser Gegenstand, der plötzlich in meine Hand herabfiel, war ein ägyptisches Amulett aus thebanischem Glas. Seine Beschaffenheit und seine Inschrift erwiesen, daß es 3500 Jahre alt war. Medien mit dieser Apportierungsgabe können die verschiedensten Objekte bei vollem Tageslicht in ihren Händen materialisieren. Lebende Vögel und Fische, taufrische Blumen und Pflanzen wurden bereits apportiert. Dieser Vorgang ist so zu erklären, daß die atomare Energiebeschaffenheit des betreffenden apportierten Gegenstandes in eine nichtphysikalische Form umgewandelt wird, die ermöglicht, daß dieser Gegenstand augenblicklich und unter Vermeidung der bei „normaler" Beförderung unvermeidlichen Bewegungsreibung an den gewünschten Ort transportiert wird. Man bedenke, daß der apportierte Gegenstand auch zahlreiche feste „Hindernisse", wie Mauern und Wände, auf seiner „Reise" zu überwinden hat, bis er in Gegenwart des Mediums in seine ursprüngliche physikalische Beschaffenheit zurückverwandelt wird. Durch alle diese erstaunlichen Erfahrungen wird die Theorie erhärtet, daß die Geistführer Meister in der Kunst der Energienbeherrschung sind.

Nunmehr vermögen wir auch Verständnis für eine der Methoden aufzubringen, durch welche kranke Substanzen in unserem Körper spontan beseitigt werden können. Die Beseitigung der Krankheitssubstanz wird entweder in der erwähnten Weise vollzogen, oder ihre Struktur wird derartig verändert, daß sie durch den Blutstrom heilsam beeinflußt werden kann, oder sie wird in anderer Weise aus dem Körper entfernt.

Wir müssen den Heilungsführern die Gabe der Unterscheidung kranker Zellen oder Substanzen von gesunden zuschreiben und ihnen demgemäß Vertrauen schenken. Denn bei der Heilung eines Augenstars vermag der Geistführer genau die kranke Substanzschicht zu entfernen, während die gesunden Schichten selbstverständlich unverletzt bleiben.

Wie „weit hergeholt" diese Theorie auch beim ersten Anhören erscheinen mag, so haben wir dennoch die Tatsache zu bedenken, daß kranke Substanzen buchstäblich „im Augenblick", also in Sekundenbruchteilen, durch die Geistheilung entfernt werden können. Daraus ergibt sich der logische Schluß, daß hier ein ebenso außermenschlicher Einfluß wie beim Apportphänomen gewaltet hat. Wenn eine kranke Substanz vorher einwandfrei festgestellt wurde, während sie nach erfolgter Geistheilung spurlos verschwunden ist, so müssen wir ernstlich den Prozeß der Dematerialisation als naheliegendste Erklärungsmöglichkeit heranziehen.

Wenn die Ärzte Bestrahlungstherapie anwenden, so folgen sie im Prinzip der Anwendung feinstofflicher Energien, welche die erkrankten Zellen angreifen, umordnen und zerstören sollen.

Wenn wir bedenken, daß die Handhabung der Energien durch die Geistführer eine ähnliche, aber entsprechend edlere ist als jene in Harwell (dem britischen Atomforschungszentrum. D. Übers.), so vermögen wir den Weg der Heilung durch Anwendung einer die Atomstruktur kranker Zellen umwandelnde und zerstörende Kraft desto mehr zu würdigen.

Es darf jedoch nicht angenommen werden, daß nun alle Heilungen augenblicklich stattfinden. Die Mehrzahl aller Heilungen benötigt einen gewissen Behandlungszeitraum, wobei die Heilungskraft kontinuierlich angewandt werden muß, um dem Übel nach und nach gänzlich beizukommen.

Den verschiedenen Krankheitsbedingungen entsprechend werden auch verschiedene Arten der Heilungskraft für deren Behandlung angewandt. Da gibt es die Gruppe der Leiden, die mit „Ernährungsenergie" für den Aufbau und die Erneuerung der Zellen behandelt werden. Die Ärzte versuchen, diese mangelnde Zellenernährung durch Medizinen oder Injektionen zu verbessern. Wenn den Zellen irgendein besonderes Aufbauelement mangelt, leiten die Geistführer, die diesen Mißstand gewahren, die Heilungsenergien, die sozusagen ein Gegenstück der Atomenergien sind, in die erkrankten Zellen, wo sie ihr heilsames Werk der Umordnung der fehlangeordneten Zellelemente vollziehen.

Kräftigende und anregende Heilungskräfte werden ebenfalls angewandt. Das wird in Fällen schwerer Gewebe- und Nervenschädigungen beobachtet, wie etwa bei Kinderlähmung, bei mit ernsthafter Abmagerung verbundenen Leiden, bei Nervenschwächen und bei den verschiedenen Formen der Lähmungen und paralytischen Erkrankungen. Die Heilungsenergie macht das Gewebe wieder haltbar, die Muskeln werden gekräftigt, und die Nerven erhalten ihre alte Spannkraft zurück, die ihnen ihr normales Zusammenwirken wieder ermöglicht. Während diese Heilungsergebnisse teilweise auch der „Selbsthilfe" der „Körper-Intelligenz" zuzuschreiben sind, so erweist uns unsere Heilungserfahrung jedoch, daß auch eine neue Energieform in den Körperhaushalt eingeführt wurde, um die Übelstände wirksam zu bekämpfen.

Die meisten Patienten erfahren bereits in den ersten Tagen der Geistheilungsbehandlung ein wunderbares Gefühl der Hochstimmung, der Befreiung und des Wohlgefühls. Obwohl diese Stimmung eine Folge der seelischen Erleichterung sein mag, so darf sie dennoch nicht vom Vorgang der organischen Heilung getrennt werden, denn dieses neue und glückliche Lebensgefühl wirkt sich auch wieder positiv auf den körperlichen Zustand aus. Der Behandelte fühlt sich in seiner körperlichen sowie auch in seiner geistigen Beweglichkeit und Handlungsentschlossenheit angeregt, und er fühlt sich von Schwäche und Ermüdbarkeit befreit, womit offenkundig wird, daß er eine allgemeine große belebende und stärkende Kraft empfing, die das gesamte körperliche Befinden erneuerte. Diese Beobachtung wird ausnahmslos bereits im ersten Stadium der Behandlung von Anämie und anderen Blutkrankheiten gemacht. Die Folgerung ist somit berechtigt, daß es eine

Art der Heilungskraft gibt, die als „Generalerneuerer" für das körperlich-seelische Befinden wirkt.

Um ein klares Bild von der Wirksamkeit und vom Charakter der Heilungskräfte zu gewinnen, möge man sich vergegenwärtigen, daß jedes Atom, aus dem wir bestehen, eine vollkommen organisierte „Energie-Maschine" ist, die von Gesetzen beherrscht wird, die nicht nur den „Mechanismus" des einzelnen Atoms selbst leiten, sondern auch den verwickelten Vorgang der Beziehung eines jeden Atoms zu jedem anderen kontrollieren. Das Studium der Atomstrukturen wird diese Tatsache erläutern. Indem eine Energieform mit der anderen zusammenwirkt, wird sich auch ein spezifisches Resultat herauskristallisieren. Heilungen erfolgen durch die von einer höheren Intelligenz sinnvoll in bezug auf die jeweilige spezifische Krankheitsbedingung angewandten bestimmten geistigen Energien, die eine heilsame Wandlung in dem gestörten Organismus einleiten und vollziehen.

Bisher wurden lediglich solche Energien, die für die Heilung organischer Leiden angewandt werden, erwähnt. Jene, die bei der mentalen, also der eigentlichen „geistigen" Heilung, Anwendung finden, werden in einem späteren Kapitel erwähnt.

Die Meisterschaft der Geistführer, die Beschaffenheit erkrankter Körpermaterie zu verändern, wird an den beiden folgenden Beispielen erläutert.

Ein Mann hatte einen Tumor im Halse. Sein Zustand war eindeutig bedenklich. Er vermochte weder zu sprechen noch Nahrung aufzunehmen, so daß er mittels einer Röhre ernährt werden mußte. Die Ärzte erklärten seinen Zustand als zu ernsthaft, um noch eine Operation wagen zu können, und sie entschieden, daß außer der künstlichen Ernährung nichts mehr für ihn getan werden könne. Die Frau des Kranken telefonierte an uns um Fernheilung für ihren Mann; und in der darauffolgenden Nacht erbrach der Mann lockere Substanz. Der Umstand, daß dieser Auswurf völlig locker war und keineswegs die fleischige Struktur des Tumors hatte, verdient besondere Beachtung und ist von großer Wichtigkeit. Nachdem das Erbrechen vorüber war, stellte sich eindeutig heraus, daß der Tumor verschwunden war. Der Mann vermochte wieder zu sprechen und konnte mit großem Appetit wieder auf normalem Wege Nahrung zu sich nehmen.

Der zweite Fall betrifft eine Frau, die an einem fortgeschrittenen Unterleibskrebs litt. Man hatte sie operiert und den Krebs jedoch als unoperierbar erkannt. Die Krebswucherung hatte bereits den ganzen Körper infiziert und durchsetzt, so daß die Operationsstelle wieder zugenäht und die Frau nach Hause geschickt wurde, um dort ihre Erdentage zu beenden. Die einzige Behandlung, die man ihr angedeihen ließ, war die Injektion von Morphium, um ihre Schmerzen zu lindern. Bereits nach vierundzwanzigstündiger Geistheilungsbehandlung meinerseits zeigte sie alle Anzeichen von Gemütserheiterung und freudiger Beweglichkeit. Nach Ablauf eines weiteren Tages vermochte sie wieder aufzustehen und ihren Haushaltspflichten nachzugehen und lebte noch viele Jahre gesund und munter.

In beiden dieser Fälle erfolgte eine Wandlung der Zustandsform der krebsigen Substanz; sie wurde in einen halbflüssigen Zustand versetzt. Im zweiten Falle haben wir das bemerkenswerte Ergebnis, daß sich die, wenn auch nicht sichtlich nachweisbare, Wandlung sowohl auf die krebsige Verseuchung des ganzen Körpers als auch auf die Ursprungswucherung direkt erstreckte. Somit erfahren wir, daß die Heilungskräfte nicht nur ein örtlich begrenztes Übel auf direkte Weise beseitigen können, indem sie die atomare Fehlstruktur der kranken Zellen aufbrechen und ändern, sondern daß sie in anderen Fällen, in denen die Krankheitsherde im ganzen Körper verstreut sind, eine heilsame Wandlung in der Struktur sämtlicher erkrankter Materie zu erreichen vermögen und damit die Vernichtung des Übels bewerkstelligen. Höchst bemerkenswert ist die

Beobachtung, wie korrekt die Diagnose und das Einfühlungsvermögen in das individuelle Leiden des Patienten sein muß, um die erfolgreichste Behandlungsmethode für jeden einzelnen Kranken ausfindig machen und spontan anwenden zu können.

Bei der Ausübung der Kontaktheilung bemerken Geistheiler sehr häufig ein erhebliches Hitze- oder Kältegefühl in ihrer Hand, die sich in engem Kontakt mit der kranken Körperstelle des Patienten befindet. Wenn die Hand wieder fortgenommen wird, verschwindet dieses Gefühl. Der Patient kann diese Hitze oder Kälte als eine durchdringende Kraft fühlen. Dieses Symptom ist aber klinisch nicht feststellbar; denn wenn ein Thermometer zwischen die Hand des Heilers und die Haut des Patienten eingeführt wird, so registriert dieses nicht den geringsten Temperaturwechsel. Da wir die Entstehung dieses eigentümlichen Hitze- oder Kälteempfindens bei keiner sonstigen ärztlich-medizinischen Behandlung beobachten, wissen wir, daß es sich hierbei um spezifische Symptome der Geistheilung handelt. Diese Erscheinungen können auch nicht durch Willenskraft hervorgebracht werden, sondern sie ergeben sich ausschließlich während der Geistheilungsbehandlung. Folglich handelt es sich dabei auch nicht etwa um Blutzirkulationserscheinungen in der Hand des Heilers. Die eigentümlichen Temperaturempfindungen entstehen gewöhnlich bei der Behandlung solcher Leiden wie Rheumatismus, Gicht und Nervenentzündung und sind im allgemeinen die Begleiterscheinungen der Behandlung organischer Leiden. Jeder Heiler weiß, daß es sich dabei ohne jeden Zweifel um die Äußerungen der Heilungskräfte handelt, und eine Heilung des Übels wird in den meisten Fällen erzielt, bei denen diese Erscheinung auftritt.

10. Kapitel

Weshalb einige Heilungen zu versagen scheinen

Eines Tages brachte mir eine Mutter ihr wenige Monate altes Baby. Das Kleine war in jeder Weise kerngesund, außer daß die Ballen der Füße und die Zehen ein wenig nach unten gebogen waren. Die Ärzte hatten der Mutter geraten, daß es angezeigt sei, einen etwaigen chirurgischen oder manipulativen Eingriff zu verschieben, bis das Kind älter sei. Ich nahm nun den einen Fuß des Babys in meine Hände, bat um Heilungsbeistand, und sachte bewegte sich der Fuß aufwärts und rundete sich. Nachdem ich meine Hände fortgenommen hatte, konnte sich der Fuß in normaler Weise vorwärts und auf und ab bewegen. Anschließend nahm ich den anderen Fuß vor; doch war ich außerstande, in diesem Falle irgendeine günstige Veränderung zu erzielen. Der Fuß blieb gekrümmt und bewegungsbehindert. Dieser Vorfall verwirrte mich erheblich. Ich versuchte das Baby zwei weitere Male zu behandeln; es war wiederum erfolglos. Es war beim vierten Besuch, als das Baby beinahe ein Jahr alt war, daß die Heilungskraft wirkte und der kranke Fuß reagierte. Das Kind begann normal auf beiden Füßen zu stehen. Das Problem in diesem Falle lautet: Weshalb reagierte der eine Fuß unmittelbar auf die Geistheilung, während der andere, der doch offensichtlich genau die gleichen Symptome wie der andere zeigte, etwa sechs Monate hindurch nicht reagierte, obwohl wiederholte Heilungsanstrengungen gemacht worden waren?

Ein anderer Fall betrifft den Hinübergang meines Freundes Jack Webber, der in den Kriegsjahren eines unserer hervorragendsten physikalischen Medien war. Länger als zwei Jahre hindurch waren wir täglich zusammen gewesen. Niemals war nur der geringste Krankheitsgedanke aufgetaucht, seit ich ständiger Zeuge seiner medialen Leistungen war und mich für seine Interessen einsetzte. Plötzlich wurde er jedoch krank. Ich wußte intuitiv, daß die Krankheit sehr ernsthaft war. Ich fühlte so innig mit ihm, daß ich willens war, ihm die Krankheit abzuziehen und auf mich selbst zu nehmen. Heute weiß ich, daß ich einen solchen Wunsch nicht hätte hegen sollen, dessen Erfüllung übrigens unmöglich war; ich erwähne diesen Umstand jedoch, um die Tiefe unserer Freundschaft daran zu erläutern. Er ging drei Tage später ins Geistige Leben ein, nachdem ärztlicherseits festgestellt worden war, daß er an einer akuten Form der „spinalen Meningitis" (Gehirnhautentzündung) erkrankt war. Es muß bemerkt werden, daß er niemals früher an irgendwelchen körperlichen Übeln gelitten hatte. Im allgemeinen sind die Tage vor dem hiesigen Abscheiden, zumal mit einer bösartigen und leidvollen Krankheit, von Leid und Todeskampf erfüllt. Am Abend vor seinem Abscheiden aus dem irdischen Leben war ich noch bei ihm. Ich saß auf seinem Bett, und wir sangen zusammen sein Lieblingslied „Danny Boy". In der Nacht verlor er das Bewußtsein; sein Körper verfiel, und er wurde ins Krankenhaus gebracht, wo die letzte Wandlung kurz darauf eintrat. Die Bedeutung dieser Geschichte ergibt sich aus dem weiteren Ereignis.

In der darauffolgenden Woche suchte mich ein Elternpaar in meinem Laden auf, das seine Reise von Nordengland nach Portsmouth eigens unterbrochen hatte, um zu fragen, ob ich Geistheilung für ihren ebenfalls an Gehirnhautentzündung im Sterben liegenden Sohn erwirken könne. In Anbetracht des bedrohlichen Zustandes ihres Sohnes wurden sie dringend gebeten, nach Portsmouth zu kommen. Da sie jedoch befürchteten, ihn bereits als Toten vorzufinden, wenn sie endlich das Krankenhaus erreicht hätten, hatten sie in letzter Hoffnung ihre Reise unterbrochen, um mich aufzusuchen.

Infolge meiner frischen Erinnerung an Jacks Abscheiden an der gleichen Krankheit teilte ich gefühlsmäßig die Befürchtungen der Eltern. Ich hielt jedoch innere Einkehr und erbat geistige Heilungshilfe für den jungen Mann. Als die Eltern endlich im Krankenhaus angekommen waren und das Krankenzimmer ihres Sohnes betraten, waren sie glücklich erstaunt, ihn aufrecht sitzend in seinem Bett anzutreffen, während vier Ärzte um ihn herumstanden, um die ihnen als „Wunder" erscheinende Wandlung zum Guten zu studieren. Seine Krankheitssymptome waren spurlos verschwunden. Die Ärzte rätselten an dem Problem, „woher er nur die Genesungskraft genommen habe", und wenige Tage später war der junge Mann zu Hause. Ich erfuhr, daß der Patient als Soldat dem Husarenregiment angehörte. Seine Wiederherstellung war so vollkommen, daß er seinen Dienst vollgültig wieder aufnehmen konnte. Dieser Umstand macht mir diesen Heilungserfolg besonders bemerkenswert, wenn ich die gerade im Verlaufe dieses Leidens zumeist auftretenden Komplikationen bedenke.

So wurde ich also einem Problem gegenübergestellt, das wenig geeignet war, meine Trauer über das Abscheiden Jacks zu lindern, sondern mich im Gegenteil mit ein wenig Bitternis erfüllte. Wie war es zu erklären, daß mein treuester Freund mit seiner engen Beziehung zu seinen eigenen jenseitigen Führern, und der so oft selbst ein Werkzeug der Krankenheilung gewesen war, durch meine Heilungsführer, die ich so dringlich um Hilfe anflehte, nicht gerettet werden konnte, während einem völlig Fremden, den ich niemals vorher gesehen hatte, im gleichen Krankheitsfalle so großartig geholfen wurde? Das war wirklich sehr schwer zu verstehen.

Aus diesen Erfahrungen lernte ich aber, daß kein einziger Fall als „Muster" für den anderen herangezogen werden kann, ebenso, wie auch die Heilung des einen kranken Fußes nicht beispielhaft für die Heilung des anderen sein kann.

In diesem Umstand haben wir nun einen Punkt, welcher der erstrebten Zusammenarbeit mit den Ärzten einige Schwierigkeiten in den Weg legen mag, denn diese erwarten von bestimmten Behandlungsmethoden gewöhnlich auch bestimmte Resultate. Sie verlassen sich auf ihre Kenntnis der Anatomie und des chemischen Körperhaushalts, so daß sie von der Anwendung eines bestimmten Medikaments auch die entsprechende Wandlung erwarten zu können glauben. Im Falle der Geistheilungspraxis verhält es sich jedoch anders. Wir können im voraus keinem Patienten versprechen oder auch nur die Vermutung aussprechen, daß sich ein Heilungserfolg einstellen wird. Wir können von den Geistführern keine Heilung „verlangen" oder diese „befehlen"; wir haben uns bescheiden den Voraussetzungen zu unterwerfen, denen der Geistheilungsvorgang unterliegt.

Unsere Analyse der Geistheilungsresultate erweist, daß annähernd zwanzig Prozent aller Fälle keinen oder keinen wesentlichen Fortschritt aufweisen. Der größte Teil der um Geistheilung bittenden Kranken entschließt sich dazu, weil der Patient entweder das Vertrauen zu den Ärzten verloren hat, oder weil er die ärztliche Diagnose und Behandlung fürchtet, oder aber, in der überwiegenden Mehrzahl, weil die Symptome der medizinischen Behandlung nicht wichen und die Krankheit von den Ärzten als „unheilbar" bezeichnet wurde. Das Fehlen von nur zwanzig Prozent befriedigender Heilungsresultate ergibt ein sehr günstiges Bild; doch haben wir uns näher mit diesem Faktor zu beschäftigen. Genauso wie jedem Heilungsvorgang ein bestimmter vernunftgemäßer Prozeß zugrunde liegt, so müssen auch ganz bestimmte Gründe für das Ausbleiben der Heilungserfolge bestehen, zumal doch die Symptome und Bedingungen im Falle des Mißerfolges offensichtlich dieselben sind wie im Erfolgsfalle.

Es wurde immer wieder darauf hingewiesen, daß die Geistheilung von absoluten geistigen Gesetzen beherrscht wird, die auch unser Wohlergehen vom Zeitpunkt unserer Empfängnis an und sogar noch vor diesem, bis zu unserem hiesigen Abscheiden regulieren. Eine dieser undurchbrechbaren Gesetzfunktionen liegt darin, daß die in den atomaren Strukturen beschlossenen Energien mit der Zeit ihre Kraft und Frische verlieren, wie wir diesen Alterungsprozeß sogar bei Mineralien feststellen können. Im organischen Leben sind diese begrenzenden Gesetze noch weitaus ausgeprägter und wirksamer, und die Minderung aller körperlichen Funktionen mit fortschreitendem Alter ist wohl eine der mit unserer Verkörperung verbundenen Strafen. Vielleicht ist es auch keine von höheren Mächten verhängte Strafe, doch dürfte es außer Zweifel stehen, daß unter diesen Umständen niemand für immer auf Erden zu leben begehrte. Vom höheren Blickpunkt der Ganzheit aus sind gerade diese Gesetze geeignet, uns auf unsere geistige Herkunft und Heimat zu besinnen, die wir betreten werden, nachdem diese Erdenlebensphase beendet ist. Ebenso wie sich die Verwandlung der Raupe über das Stadium der Puppe zum Schmetterling nach strengen Lebensgesetzen vollzieht, so unterliegt auch unsere Verwandlung solchen strengen Gesetzen. So mag es häufig der Fall sein, daß die Zeit zum „Überschreiten der Schwelle" für jene Kranken gekommen ist, bei denen die Geistheilung keinen Erfolg zeitigt.

Es liegt also im Gesetz begriffen, daß „bestimmte Resultate bestimmten Ursachen folgen". So kann also keine erfolgreiche Heilung vollzogen werden, wenn die physischen Entstehungsbedingungen dieser Krankheit fortdauern. Wenn also die geschwächte Sehkraft einer kranken Person durch deren tägliche Beschäftigung in einem zu dunklen Raum verursacht wurde, so ist die Zurückgewinnung der vollen Sehkraft unwahrscheinlich, wenn die gleichen negativen Arbeitsbedingungen weiterbestehen bleiben, obwohl die Geistheilung ein den Umständen entsprechendes bestmögliches Resultat erzielte. Wenn ein an Rheumatismus, Gicht oder Gelenkentzündung leidender Patient in ungesundem Klima im Freien arbeiten oder in einem feuchten Bett schlafen muß, so muß das endgültige Heilungsergebnis höchst negativ sein, wenn die negativen Bedingungen nicht beseitigt werden. Somit hängt die völlige Heilung in zahlreichen Fällen von der Beachtung elementarer „äußerer" Gesundheitsgesetze ab.

Ich denke an den Fall einer Patientin, die von schwerwiegender Gichtbrüchigkeit heimgesucht wurde. Ich bemerkte, daß sie eine ganze Anzahl schlechter Zähne hatte. Es schien auf der Hand zu liegen, daß die kranken Zähne Gifte in den Blutstrom aussandten, die den Gesundheitszustand des ganzen Körpers in Mitleidenschaft ziehen konnten. Ich wagte ihr zu empfehlen, sich alle diese schlechten Zähne ziehen zu lassen, was sie bisher aus Furcht vor zahnärztlicher Behandlung vermieden hatte. Ihr Gichtleiden war nämlich durch die Geistheilung nicht behoben, sondern nur erleichtert worden, und ihr Fall wurde deshalb als „Versager" registriert. Schließlich nahm sie aber ihren Mut zusammen und entschloß sich, meinem Rat zu folgen und die kranken Zähne entfernen zu lassen. Von diesem Zeitpunkt an verschwand ihr Leiden zusehends, bis sie endlich gänzlich von ihrem Übel befreit war.

Wenn die Krankheitsursache in seelisch-geistiger Disharmonie und Unstimmigkeit des inneren Selbst liegt, so hängt der Heilungsfortschritt von der Wirksamkeit der Kraftströme des Geistführers ab, der bestrebt ist, die inneren Zwiespalte und Aufwühlungen zu besänftigen. Bei manchen Menschen liegen diese seelischen Verletzungen oder Komplexe aber so tief, daß sie bereits in das ganze „Lebensmuster eingewoben" und zum festen Bestandteil der Lebensführung wurden. In solchen Fällen vollzieht sich der Heilungsfortschritt oftmals leider nicht so rasch, wie wir ihn zu sehen wünschten.

Häufig wird die Geistheilungshilfe während der kritischen Tage vor dem vermutlichen Abscheiden in Anspruch genommen. Die Ärzte meinten, daß der Patient wahrscheinlich nicht mehr länger als wenige Tage zu leben habe. Während gelegentliche Heilungen solcher höchst kritischer Zustände allerdings stattfinden, so bilden sie jedoch nicht die allgemeine Regel. Die Heilung habe versagt, so sagt man in solchen Fällen. Doch auch, wenn eine Wiedergenesung nicht im großen Göttlichen Plane liegt, wird unzweifelhaft wirksame jenseitige Hilfe gegeben. Denn an Stelle eines furchtbaren und schmerzvollen Hinübergehens verliert der Kranke jegliches Schmerzempfinden. Tröstlichkeit, Seelenkraft und Friedlichkeit erfüllen das Gemüt. Der Patient schläft, ohne Drogen und Arzneien gebrauchen zu müssen, und der Hinübergang erfolgt ohne jede Gewaltsamkeit und Anstrengung. Obwohl ein solcher Fall als „Versager" gebucht wird, so ist es doch fraglich, ob er wirklich in diese Kategorie gehört.

In diesem Zusammenhang möchte ich die Heilungsgeschichte meiner Mutter erzählen. Vor vielen Jahren wurde sie lange Zeit von bösen Ohnmachts- und Herzanfällen geplagt. Ihr Arzt äußerte die Befürchtung ‚daß sie eines Tages plötzlich durch eine Herzattacke abberufen werden könne. Selbstverständlich baten wir für sie um Geistheilungshilfe, und tatsächlich verschwanden nicht nur die Ohnmachtsanfälle, sondern auch sämtliche Symptome ihres Herzleidens vollständig. Außer ihrem Gehörleiden ist meine Mutter in ihrem zweiundneunzigsten Lebensjahr im Vollbesitz aller ihrer Sinneskräfte und Körperfunktionen. Sie ist widerstandsfähig und in erfreulich gutem Gesundheitszustand. Als sie jedoch ertaubte, wurde sie von dem Ungemach heftigen Ohrensausens und von Kopfschmerzen heimgesucht. Ich versuchte vergeblich ihre Wiederherstellung zu erlangen. Dann fragte meine Mutter eines Tages Olive Burton, die zusammen mit ihrem Mann meine treue und enge Mitarbeiterin während der vergangenen zwölf Jahre war, ob sie nicht versuchen könne, ihre Beschwerden zu beseitigen. Das tat Mrs. Burton. Von diesem Moment an hörten die Beschwerden meiner Mutter auf, und während einiger Jahre wurde sie nicht mehr in dieser Weise belästigt. Doch die Taubheit bestand trotz aller unserer Heilungsversuche weiter. Der Grund dafür liegt wahrscheinlich darin, daß ihr Gehörssinn infolge ihres vorgerückten Alters in das Greisenstadium gelangt war. Man kann nun auf dem Standpunkt stehen, daß die Geistheilung versagte, da sie ihr Gehör nicht wiederherstellte, und den Fall demzufolge als „Versager" oder „Fehlschlag" buchen; jedoch in Anbetracht der vielen anderen Leiden, von denen sie geheilt wurde, würde eine solche Registrierung sicherlich verfehlt sein.

Noch ein anderer Faktor ist bei der Besprechung der „Versager" in Betracht zu ziehen. Es wurde zur Genüge betont, daß jede Heilung das Ergebnis einer intelligenten Anwendung der richtigen Heilungskräfte innerhalb des Gesetzesrahmens ist. Mit „intelligenter Anwendung" ist der Weisheitsgrad der Geistführer gemeint, den diese zur Erzielung eines befriedigenden gesundheitlichen Umschwungs anwenden. Wir würden uns in einem Irrtum befinden, wenn wir den jenseitigen Heilungsführern nun alle Weisheit und allmächtige Kraft zuschreiben würden. Sie haben ebenso wie wir ihr Wissen durch Erfahrung zu erwerben. Das geschieht allmählich, indem sie sich ausschließlicher mit dem Studium unserer Leiden und Nöte und mit den Möglichkeiten deren Heilung und Beseitigung befassen. Hinweise für diesen Umstand wurden uns durch die Heilung gewisser Leiden, wie zum Beispiel Rückgratverkrümmungen, zuteil. Heute werden diese Leiden bedeutend leichter und schneller als noch vor zehn Jahren geheilt, womit bewiesen wird, daß die Geistführer in ihren Erkenntnissen und in ihrer Fähigkeit, mit diesem besonderen Leiden fertig zu werden, fortgeschritten sind. Eine ähnliche Beobachtung kann bei der Heilung von Augenleiden und Gewächsen usw. gemacht werden. Somit entwickelt sich die Geistheilung laufend weiter. Krankheiten, die heute noch der Geistheilung zu widerstehen scheinen, mögen ihr in der Zukunft jedoch weichen.

Bei der Untersuchung der Gründe für die „versagenden" Heilungsbehandlungen sind außer den wiederholt erwähnten noch andere Faktoren in Betracht zu ziehen.

Einer von diesen besteht darin, daß sich der Körper des

Patienten derartig an die mit dem Leiden einhergehenden widrigen Symptome gewöhnte, daß diese sozusagen zu einem „festen Bestandteil" der Körperfunktionen geworden sind. Wenn wir bedenken, daß eine Hüft- oder Kniegelenkversteifung dem Kranken eine Reihe von Jahren hindurch Schmerzen und Hemmungen bereitete, so machte es sich der Leidende zur festen Gewohnheit, mit steifem und möglicherweise aus dem Becken herausgeschwungenem Bein zu gehen. Nach vollzogener Geistheilung ist das Leiden behoben, und der Patient ist unter der Anleitung des Heilers imstande, die Gelenke wieder frei und normal und vor allem ohne jegliche Schmerzen zu bewegen und zu drehen. Es wird ihm gezeigt, daß er sehr gut wieder ordentlich gehen kann, aber trotz dieser objektiven Belehrung wird er zuzeiten in seine frühere Gewohnheit zurückfallen und wieder mit „steifem Bein" gehen. So wird in solchen Fällen gesagt, daß dem Patienten die Heilung nicht geholfen habe. Wenn die Ursache der Bewegungsbehinderung Gicht war und keine Anstrengung gemacht wurde, um auch die volle Bewegungsfreiheit ausdrücklich wiederherzustellen, so liegt es im Bereich der Möglichkeit, daß die Gelenke sich wiederum versteifen.

Unbegründete Furchtkomplexe bilden einen weiteren Grund dafür, daß sich Patienten weigern, ein Heilungsergebnis einzugestehen. Sie meinen, daß bei ihrer weiteren Inanspruchnahme der Heilungsgabe die Beschwerden zurückkehren könnten. Sie nehmen ihre Zuflucht zu den Teilverbesserungen, an die sie sich im Hinblick auf ihre subjektive Beschwerdefreiheit gewöhnen.

Ferner trifft der Geistheiler solche Menschen an, deren Sinn so hartnäckig auf ihre Gebrechlichkeit gerichtet ist, daß die Worte: „Das kann ich nicht schaffen" geradezu zur fixen Idee wurden, so daß sie sich um keinen Preis körperlich mehr anstrengen wollen, obwohl ihnen durch die Geistheilung die alte Kraft und Frische völlig zurückgegeben wurde.

Dann gibt es jene Art von Menschen, die nicht zufrieden

sind, ohne ihr angebliches Leiden dauernd zu betonen und geradezu zu „pflegen", um dadurch das Mitleid und die Sympathie der anderen zu erheischen. Obwohl sie zwar einerseits die Guttaten der Geistheilung erfahren möchten, sind sie andererseits dennoch innerlich nicht dazu bereit.

Heiler haben also auch mit Hypochondern, die eine ganze Liste eingebildeter Krankheiten vorweisen, zu rechnen. Wenn in diesen Fällen von den Patienten die Erfolglosigkeit der Heilungsbehandlungen behauptet wird, so deshalb, weil die Patienten in der Einbildung beharren, krank zu sein, während sie wahrhaft längst gesund sind.

Indem wir alle diese Fakten in Betracht ziehen, müssen wir zu dem Ergebnis kommen, daß die gebuchten zwanzig Prozent der „mißglückten Heilungen" guten Gewissens in Wahrheit erheblich reduziert werden müssen.

Der Heiler hat zu lernen, daß er weder sich selbst noch seine Heilungsgabe für irgendein Ausbleiben des Erfolges verantwortlich machen sollte. Andererseits aber sollte er auch nicht den Patienten tadeln und selbstverständlich auch nicht den Geistführer.

Da die Menschheit heutzutage ein wenig von der Natur der im Atom beschlossenen Energien versteht, schließen sich die geistigen Heilungsweisen auch mehr dem rationalen Verständnis auf. Die modernen physikalischen Gesetze können vergleichsweise zur Erläuterung jener Gesetze, welche den Heilungserfolg oder -mißerfolg beherrschen, herangezogen werden. Die Kraft der Wiederherstellung zerstörter Gewebe, der Wiederauffrischung der Nervenkräfte, der Reinigung des physischen Körpers von Gebrechen und Unrat aller Art, die Kraft der Heilung gestörter Gemüter und der Wiedererleuchtung getrübten Bewußtseins ist das Ergebnis zielgerichteter geistiger Mittlerschaft.

Je bewußter und forschungsbeflissener wir uns diesen gesetzesmäßigen Zusammenhängen nähern, desto mehr wird uns auch die geistige Ursächlichkeit der Heilungsvorgänge bewußt. Das will besagen, daß wir mit unserer Bemühung um reale Erkenntnis der Kräfte sowohl der Natur als auch des Geistes auch unsere moralischen und ethischen Qualitäten steigern und über die Schwelle der höheren Wahrheiten treten können. Nur weil wir uns mit Hilfe unserer jenseitigen Freunde und aus eigener Kraft langsam ein wenig aus dem tiefen Abgrund der Ignoranz und Gottesverleugnung im Laufe der vergangenen Jahrzehnte herausarbeiteten, können wir heute verstehen, daß die Wunderheilungen Jesu Christi Ergebnisse der Anwendung der gleichen Kraft waren, deren Zeuge wir heute bei den Geistheilungen sein können. Daß die Menschheit im allgemeinen von Christi Lehren nichts annahm, ist nicht das „Verschulden" Gottes, der Ihn sandte oder das Verschulden Seiner Jünger. Diese taten alles, was sie vermochten. Nahezu zweitausend Jahre mußten verstreichen, ehe wir endlich das Wesen der Materie und die Existenz wie auch die Möglichkeit der Zusammenarbeit mit der Geistigen Welt begreifen lernten.

Es scheint ein langer Weg vom Verständnis der Gründe des Erfolges oder Nichterfolges der Heilung eines kranken Körpers zum Verständnis der Geheimnisse der Atomkräfte zu sein; aber letztlich ist alles miteinander zur Erfüllung eines guten Endzweckes verwoben. Ohne unser neuzeitliches Wissen über die elektrischen und atomaren Energien würde die Erklärung des Wunders der Existenz der Seele und der Geistheilung bedeutend schwieriger sein. Vielleicht lag die wahre Religion aus dem Grunde so lange brach, weil man kein ausreichendes Wissen besaß, um die Geistheilung glaubwürdig zu machen.

Nun wir die Möglichkeiten, Grenzen und Gesetze der Geistheilung besser verstehen gelernt haben, kann das Werk des Geistes vorwärtsschreiten. Auf dem Sektor der Heilungsbemühungen sind trotz mancher Fehlschläge ungeheure Fortschritte erzielt worden und gute Arbeit wurde geleistet, die alle Aufopferungen rechtfertigen. Dieses große und wesentliche Werk wird vom Guten zum Besseren fortschreiten, bis es einstmals, in, so Gott will, nicht allzu ferner Zeit jenes Stadium der Vollendung erreicht haben wird, in dem jeder Mensch sich selbst heilen können wird, da er die universellen Gesetze beherrschen wird, die heute bereits unsere Freunde in den höheren Ebenen des Daseins beherrschen.

11. Kapitel

Die eigentliche „Geistige" (mentale) Heilung

Auf dem Sektor der Mentalen Heilung zeichnet sich die
Spirituelle Heilungsweise naturgemäß ganz besonders aus.
(Die Bezeichnungen „Mentalität", „mental" usw., abgeleitet
vom lateinischen Wort „mens", beziehen sich auf das Gemüt,
die Seele, die Emotionen, also weitgehend auf den „persönlichen Geist", auf das „verborgene Leben". „Mentale Krankheiten", auf die sich auch die „mentale Heilung" bezieht,
sind also im Grunde genommen keine „Geisteskrankheiten",
wie sie im Deutschen leider irrigerweise heißen, denn der
Geist als absolute Qualität ist unverletzlich. Wenn wir also
in unserem Sprachgebrauch von „Geistesstörungen" sprechen,
meinen wir „Gemütsstörungen" bzw. „Störungen des geistigseelischen Gleichgewichts", da Geist und Seele in uns miteinander verflochten sind. D. Übers.)

Die Heilung der mentalen Leiden ist wesentlich von der
Behandlung organischer Symptome, für deren Beseitigung
wir die der Materie entsprechenden Energien anwenden,
verschieden.

Um uns dem Verständnis dieser Zusammenhänge zu
nähern, mögen wir an die Erscheinung der Telepathie denken, die heute sogar von vielen Wissenschaftlern anerkannt
und als bewiesen angesehen wird. Es besteht jedoch auch
kein Zweifel, daß unser Bewußtsein imstande ist, Gedanken-
einflüsse aus der Geistigen Welt zu empfangen. Abgesehen
jetzt von der Geistheilung erweisen uns Hellsehen und
Medialität eindeutig, daß der menschliche Geist exakte
Botschaften, mentale Bilder und Visionen aus der Geistigen
Welt aufnehmen kann, wenn er bereit ist, sich den jenseitigen Einflüssen und deren Führern hinzugeben.

Es ist eine „Binsenweisheit", daß keine Krankheit und
kein Leiden geheilt werden können, ehe nicht deren Ursache

beseitigt wurde. Die Geistheilung beseitigt die Ursache und bewerkstelligt dann erst die Beseitigung der Symptome. Aus diesem Grunde beobachten wir auch so oft, daß von Ärzten als „unheilbar" erklärte Kranke mittels Geistheilung wiedergenesen. Der Leser möge sich wiederum ins Gedächtnis rufen, daß heutzutage sämtliche medizinischen Autoritäten in der Ansicht übereinstimmen, daß der größere Prozentsatz auch der physischen Leiden seine primäre Ursache in den verschiedenen Formen der inneren Unruhe und Disharmonie hat. Dieser Prozentsatz wurde von manchen Autoritäten als mehr als achtzig bezeichnet. Manche Geistheiler halten diesen Prozentsatz aber für noch höher, zumal nach ihrer Ansicht auch der Krebs ganz allgemein unter diese Entstehungsursache fällt, obwohl gerade die Krebsentstehung von der Ärzteschaft nicht allgemein als seelisch-geistig verursacht angesehen wird.

Wenn die Ursache des Leidens aber in einer Störung des Ganzheitlichen Selbst beschlossen liegt, so kann die Schulmedizin wenig oder gar nichts zu ihrer Überwindung leisten und beschränkt sich auf die Behandlung mit lindernden Drogen oder sonstigen Behandlungsweisen, die aber nur die Symptome angreifen. So verhält es sich, wenn die Ursache der sogenannten „unheilbaren" Krankheit in seelisch-geistiger Zersplitterung und Disharmonie liegt, denn diese kann einzig und allein durch den heilsamen Einfluß aus der Geistigen Welt besänftigt und geglättet werden, wodurch auch die „unheilbaren" Symptome beseitigt werden. Auf der Kenntnis dieser Zusammenhänge beruht maßgeblich unser Verständnis für die von den jenseitigen Heilungsführern angewandten Heilungsmittel und -wege.

Es erweist sich als notwendig, den menschlichen Geist in zwei Funktionsarten zu unterteilen. Der physische Geist ist mit der Sammlung irdischer Erfahrungen, der Aufspeicherung von Wissen, der Sorge um die Bedürfnisse des Körpers und seiner zahlreichen verwickelten Funktionen befaßt, während der spirituelle Geist den Charakter bildet, das Wissen zur Weisheit, zum wahren Eigentum macht, und der vor allem die eigentlichen Elemente unseres Selbst, wie Liebe und Haß, Freundlichkeit und Härte, oder Opfermut und Selbstsucht schafft und beherrscht.

Diese beiden Funktionsarten des Geistes stehen miteinander in engster Beziehung, und sie beeinflussen und durchdringen einander. Der Charakter kann durch ihren Einfluß veredelt oder verflacht werden. Wenn das ganze Streben des physischen Geistes etwa auf fortwährende Befriedigung der Sinnenlust gerichtet ist, so vermag das höhergepolte, feinere und unserer wahren Heimat entstammende spirituelle Selbst diese niederen Triebe umzuwandeln. Darüber hinaus aber vermag unser spirituelles Selbst auch unsere guten Anlagen zu erwecken und zu bestärken und hält uns zur praktischen Ausführung guter Werke an, wenn immer wir im täglichen Leben Gelegenheit dazu haben.

Demzufolge führt der richtige Einfluß unseres spirituellen Selbst auch gute Lebenswendungen herbei. Solche Erfahrungen können wir täglich machen, und ich führe ein typisches Beispiel an. Eine verzweifelte Frau schrieb mir, daß sich ihr Mann ohne ersichtlichen Grund charakterlich völlig gewandelt habe. Er wurde grausam und sadistisch, unberechenbar in seinem Temperament und jähzornig ihr und den Kindern gegenüber, daß sie sich fürchtete, sobald er das Haus betrat. Sie bat um Geisthilfe für ihren Mann und um Kraft und gute Führung für sich selbst. Wenige Tage, nachdem sie meinen ersten Brief empfangen hatte, geschah das beglückende Wunder, daß sich das Wesen des Mannes zum Besseren wandelte. Er gewann sein altes liebenswürdiges Wesen und seine Fürsorglichkeit und Familienliebe völlig zurück. Aus den folgenden Briefen der Frau ging hervor, daß der Mann seiner früheren Bösartigkeiten durchaus bewußt war und nun aber alles versuchte, um das von ihm verursachte Seelenleid wiedergutzumachen. Nach geraumer Zeit nahm sich die Frau vor, ihrem Mann die eigentliche Ursache seiner Wandlung zum Guten mitzuteilen. Sie fürchtete sich aber einigermaßen vor der Ausführung dieses Entschlusses, da sie wußte, daß ihr Mann für „Religion" wenig übrig hatte. Als sie aber endlich ihren Mut zusammengerafft hatte und ihm den Sachverhalt doch erzählte, antwortete er nur mit den zwei Worten: „Danke Gott!"

Noch ein anderer Fall in dieser Art fällt mir ein. Er handelt auch von häuslichem Elend, ähnelt also dem vorhergehenden sehr; doch in diesem Falle war der Mann außerdem noch der Trunksucht verfallen und verschwendete den größten Teil seines Verdienstes für die Befriedigung dieses Lasters, während er nur wenig für seine Familie übrigließ. Wir versuchten, ihm durch Fernheilung gute Einflüsse zu senden. Nachdem der Mann eines Tages heimgekehrt war, fühlte er den unwiderstehlichen Impuls, in einen Blumenladen gehen und einen schönen Blumenstrauß kaufen zu müssen. Er erklärte später, daß er sich allerdings als ziemlicher „Tropf" vorgekommen sei, als er die Blumen nach Hause getragen habe, doch habe er trotzdem eine innere Freude dabei empfunden. Als er zu Hause angelangt war, drückte er seiner Frau den Strauß in die Hand, ohne ein Wort zu sagen. Verwirrt fragte sie: „Was soll das bedeuten?" Seine knappe Erwiderung lautete: „Für dich!" Das war der Anfang der Wiederkehr von Liebe und Familienglück, und die Trunksucht des Mannes verschwand ebenfalls vollends.

Beim Anhören dieser wahren Geschichte mag man sich fragen, woher denn der Impuls kam, der den Mann zum Kauf der Blumen bestimmte? Dieser Gedanke lag doch seinem eigenen Wollen völlig fern, und er würde ein solches Anliegen normalerweise zornig zurückgewiesen haben, und dennoch wurde er zur Ausführung dieser Tat gedrängt. Wir neigen zu der Annahme, daß die Geistführer den günstigsten Moment, also den „Moment des geringsten Widerstandes" im geistigen Selbst des Mannes erkannten und „ausnutzten", um ihn zur bewußten Ausführung des Blumenkaufes anzuregen.

Auch andere Suchtleiden sind außer der Alkoholsucht in vielen Fällen durch die Geistheilungsbehandlung zu beseitigen. Der leitende Arzt eines Privatsanatoriums für Suchtkranke in Bournemouth wandte sich an mich, um ihm in verschiedenen schwierigen Fällen durch Fernheilung zur Seite zu stehen. Die positiven Ergebnisse waren so eindeutig, daß der Arzt die spontane Besserung der Patienten beim jeweiligen Beginn der entsprechenden Heilungsbehandlung feststellen konnte.

Die Heilung mentaler Unstimmigkeiten erfolgt in manchen Fällen auf direkte Weise und mit Wissen des Patienten; aber häufiger noch muß sie indirekt und ohne Wissen der Behandelten erfolgen, da diese ihrer Mängel und deren Schwere meist gar nicht bewußt sind.

Eine der leichtesten Heilungsbehandlungen dieser Art ist die des „Geburtswahnsinns" von Müttern, die nach ihrer in den meisten Fällen ersten Geburt ihren Sinn für das normale Verhalten verlieren, die Anwesenheit ihrer Ehegatten nicht dulden und ihr Baby nicht sehen wollen. In einigen Fällen nimmt dieses Leiden solche Formen an, daß die Patientinnen in eine Nervenklinik zur Behandlung eingewiesen werden müssen. Die Ursache dieses Leidens ist aber offensichtlich nicht angeboren, sondern zeitbegrenzt. Jeder dieser Fälle, für deren Behandlung um Einschaltung von Geistheilung gebeten wurde, konnte binnen kürzester Frist und vollständig geheilt werden.

Die Beschwichtigung und Lösung seelischer Verkrampfungen und Komplexe vermochte die Geistheilung in einer ungeheuren Anzahl von Fällen der verschiedensten Art zu erreichen. Da haben wir jene Kranken, die von Verfolgungswahn geplagt werden; andere wiederum quälen sich fortgesetzt mit Eifersuchtsgedanken und glauben stets und ständig, daß ihr Partner untreu sein könne; dann gibt es die vom „Bazillenkomplex" Befallenen, die alle Dinge und Menschen, mit denen sie in Berührung kommen, für „verseucht" halten, woraus ein „Waschzwang" resultiert, so daß sie sich fortwährend waschen müssen; und wieder andere haben kein Vertrauen in ihre Zahlungsfähigkeit und zählen ihr Geld wieder und wieder.

Weiterhin haben wir mit jener Gruppe von Leidenden zu tun, die besessen sind und „Stimmen" hören, und wieder andere werden Tag und Nacht von Grübeleien und selbstquälerischen Vorstellungen über längst vergangene Erlebnisse gepeinigt. Andere Gemütsleiden entstehen durch die Furcht, allein zu sein; durch „Platzangst"; durch die Furcht, auszugehen und Menschen zu treffen, durch die Angst vor dem Erröten, vor der Blamage und unzählige Komplexe mehr.

Die Ärzte können leider nur sehr wenig für diese Art von Leidenden tun, und ebenso wenig vermögen es die wohlmeinenden Tröstungen und Belehrungen der Pfarrer. Einige dieser unglücklichen Patienten werden mit den üblichen medizinischen Methoden wie elektrischen oder Insulinschocks, künstlichem Schlaf, Injektionen und Tabletten usw. behandelt, ohne daß leider in den meisten Fällen nennenswerte Erfolge dadurch erzielt werden. In der Regel brauchen die Seelen dieser Kranken Tröstung, Verständnis und Güte und sollten nicht weiterhin durch beunruhigende äußere Behandlungen belästigt werden. Vor allem benötigt jeder einzelne Leidende individuelles Verständnis. Zweifellos gibt es auch viele Ärzte, die dieses echte Verständnis für ihre Patienten aufbringen und sich in diese einfühlen wollen; aber sie sind letztlich auch auf ihre Behandlungsmethoden angewiesen und müssen deshalb die meisten ihrer Patienten dennoch den Elektro-, Insulin- und Schlafbehandlungen unterwerfen. In manchen dieser Fälle finden die Kranken aber auch von selbst ihren normalen Zustand und ihre innere Ausgeglichenheit wieder, und diese Gesundungen werden fälschlicherweise der medizinischen Behandlung zugeschrieben.

Bei allen Formen der seelischen Leiden stellen wir hinlänglich eindeutig fest, daß jeder Patient sein individuelles Leiden zu tragen hat, das auch des individuellen Verständ-

nisses seiner Ursache bedarf. Dieses echte Verständnis des
inneren Wesens, der inneren seelischen Struktur eines Kranken liegt jedoch für gewöhnlich außerhalb des Begriffs- und
Nachvollzugsvermögens einer anderen menschlichen Seele.
Die Psychiatrie unternimmt es im allgemeinen, die seelischen
Krankheitsursachen durch Fragestellungen aufzudecken, stiftet dadurch aber häufig mehr Schaden als Nutzen, indem
die Komplexe und Ängste des Patienten erst recht wach-
gerufen werden. Und wenn der Psychiater dennoch die
eigentliche Krankheitsursache herausgefunden hat, so ist er
meistens trotzdem unfähig, irgendeine wirklich geeignete
Behandlungsform für das Leiden anzugeben oder einen
tatsächlich brauchbaren Rat zu dessen Behebung zu erteilen.

Die Heilung eines Gemütsleidens muß auf der gleichen
Ebene vor sich gehen, auf der dieses Leiden begründet ist. Da
nahezu sämtliche dieser Leiden ihren Ursprung im spirituellen Geist haben, so kann ihnen auch nur von der spirituellen Ebene aus beigekommen werden. Hierin liegt der
Grund, weshalb mentale Störungen so leicht durch Geistheilungsbehandlung behoben werden können. Wenn die
Krankheitsursache aber überwiegend im physischen Geist
beschlossen liegt, so erreichen die Heilungsströme diesen
ebenfalls über den spirituellen Geist, der in enger Beziehung
zum anderen steht.

Genauso wie der Patient die Symptome seiner Leiden
beschreiben kann, so vermögen auch die Geistführer diese
Leiden im Gemüt des Patienten zu sehen, das wie ein
„offenes Buch" vor ihnen liegt. Aus diesem Grunde können
sie auch jene heilsamen und zielgerichteten Gedanken in den
Kranken lenken, welche die gestörte Seelenstruktur ent-
wirren und die normale Verhaltensweise wiederherzustellen
vermögen.

Ein anderes Gebiet, auf dem sich die Geistheilung als sehr
segensvoll erwies, ist die Erweckung der normalen Lebens-
funktionen geistig zurückgebliebener Kinder, indem der
„Bewußtseinsfunke" in ihnen entzündet und ihnen die

Unterscheidungsgabe für richtiges und falsches Verhalten damit gegeben wird. Diese noch ungeformten Seelen müssen ganz behutsam auf den Weg des normalen verantwortungsvollen Lebens geführt und zum selbständigen schöpferischen Denken geführt werden. Während die Geistheilung in diesen Fällen ein gutes Teil zur Gesundung dieser Kinder beitragen kann, so hängt doch auch die weitere positive Entwicklung der Kinder weitgehend von der liebevollen Hilfe und vom guten Willen der Eltern, Erzieher und der anderen Menschen ihres Umkreises ab.

Bei ernsthafteren seelischen Störungen, die etwa durch ein organisches Leiden wie zum Beispiel Blindheit hervorgerufen wurden, kann die segensreiche Unterstützung der Geistheilung, die das Gemüt in glücklicher Weise auflockert, gar nicht genug geschätzt werden. In der Regel vollziehen sich diese Art Heilungen nicht so schnell, wie man annehmen mag; doch durch fortgesetzte und gleichmäßige Anwendung der Heilungskräfte konnte vielen unglücklichen jungen Menschen in größerem oder kleinerem Ausmaß geholfen werden. Es muß aber auch erwähnt werden, daß mutmaßlich auf Grund ihrer Erbmasse krank geborene Kinder wie „Mongolen" und Kretins nicht in ihrer Natur geändert werden, während andererseits zum Beispiel an durch Lähmungen verursachten Krämpfen leidende Kinder oftmals durch die Kombination von mentaler und physischer Geistheilung geheilt werden konnten.

(Durch besondere Göttliche Gnadenerweise ist es allerdings, wenn auch äußerst selten, dennoch möglich, daß „blöde" geborene Kinder, also Kretins, völlig geheilt werden können, indem der auch ihnen innewohnende Gottesfunke „entzündet" wird. Solche echten Wunderheilungen vollbrachte z. B. der italienische Kapuzinermönch Pater Pio in San Giovanni Rotondo. Anm. d. Übers.)

Sichtlich große Heilungserfolge durch die Geistheilung sind auch bei der Wiederherstellung der Sinnesfunktionen bei Lähmungen als Folge von Schlaganfällen zu verzeichnen.

In diesen Fällen wird der geistige „Heilungsbefehl" an den Geist des Patienten gerichtet, den erlittenen Gemüts-Schock zu besänftigen und das motorische Nervensystem wieder in normale Tätigkeit zu setzen und den „Nachrichten" des Geistes zu ermöglichen, ihren Weg durch die Nervenzellen wiederaufzunehmen, um die gestörten Bewegungsfunktionen wieder in Gang zu setzen.

Die Heilung der Epilepsie ist schon ein komplizierteres Problem; es hängt dabei viel von der Art der Krankheit ab. Wenn diese bereits von den Eltern geerbt wurde, kann eine vollständige Heilung nur selten erreicht werden; aber die Anzahl und Schwere der Anfälle wird vermindert. Es erscheint als möglich, daß viele Kranke, die an Anfällen, welche in ihren Symptomen auf Epilepsie deuten, überhaupt nicht an diesem Übel leiden, sondern daß in ihrem Falle die mentale Kontrolle im Bewußtsein fehlt. Wenn also das Leiden nicht in der Erbmasse begründet, sondern das Ergebnis irgendwelcher furchtbaren Erlebnisse oder Schocks ist, erweist es sich, daß die Anfälle bei fortschreitender Heilungsbehandlung häufig ihre Heftigkeit verlieren und daß der Zeitabstand zwischen den einzelnen Anfällen länger und länger wird, bis sie schließlich gänzlich verschwinden.

Als ich seinerzeit meinen Heilungsdienst begonnen hatte, wurde ich zur Behandlung einer Reihe von Hautkrankheitsfällen gerufen, welche alle großartig geheilt werden konnten. Zu jener Zeit hatte ich bereits den festen Eindruck, daß die meisten Hautleiden von nervlichen Spannungen und seelisch-geistigen Störungen verursacht werden, und das nachfolgende Studium der Lebenshintergründe und -umstände der Patienten ließ mir diese Annahme zur Gewißheit werden. Aus diesem Grunde bereitete es mir auch eine gewisse berechtigte Befriedigung, als ich einige Jahre später las, daß als eine neue große Entdeckung der Medizin die Ursache vieler Hautleiden in seelischen Leiden gefunden worden sei.

Drei solcher Fälle kommen mir in Erinnerung. Der eine

128

betrifft eine junge Frau, die an einer schweren Schuppen-
erkrankung litt. Sie war sehr verzweifelt, denn beim Aus-
kleiden fielen ihr die Hautschuppen wie Konfetti vom
Körper, und sie wollte in wenigen Wochen heiraten. Als ich
ihr die Einschaltung der Geistheilung zusicherte, sagte sie
mir, daß ihr nun „ein schweres Gewicht von der Seele
genommen" worden sei. Sie wurde von einem überströmen-
den Glücks- und Hoffnungsempfinden erfüllt, und damit
verschwand das Hautleiden sehr rasch.

Den zweiten Fall werde ich mit den Worten des damals
behandelnden Arztes wiedergeben: „Vor drei Jahren wurde
der Patient von einem Hautleiden, das medizinisch unter
dem Namen ‚Sycocis Barbae' bekannt ist, befallen. Es handelt sich dabei um ein unberechenbares und quälendes Leiden.
Infolge der besonderen Umstände (der Patient war ein
Kriegsgefangener) dauerte es länger als ein halbes Jahr, ehe
der Kranke fachärztliche Behandlung erfahren konnte. Die.
Spezialisten erklärten ihm dann, daß die Heilungsaussichten
infolge der Verzögerung leider sehr gering seien. Ich erwähnte den Fall einem Kollegen gegenüber, der mir erwiderte: ‚Wenn er neun Monate keine Behandlung hatte,
kann er glücklich sein, wenn er in neun Jahren geheilt sein
wird.' Fast zwei Jahre hindurch begab er sich in Behandlung
der Fachabteilungen für Hautkrankheiten verschiedener
Krankenhäuser Londons und der Provinzen. Obwohl gelegentlich zeitweilige Besserung beobachtet wurde, heilten
die wunden Stellen in seinem Gesicht nicht, und die erkrankte Fläche wurde allmählich größer. Im vergangenen
April bat ich Edwards, den Fall zu behandeln. Als ich den
Patienten etwa vierzehn Tage später wiedersah, war sein
Gesicht vollständig geheilt, und an Stelle der früheren
tiefen Wunden waren nur noch Narben verblieben. Ich sah
auch andere Fälle von Hautkrankheiten durch Edwards
behandelt werden, wobei der Heilungsprozeß zunächst
schrittweise verlief, dann aber plötzlich beschleunigt wurde
und die Wundstellen ebenso plötzlich verschwanden."

Der dritte Fall war der eines kleinen etwa neunjährigen Jungen, dessen Körper von Hautausschlägen bedeckt war. Die Eltern sagten mir, daß sie wegen seiner nächtlichen Unruhe noch keine Nacht seit seiner Geburt richtig geschlafen hätten. Ich besuchte diesen Jungen, der ein unruhiges Temperament besaß, nur selten still war und sich mit keiner Sache längere Zeit beschäftigen wollte. Ich legte meine Hände auf seinen Kopf und bat um Frieden für seinen Geist. Während der ganzen darauffolgenden Nacht schlief er völlig ruhig. Sein Temperament änderte sich nach und nach sichtlich zum Ruhigeren, und in sehr kurzer Zeit verschwand auch der Ausschlag, und er wurde zufrieden und glücklich.

Diese Beispiele verdeutlichen klar, daß die Heilungsabsicht zunächst auf die Beseitigung der Ursache des Übels gerichtet werden muß, indem dem Geist heilsame Impulse geschickt werden, die ihn von seinen Bedrückungs- und Verkrampfungstendenzen befreien sollen.

Es gibt auch Fälle, daß Patienten, die an einem organischen Übel als allgemeine Folge von seelischen Spannungen leiden, ausgeglichen und befriedigt in ihrem Wesen erscheinen. In diesen Fällen ist die Unruhe jedoch nur verborgen oder unterbewußt, oder sie mag in dem unterdrückten Wunsch der Erfüllung eines geistigen Selbstausdrucks liegen. Ein Beispiel dafür bildet der innere Wunsch, sich in irgendeiner Kunst oder in einer sonstigen besonderen Aufgabe zu betätigen, dessen Erfüllung der gewöhnliche Lebensablauf jedoch nicht gewährt. Viele frühere unverarbeitete negative Erfahrungen haben im allgemeinen dazu beigetragen, einen Dauerzustand innerer Unruhe oder Furcht zu schaffen.

Ich erinnere mich daran, daß mir mein Vater, als ich selbst ein ganz kleiner Junge war, ein Kindheitserlebnis erzählte, daß er beinahe an einer Fischgräte erstickt wäre, die ihm in den Hals gerutscht war und erst im letzten Moment herausgezogen werden konnte. Daraus resultierte, daß ich mich zeitlebens besonders sorgsam vor Fischgräten in acht nahm und heute noch bisweilen von einem leichten

Unbehagen ergriffen werde, wenn andere in meiner Gegenwart Fisch essen. Somit prägte dieser scheinbar unwichtige Vorfall meinem Bewußsein einen unauslöschlichen Eindruck ein, der durch geringfügige Erinnerungsanlässe ein erneutes Furchtgefühl heraufbeschwören kann.

Wir wissen auch, daß irgendeine schreckliche Erfahrung, die einem unserer Vorfahren widerfuhr, in das Unterbewußtsein des heute lebenden Menschen gelenkt werden konnte. Dieser Umstand beweist jedoch nicht notwendigerweise die Wiedergeburtstheorie, sondern er ist durch die biologische Übertragung der Gene, d. h. der Träger der Erbmasse, seitens der Eltern zu erklären.

Solcherlei Störungserscheinungen sind einleuchtenderweise dem Einflußbereich der Ärzte entzogen und können nur bereinigt werden, indem man eine in das spirituelle Selbst des Patienten Einblick nehmende Bewußtheit einbezieht.

Ein letztliches bekanntes Beispiel physischer Leiden, die sehr häufig durch mentale Spannungen verursacht werden, bilden die Symptome der Magengeschwüre und sonstigen Magenleiden und der Unterleibskrankheiten, die durch drückende Sorgen, Aufregungen und Überforderung der Verantwortlichkeit hervorgerufen werden können. Die Statistik erweist, daß Angehörige von Berufszweigen, die ein großes Maß an geistiger Verantwortung erfordern, weitaus mehr für Magen- und Unterleibsleiden anfälliger sind als Angehöriger weniger geistig verantwortungsvoller Berufe.

Die Geistheilung vermag nun die akuten Symptome dieser Leiden sehr leicht zu beseitigen, indem sie die gegenwärtigen inneren Spannungen beschwichtigt; die Ausrottung der Grundursache nimmt jedoch meist längere Zeit in Anspruch. Dieser Aspekt der Geistheilung führt uns zur Betrachtung über den Wert der Psychologie innerhalb unserer Heilungsaufgaben. Die psychologisch richtige Annäherung an einen Patienten ist für uns von großer Wichtigkeit. Wir müssen seinem gewöhnlichen Aufnahmevermögen die Einsicht in die eigentlichen Ursachen seines Übels verschaffen; wir müssen ihn dazu bestimmen, seine Geschäftssorgen nicht in seine Häuslichkeit zu tragen und Freude am Sinn des Lebens und damit innere Kraftquellen wiederzufinden. Alle diese psychologischen Maßnahmen können den Heilungserfolg wesentlich unterstützen.

Um das Ziel einer erfolgreichen Heilung zu erreichen, ist es wichtig, im Patienten eine möglichst hoffnungsvolle Gemütshaltung zu erwecken. Wir denken an die üble Angewohnheit vieler Ärzte, ihren Patienten die möglicherweise eintretenden verschiedenen Komplikationen im Krankheitsverlauf auszumalen. Gerade indem ich diese Zeilen niederschreibe, habe ich einen einschlägigen Brief einer Frau zu beantworten. Ihr Mann, der an einem inneren Leiden erkrankt war, hatte befriedigende Fortschritte durch unsere Heilungsmethode gemacht. Seine Genesungsaussicht war sehr gut. Die Symptome des Leidens hatten sich bereits sichtlich vermindert, als ihn sein Arzt sah und ihm erklärte, daß es leider keine aussichtsreiche medizinische Behandlung für ihn gäbe. Der Arzt sagte ihm die fortschreitende Verschlimmerung seines Leidens voraus, und daß er schließlich bettlägerig, hilflos und von zunehmenden Schmerzen heimgesucht werden würde, wenn sich die Krankheit entwickele. Er habe sich deshalb zweckmäßigerweise schon jetzt darauf einzustellen, unter diesen Leidensbedingungen bis zum Tode leben zu müssen. Diese völlig unnotwendige und grausame Erklärung stürzte den Mann in tiefste Verzweiflung. Er konnte sein Gemüt nicht von diesem fürchterlichen Angstdruck befreien und wieder hoffnungsfreudig werden.

Hierbei handelte es sich unglücklicherweise um keinen Einzelfall; wir erhalten laufend Berichte über Ärzte, die ihren Patienten deren Krankheitsverlauf in düstersten Farben schildern. Es muß unumgängliche Pflicht des Heilers sein, und das gilt auch für die Ärzte, die Zuversicht und seelische Haltung des Patienten zu stärken und nicht zu unterhöhlen. Die meisten Ärzte erkennen die nicht zu überschätzende Wichtigkeit des richtigen psychologischen Verhaltens zu

ihren Patienten jedoch an, wie es sich auch besonders bei
der seelischen Vorbereitung der Kranken für eine Operation
erweist.

Es wurde von ihnen zugestanden, daß die seelische Einstellung des Patienten vor und während der Operation
einer der wichtigsten Faktoren ist, die in der Chirurgie
beachtet werden müssen. Es wurde auch wieder und wieder
festgestellt, daß die innere Kraft und Zuversicht, die dem
Patienten vor einer ihm bevorstehenden schwerwiegenden
Operation durch Geistige Heilungshilfe zuteil wurde, ihm
mit einer solchen Lebens- und Widerstandskraft erfüllte, daß
sie ihn furchtlos und zuversichtlich auf den Operationstisch
gehen ließ und eine komplikationslose und glatte Operation
ermöglichte. Wenn wir einem Patienten versichern, daß die
hilfreiche und mächtige Unterstützung der Geistigen Welt
mit ihm sein wird, und daß ihm segensvolle und heilsame
Gedankenkräfte von „Drüben" zufließen werden, so sind
seine Befürchtungen und Ängste überwunden, wenn er diese
Gewißheiten in seinem Geist fest verankert hat. Die Gefahr
des seelischen Schocks vor der Operation ist somit weitgehend gebannt, und die Chirurgen erklären, daß die Patienten mit unerwarteter Widerstandskraft und Ruhe durch diese
„Feuerprobe" gegangen seien, und daß sie in den meisten
Fällen sogar imstande waren, das Krankenhaus Tage vor
der normal kalkulierten Zeit zu verlassen.

Es ist offensichtlich, daß die Zerrissenheit des Gemüts und
der seelisch-geistigen Struktur auch das gesamte körperliche
Befinden in Mitleidenschaft zieht. Wie eine dunkle bedrük-
kende Wolke lastet eine Gemütsstörung auf dem täglichen
Leben. Sie schwächt die Lebenskraft, mindert die allgemeine
Gesundheitslage, und der physische Körper wird weitgehend
anfälliger für Unpäßlichkeiten aller Art, für Infektionen,
Erkältungskrankheiten und andere „Volksleiden". Der
Segen, den die Geistheilung in Form ihrer Unterstützung
der allgemeinen gesundheitlichen Widerstandskraft, der
Gesundheitsgestimmtheit" der Seele und des Körpers stiftet,

kann nicht unterschätzt werden, wie wir immer wieder erwähnen müssen; eines der ersten Anzeichen für den Beginn der erfolgreichen Heilung vieler Leiden ist des Kranken Empfinden innerer Erleichterung und Freude.

Es ist für jeden Heiler wichtig, die Methode der Vertreibung von Furcht und Angstkomplexen seiner Patienten zu wissen. Diese ist keineswegs schwierig. Nutzlos wäre es aber gerade, dem Patienten „einzuimpfen", daß er „nicht leiden solle" oder ihn zur Konzentration auf eine Religion oder auf irgendeine sonstige ideelle Vorstellung zu bewegen, denn die Ermunterung zu solchen inneren Ausrichtungen würde nur einen weiteren verwirrenden Faktor schaffen. Unsere allgemein geübte Praxis besteht darin, die Wiederkehr des inneren Friedens, der Sicherheit und des Vertrauens des Patienten in einer ganz natürlichen und einfachen Weise herbeizuführen zu suchen, indem wir den Patienten ermuntern, Freude an den kleinen Dingen des Lebens zu finden. Wir bitten ihn, sich am Kochen des Teekessels zu erfreuen, auf dem Wege zur Arbeit ein Interesse an den Vorgärten der Nachbarn zu nehmen und alle Bekannten mit einem Lächeln zu begrüßen, um dadurch selbst ein „inneres Lächeln" zu gewinnen. Wir ermuntern ihn, auf die Wirkung seiner Erscheinung in der Umwelt zu achten, und wenn es sich um eine Frau handelt, beeinflussen wir sie, ihre prächtigste Kleidung anzulegen, die „Modestunde" im Radio anzuhören und sich nach Möglichkeit danach zu richten, um ihrem Gatten und sich selbst damit eine Freude zu bereiten. So tragen wir oft zur Gestaltung eines glücklicheren Familienlebens bei, womit den Patienten schon ein wesentlicher positiver Schritt auf dem Wege zur Erreichung des Heilungszieles ermöglicht wird, denn eine offene und freudigere Gemüthaltung ermöglicht den Geistführern auch die leichtere Lenkung ihrer Heilungsimpulse in das Ganzheitliche Selbst des Patienten.

Freilich bedeutet gute Psychologie noch keine Heilung; aber der Geistheilungserfolg ergibt sich aus dem Zusammenwirken von jenseitigem Geistführer und irdischem Heiler, und des Heilers Anteil am Zustandekommen eines guten Ergebnisses der Bemühungen unserer jenseitigen Helfer besteht eben in der Anwendung geeigneter psychologischer Einfühlungen.

Es ist ein feierlicher, aber beglückender und befriedigender Gedanke, daß es diese unsichtbaren spirituellen Persönlichkeiten sind, welche den in Not befindlichen Erdenmenschen die heilsamen Gedankenströme zusenden und ihnen ruhigen Schlaf und Befreiung von Furcht und seelischen Qualen verschaffen. Zu so vielen Menschen kann diese wahrhaftige Erquickung des Heilungsstromes, diese Erneuerung des menschlichen Lebensglücks und Lebenssinnes kommen, und für viele ist diese erste Berührung mit der Geistheilung der Anfang eines neuen sinnvollen Lebensabschnittes. Manche, die früher niedergebeugt und gebrochen umhergingen, und zwar nicht infolge physischer Leiden, sondern infolge seelischer Brüchigkeit, stehen heute wieder aufrecht und freudevoll mitten im Leben und sehen voller Güte und Liebe auf jene, von denen sie auch geliebt werden. Andere fühlen sich nach Jahren der Verzweiflung und des Tiefstandes wieder voller Energie und Lebenskraft und finden, daß das Leben wieder lebenswert geworden ist.

Menschen aller Arten finden ihren Lebensmut wieder und fanden zur inneren Klarheit und Harmonie zurück. Das Göttliche Gesetz, unter dem wir frei leben, kennt kein Ansehen der Person; vor ihm sind der in der Dunkelheit des religiösen Wahnsinns leidende Mann oder die Frau, deren Häuslichkeit zum Gefängnis wurde, ebenso wichtig und der Hilfe bedürftig, wie es die Menschen mit glücklichem Familienleben und die Selbstsicheren und Starken sind, wenn sie einmal in Not geraten.

Ich könnte von vielen wunderbaren Geistheilungserfolgen berichten; von dem Mädchen, das mit gefährlichen epileptischen Anfällen in eine Gummizelle eingeliefert werden mußte, um vor selbstverursachten Verletzungen geschützt

zu werden; von dem Vater der zu dauernden Selbstmord-
versuchen neigte; von der Mutter, die von dem Wahn, ihre
Kinder umbringen zu müssen, befallen war; von dem Mädchen, das nicht schlafen konnte und die langen Nachtstunden
auf und ab wanderte; von dem Mann, der sich wieder und
wieder vor dem Spiegel beobachten mußte; von dem Mädchen, das sich täglich unzählige Male ihre Hände wusch; von
den vielen, die sich auszugehen und sich in fremde Zimmer
einzuschließen fürchteten. Alle diese Menschen wurden zu
einem glücklichen Leben zurückgeführt. Aber für eine ausführliche Berichterstattung ist leider kein Platz vorhanden,
und erst recht müßte man den vielfachen Raum zur Verfügung haben, um allen Dank abzustatten, den wir den
Geistführern schuldeten.

Lange nachdem wir, die wir so bevorrechtigt waren, an
diesem großen Heilungswerk mitwirken zu dürfen, von
dieser Erdenbühne abgetreten sind, werden die geistigen
Gesetze von der ganzen Menschheit erkannt und angewandt
werden können. Doch schreitet nach meiner Ansicht die
Entwicklung zur allgemeinen Vergeistigung auch bereits
jetzt wesentlich fort, und die meisten tuen alles dazu, was
sie vermögen. Besonders ein Leidender, dem etwa „Unheilbarkeit bescheinigt" wurde, und der später von den stum-
men und unsichtbaren Mächten geheilt wird, ist lebendiger
Zeuge der ewigen Wahrheiten, welche die Menschheit zu
erneuern vermögen, und welche niemals in Vergessenheit
geraten sollten. Die Höherentwicklung wird in den kommenden Tagen im Sinne der allgemeinen Verbreitung der
Wahrheit unaufhaltsam fortschreiten, und sie wird unseren
Nachfahren eine glücklichere geistige Erbschaft bescheren,
als die meisten von uns sie erfahren durften. Die Wahrheit
und der Wert dessen, was auch in diesem Buch bezeugt
wurde, wird bleiben.

Es ist eine unbekannte, geheimnisvolle, aber wundervolle
Welt, aus der wir entstammen. Doch leider gibt es auch noch
viele, die das Licht der Schauungen in jene „andere Welten",

das manche von uns mit ihrer Geburt in die Familie der Menschheit mitgebracht haben, nicht erwerben wollen oder können. Die große Mission der Tröstung, Heilung und Belehrung, die das Herz und Kernstück des Spiritualismus bildet, würde nicht notwendig sein, wenn die Menschen dem rechten Pfad gefolgt wären. Aber das war nicht der Fall, und viele mühsame Anstrengungen wurden im Laufe der Zeiten gemacht, um den Opfern falscher Unterweisungen und unwissender Führerschaft zu helfen. Das Spiritualistische Heilungswerk ist ein Aspekt des großen von den Lichtwelten inspirierten und geleiteten Werkes der Erneuerung und Rückführung der Menschheit zum Göttlichen Ursprung. Mit seinem Gelingen wird die auf der menschlichen Rasse lastende Bürde erleichtert werden. Das ist das der Geistheilung zugrundeliegende Motiv: die Vergeistigung der Menschheit mitbewirken zu helfen. Weil der Weg der Geistheilung ein zur Wahrheit führender Weg ist, wird er auch währen.

12. Kapitel

„Glaubens"-Heilung

Die Bezeichnung „Glaubensheilung" wird häufig für die Spirituelle Heilung verwandt. Dabei handelt es sich um einen gedankenlosen und zutreffenden, hauptsächlich von der Presse geübten, Sprachgebrauch.

Glaubensheilung bzw. „Heilung durch den Glauben" setzt den absoluten Glauben des Patienten an seine Gesundung voraus. Dieser mag auch innerhalb des religiösen Glaubensbereiches seine Berechtigung haben und zum Erfolg führen, denn „bei Gott sind alle Dinge möglich", und auch die „Christliche Wissenschaft", die von der Annahme ausgeht, daß die Schöpfung vollkommen sei und Unvollkommenheiten deshalb nur in unserem Bewußtsein beständen, hat unbezweifelbare Erfolge. Manche sogenannten „Glaubensheilungen" beruhen auch auf der Anwendung persönlicher Willenskraft, die durch zielgerichtete intensive Gedanken die Krankheitsbedingungen und den physischen Schwächezustand zu überwinden vermag.

Schließlich kann auch die psychologische Gedankenheilungsmethode des „Couéismus" gute Erfolge zeitigen; die schlichte psychologische Devise dieser Gesundungsmethode besteht in der dauernden Vergegenwärtigung des Gedankens: „An jedem Tage und in jeder Weise geht es mir besser und besser."

Glaubensheilung ist offensichtlich das Ergebnis unseres Selbst. Obwohl durch sie oftmals ein Leiden gemeistert wird, so unterscheidet sie sich jedoch wesentlich von der Geistheilung.

Noch weitere verschiedene Bezeichnungen verwendet man für die Geistheilung. Die Kirche nennt sie „Göttliche Heilung". Manche Psychologen nennen sie „psychische Heilung". Schließlich kamen auch alle möglichen pseudo-wissenschaftlichen Ausdrücke, wie „parapsychische Heilung", in Gebrauch. Ich stelle fest, daß alle diese verschiedenen Ausdrücke, wie sie auch lauten mögen, die gleiche „Sache", nämlich die Geistheilung, bezeichnen. Das gilt auch für die „Glaubensheilung", denn auch diese kann sich letztlich nicht ohne höhere Hilfe vollziehen. Es ist selbstverständlich, daß es nicht ein besonderes Gesetz gibt, nach dem sich die Heilungsprozesse der „Göttlichen Heilungen" der Kirche und ein anderes, nach dem sich die „Geistheilungen" der Spiritualisten vollziehen. Alle Heilungen werden grundsätzlich durch dieselben Mittel bewirkt, obwohl man sich deren Gebrauch auf verschiedene Art bedienen und auch einen verschiedenartigen Grad des Nutzens daraus ziehen kann.

Die Spiritualistische Heilung ist eine echte „Geisteswissenschaft", nämlich eine Wissenschaft vom „Geist" und von der „Geistigen Welt". Wie bereits ausgeführt wurde, ist zu ihrer Durchführung eine individuell geplante intelligente Handlung nötig, die nur von Geistern ausgeführt sein kann, die dem Wissen des menschlichen Geistes unendlichfach überlegen sind.

Der Beweis, daß Spiritualistische Geistheilung keine Glaubensheilung im bekannten Sinne sein kann, wird einfach durch die Tatsache erbracht, daß Babies und kleine Kinder von ihren Krankheiten befreit werden, die natürlich zu jung sind, um schon irgendeinen Glauben besitzen zu können. Dann gibt es wiederum viele von schweren und schmerzhaften Krankheiten heimgesuchte Menschen, die außerstande sind, den geringsten Glauben an ihre Heilung aufzubringen und dennoch geheilt werden. Ferner haben wir jene Gruppe von Patienten, für die um Fernheilung von dritten Personen gebeten wurde. Dieses alltägliche Vorkommnis ist Zeugnis der guten Absicht einer dritten Partei, Hilfe für solche Kranken zu finden, die, wie etwa Römische Katholiken oder Atheisten, entweder nicht willig oder nicht einsichtig sind, Hilfe aus einer solchen Quelle zu empfangen.

Schließlich haben wir die Gruppe der sogenannten „unheilbaren" Kranken, die über die Art ihres Leidens nicht orientiert sind. Daß alle diese Menschen ebenso geheilt werden wie jene, die über den Geistheilungsvorgang Bescheid wissen, ist eine Selbstverständlichkeit, die inzwischen außerhalb jeder Debatte stehen dürfte.

Im allgemeinen beweist also die Ausübung der Fernheilung zur Genüge, daß von „Glaubensheilung" in diesen Fällen keine Rede sein kann. Der Heiler steht in keinem persönlichen Kontakt zu den Patienten, und viele von diesen haben keine Ahnung von der Ursache ihrer plötzlichen glücklichen Gesundung.

Wenn der Glaube allein die Kranken zu heilen vermöchte, so würden die Krankenhäuser alsbald entleert sein. Doch aller Glaube in der Welt kann nicht die Blutbeschaffenheit eines an Leukämie Erkrankten oder die verhärteten Gelenke eines Gichtbrüchigen verändern.

Der Glaube ist im allgemeinen nur eine Hoffnung. Ich traf solche guten und wertvollen Menschen, die von einem derartig unerschütterlichen Glauben erfüllt waren, daß sie die Möglichkeit des Ausbleibens der Heilung eines schwer erkrankten Angehörigen überhaupt nicht in Erwägung zogen und für gänzlich ausgeschlossen erachteten. Wenn nun unglücklicherweise in diesen Fällen dennoch der Tod eintritt, so erfährt der zuversichtliche Angehörige natürlich einen harten seelischen Schock, der ihn in Bedrückung und Verzweiflung stürzt und eine tiefe Seelenwunde verursacht. Dieses traurige Erleben können wir leider häufig bei „kirchlich" eingestellten Menschen beobachten. Es wird zweifellos durch die Kirchenlehre mitverursacht, daß „Gott die Gebete jener Gläubigen erhören würde, die nur genug Glauben haben würden". So errichten sich diese Menschen in ihrer Vorstellung den absoluten Glauben, daß ihre Lieben wieder genesen werden. Die gebräuchliche Entschuldigung der Priester lautet in solchen Fällen der Nichterfüllung der Heilungserwartung ihrer Schützlinge, deren Angehörige nun doch gestorben sind, daß sie eben „nicht genug Glauben" an Gottes Allmacht aufgebracht haben würden. Demzufolge besitzen aber die Geistlichen in den meisten Fällen selbst nicht „genug Glauben" an Gottes Allmacht, denn sonst würden sie selbst schließlich Heilungserfolge für ihre Gemeindemitglieder und für sich selbst in größerem Ausmaße als bisher erzielen.

Der Glaube an die Heilung ist selbstverständlich sehr wertvoll und hilfreich; er ist eine ebenso wirksame psychologische Unterstützung wie das Vertrauen des Patienten in seinen Arzt und zu seiner Arzneiflasche.

Wenn sich Patienten für einen persönlichen Besuch im Heiligtum anmelden, so erteilen wir diesen bestimmte Instruktionen. Wir weisen sie vor allem darauf hin, daß sie keine Wunder- oder „Blitz"-Heilung erwarten mögen; doch daß wir unser möglichstes täten, einen Heilungserfolg zu erreichen zu suchen. Ich erinnere mich an den tragischen Fall einer jungen Frau, die als Kind spinale Kinderlähmung hatte, und deren Beine seither gelähmt, völlig bewegungsunfähig und auch nicht mitgewachsen waren. Sie war mit ihren Verwandten zum Heiligtum gekommen, um sich mit unserer Hilfe behandeln zu lassen. Wir suchten ihr auf jedem nur möglichen Wege zu helfen; aber es gelang uns nicht, die geringste Beweglichkeit in ihre Beine zurückzugewinnen. Ohne Zweifel waren die Bewegungsnerven völlig zerstört. Als wir den Behandlungsversuch beendet hatten, fragte sie, ob sie ihrer Mutter, die zu hören erwartete, daß sie wieder gehen könne, ein Telegramm senden könne. Eine solche Art blinden Glaubens ist erschütternd. Nicht immer mag er durch des Patienten eigene Vorstellung entstanden sein, sondern auch durch die Beeinflussungen von Menschen, die den Kranken etwa erzählen: „Sie brauchen Harry Edwards nur zu sehen und ihn zu berühren, um geheilt zu werden." Aber auch Jesus heilte nicht jeden. Auch Er konnte sich nicht den Grundgesetzen der Schöpfung widersetzen. Diese Tatsache können wir aus den Worten des

Neuen Testaments schließen, welche lauten: „Und viele wurden geheilt", und nicht: „Alle wurden geheilt."

Zuweilen lesen wir auch in einem Brief von der Verzweiflung, die der kirchlicherseits inspirierte „blinde Glaube" verursacht hat. Wir vernehmen die Frage: „Warum hat Gott unseren lieben Menschen fortgenommen; er war so gut und tat keiner Fliege etwas zuleide." Andere wiederum schreiben: „Ich habe all mein Gottvertrauen verloren, denn Er kann kein Gott der Liebe sein, da er meine Gebete überhörte und meine Mutter sterben ließ." Ich beneide die Aufgabe der Priester nicht, die auf diese Fragen eine befriedigende Antwort zu finden versuchen müssen, oder die zumeist nach platten „Klischees" suchen müssen, um der Situation zu begegnen. Die Trauernden, welche von der Wahrheit des nach dem Tode fortbestehenden Lebens wissen, sind bedeutend leichter zu trösten. Sie wissen, daß ihr lieber Abgeschiedener mit dem Eintritt in das Größere Leben nun von aller Last und Pein befreit ist, und daß mit der Erfüllung der Zeit die Wiedervereinigung erfolgt.

Die Ärzte versuchten, die Erfolge der Geistheilung durch die Hoffnung und Erwartung der Kranken, geheilt zu werden, zu erklären. Sie behaupten, daß die Kranken auf Grund ihrer absoluten Heilungserwartung natürlich für die Suggestionen des Heilers empfänglicher seien, der ihnen das Bewußtsein, wieder gesund zu sein, eingäbe. Diese Meinung der Ärzte besagt aber nichts anderes, als daß die Kranken zumindest von den Ärzten in der Regel keinen guten Zuspruch empfangen und auch kein Vertrauen mehr zu diesem aufbringen können, weil ihnen die medizinische Behandlung keine Hilfe brachte. Selbstverständlich liegt eine Wahrheit darin, daß die Kranken zu einem Geistheiler mit der Erwartung kommen, wirksame Hilfe zu erlangen. Aber alle gute Zuversicht und aller gute Glaube vermag nicht, eine Krankheitsursache zu heilen oder zu beseitigen. Dieses Ziel kann nur durch die ordnungsgemäße Ausführung eines intelligenten wohldurchdachten Planes erreicht werden.

Der Glaubenserklärung am nächsten kommt jene medizinische Annahme, daß die Geistheilungen einfach „Suggestionen" folgten. Natürlich wird der Heiler alle Möglichkeiten der Erleichterung seiner Aufgabe wahrnehmen. Betrachten wir nochmals die Heilung eines durch Gicht verhärteten Gelenks. Nachdem die Auflösung der Verhärtungen zu bewirken versucht wurde, möchte der Heiler das Ausmaß der erreichten Lockerung sehen. Er wird also den Patienten behutsam beeinflussen, das betreffende Glied sachte zu bewegen, um den Grad der erfolgten Heilung damit festzustellen. Es erübrigt sich zu sagen, daß keine Suggestion in der ganzen Welt imstande wäre, dem kranken Glied die Bewegung zurückzugeben, falls die Geistheilungsbehandlung keinen Erfolg brachte.

Ich gebe nun die Geschichte eines Falles von Blindenheilung wieder, die ich wörtlich nach dem Bericht in der „Britischen Ärztezeitung" („The British Medical Journal") vom 4. Dezember 1954 zitiere: „Mr. J. E. E. berichtet, daß er im Juni 1952 (nach dem Empfang der Spiritualistischen Heilungsbehandlung) plötzlich die Sehfähigkeit in seinem rechten Auge wiedererlangte, das länger als fünfzig Jahre blind gewesen war. Die Sehfähigkeit wurde von seinem Spezialisten als vollkommen und die Heilung als wunderbar bezeichnet. Die Sicht ist vollkommen, das Auge ist klar, hell und in bester Verfassung, und es besteht keine Befürchtung gefährlicher Nebenerscheinungen oder Rückfälle, urteilte er wörtlich. Die für den Fall interessierten Augenärzte kommentierten: Es handelt sich um kein Wunder, sondern um einen Fall der spontanen Wiedereinrenkung der vom Star befallenen Linse. Die Linse rutschte in ihren Glaskörper zurück, und dieser Vorgang wurde durch irgendeine heftige Anstrengung oder durch einen heftigen Ruck zustande gebracht. Konnte überhaupt noch Blindheit im Falle dieses Patienten weiterbestehen, nachdem die Einrenkung mit suggestiver Unterstützung vollzogen worden war, und nachdem der Patient ermutigt worden war, wieder sehen zu können?"

Ob wir es nun glauben oder nicht; das „seriöse" offizielle Organ der „Britischen Ärztekammer" verbreitete die phantastische These, daß das länger als fünfzig Jahre hindurch blind gewesene Auge eines Patienten seine Sehfähigkeit mit Hilfe unserer Suggestion zurückgewann! Die Sehfähigkeit wurde durch einen Star getrübt, die Linse war ein halbes Jahrhundert hindurch verrenkt, und alles, was wir zu tun hatten, war, dem Mann zu suggerieren, daß er sehen könne — und er konnte sehen! Wäre die Frage nicht angebracht: „Warum sagten die Augenärzte dem Manne nicht, daß er wieder sehen könne und seine Sehkraft zurückerhalten habe, obwohl sie fünfzig Jahre Zeit dazu hatten?" Die schlichte Tatsache ist diese, daß der Mann, als er in das Heiligtum kam, die Wiederherstellung seiner Sehkraft ohne Suggestion erfuhr. Das konnte nur durch die Auflösung des Stars geschehen, wodurch der Linse ermöglicht wurde, dem Auge seine klare, helle und vollkommene Sicht wieder zu vermitteln. Hier war einwandfrei kein Glaube und auch keine Suggestion am Werke, sondern die Wiedererweckung der Sehkraft war ein Ergebnis der planmäßigen und zielgerichteten Absicht, die Ursachen der Blindheit zu beseitigen.

Somit ist „Geistige Heilung" völlig unterschieden von „Glaubensheilung", und die letztere Bezeichnung sollte für die Heilung durch die Geistige Welt nicht mehr gebraucht werden.

13. Kapitel

Heilung organischer Krankheiten

Einige Mediziner gestehen freimütig zu, daß die Geistige Heilungsmethode zwar Nerven- und Gemütsleiden günstig beeinflussen könne, doch weigern sie sich, die Heilungsmöglichkeit organischer Krankheiten und ihrer Nebenerscheinungen durch diese Heilungsmethode anzuerkennen. Diese ärztliche Geisteshaltung beruht auf einem Vorurteil, das die Tatsachen ignoriert.

Diese unsere Erfahrungstatsachen lauten, daß es kein Übel oder Leiden gibt, das man durch die Geistheilung nicht in größerem oder geringerem Maße lindern oder gänzlich heilen könnte. Eines der wenigen Symptome, das bisher zumindest nicht beseitigt werden konnte, ist zum Beispiel die Fingerkrümmung infolge Sehnenverkürzung.

Infektionskrankheiten, insbesondere Tuberkulose, weichen der Geistheilungsbehandlung oft ungemein schnell. Innere Leiden, Gewächse aller Arten, Lähmungen und strukturelle Deformationen (körperliche Mißbildungen) reagieren grundsätzlich auf die Heilungskraft. Gebrochene Glieder, krampfaderige Geschwüre, Verbrennungen, Krankheiten und Schwächen der Sinnesorgane können ebenfalls geheilt werden.

Die Tatsache dieser Heilungen wurde durch detaillierte Berichte in Tausenden von Fällen erwiesen, und es fehlt auch nicht an unzähligen ärztlichen Anerkennungen. Wenn ich gefragt würde, bei der Heilung wie vieler an organischen Krankheiten leidender Patienten wir als Heilungswerkzeug dienen durften, so könnte ich die annähernd genaue Zahl nicht nennen, da sie so gewaltig ist, daß sie in die tausende geht. Während der vergangenen zehn Jahre erhielt ich jährlich durchschnittlich annähernd dreiviertel einer Million Briefe von Kranken oder deren Mittelsleuten. Als ich mit der

Fernheilung ursprünglich begann, erhielt ich nicht mehr als etwa zwanzig Briefe in jeder Woche. Diese Anzahl wuchs allmählich an, bis der wöchentliche Briefeingang mehr als tausend betrug, nachdem ich „Burrows Lea" als mein Heilungszentrum eröffnet hatte. Seitdem blieb die Zunahme weiterhin konstant. Im letzten Jahr belief sich die genaue Anzahl der Heilungsgesuche auf 673 445. Der bei weitem größere Anteil dieser Briefe bezieht sich auf Heilungswünsche organischer Leiden. Dieses bemerkenswerte Anwachsen der Fernheilungsgesuche ist nur durch den Erfolg erklärbar, den wir oft auch mit der Heilung „Unheilbarer" hatten. Würde diese beachtliche Erfolgsquote nicht zugrunde gelegen haben, so hätte sich die Anzahl der Heilungsgesuche vermindert und wäre schließlich ganz versiegt. Statt dessen aber wurden die Erfolge unserer Geistigen Heilungen so allgemein, daß sie nahezu als „Regel" angesehen werden könnten und die Arbeit unseres Heiligtums dadurch sozusagen jedem „Mann von der Straße" bekannt wurde.

Das bezieht sich nicht nur auf das Vereinigte Königreich, sondern Heilungsbitten erreichen uns aus allen Ländern der Welt; ausgenommen die Ostblockländer. Im letzten Jahr erwarben wir von der Post mehr als 70 000 Luftpost-Briefumschläge für fällige Rückantworten.

In den meisten Wochen des Jahres kommen die Patienten an vier Nachmittagen zum Heiligtum, wo ich, mit der guten Hilfe meiner treuen Mitarbeiter, Olive und Georg Burton, je drei Heilungssitzungen abhalte, während das Ehepaar Burton die vierte leitet. Etwa zwischen fünf- und sechstausend Menschen unternehmen jährlich die Reise zu uns. Während der zwölf Jahre der Öffnung des Heiligtums konnte über sechzigtausend Kranken geholfen werden. Zusammen mit deren Begleitern und sonstigen Besuchern betrug die Anzahl Menschen, welche die Reise zu uns unternahmen, mehr als hunderttausend. Dieser Umstand ist wiederum ein unabweisbares Zeugnis des Erfolges. Die Heilungsuchenden kamen aus allen Teilen der Britischen Inseln und andere aus den entferntesten Gegenden der Erde. Wir haben Besucher aus Neuseeland, Australien, Kanada, den Vereinigten Staaten von Amerika, Süd-Afrika und dem Europäischen Kontinent.

Die Nachfrage nach Kontaktheilungen ist so groß, daß nur ein geringer Prozentsatz der Bittsteller persönlich behandelt werden kann. Die Methode der Auswahl ist einfach: jene, die von Leiden physischer Art befallen sind, sprechen wahrscheinlicher auf Kontaktheilung an, wobei die meisten dieser Leiden organischer Natur sind. Patienten, die an mentalen Beschwerden und gewissen Arten von Neurosen leiden, reagieren am besten auf Fernheilung, und diese können demzufolge im allgemeinen nicht persönlich behandelt werden.

Als unwiderlegliche Tatsache wurde bewiesen, daß durch die Geistige Heilung bisher nahezu alle Arten organischer Krankheiten erfolgreich behandelt wurden. Auch den skeptischsten Geistern und den hartgesottensten Zweiflern muß durch die Tatsache des ungeheuren Wachstums und des gewaltigen Fortschritts der Geistheilung in den letzten Jahren das „Licht aufgehen", daß heutzutage in dieser Welt eine übernormale segensreiche Kraft am Werke ist.

Bisher habe ich aber nur unser eigenes Wirken für die große Heilungsmission erwähnt. Es darf aber nicht vergessen werden, daß Tausende von anderen Heilern im Vereinigten Königreich am Werk sind, die ihre Mission in Kirchen und in ihren Heimen erfüllen. Es kann ohne Furcht vor Widerspruch behauptet werden, daß alle diese Heiler ihren Patienten den Heilungsstrom übermitteln konnten, denn andernfalls würden sie nicht in ihrem Werk fortfahren, und die Kranken würden nicht mehr zu ihnen gehen. Etwa vor zwei Jahren wurde ein wesentlicher Fortschritt auf dem Wege der Einigung bzw. Zentralisierung der Geistheilungsbewegung durch die Gründung des „Nationalen Bundes Geistiger Heiler" erzielt. Heute hat die Mitgliedschaft dieses Bundes die Zweitausendergrenze überschritten, und sie wächst stetig weiter. Das Heilungswerk wird freiwillig ausgeführt. In der großen Mehrzahl der Fälle werden keinerlei Gebühren irgendwelcher Art erhoben. Auch wir haben niemals eine Pflichtgebühr für die Heilungsbehandlung erhoben. Die Kosten für die Aufrechterhaltung unseres Werks und die Unterhaltung des Heiligtums wurden ausschließlich durch freiwillige Spenden dankbarer Patienten aufgebracht. Das Motiv der Geistheilungsausübung ist der Wunsch, unseren leidenden Schwestern und Brüdern im Namen unseres aller Vaters in Liebe dienen zu dürfen. Es wurde allgemein erfahren, daß die Heilungsgabe gemindert wurde oder ganz verschwand, wenn irgendwie versucht wurde, sie zum Geschäft zu machen. Heilung kann man nicht kaufen. Ein anderer Grund, weshalb keine festen Gebühren verlangt werden, liegt darin, daß die armen Kranken, die Rentner und sonstigen sozial Schwachen, die Leidtragenden wären. Schließlich besteht für uns die „feste Regel", jene, von denen wir erfahren, daß ihnen die Zahlung einer Spende schwerfallen würde, ausdrücklich zu bitten, davon Abstand zu nehmen.

Der Leser sollte jetzt das ganze Ausmaß der Hilfe und des Segens, den die Geistheilung den Menschen hauptsächlich in der Überwindung ihrer organischen Leiden stiftet, richtig einschätzen können. Es kann mit Recht behauptet werden, daß die Stärke der Position der Geistheilung im Vereinigten Königreich heute so erheblich ist, daß wir die Opposition irgendeiner „bestallten" Interessengruppe nicht zu fürchten brauchen. Unsere Heilungsmethoden und das Wissen um die ihnen zugrunde liegenden Wahrheiten sind in den Heimen jener Menschen bekanntgeworden, in die das Glück durch erfolgreiche Krankenheilungen zurückgekehrt ist.

Es wird sicher wertvoll sein, wenn wir einmal den Vorgang der Heilung der hauptsächlichen Krankheitsarten näher betrachten.

Vor etwa zwei Jahren wurde unser Land von einer Welle der „Asiatischen Grippe" heimgesucht. Die Menschen unseres

Landes hatten zwar nicht so sehr unter der Epidemie zu leiden wie jene in manchen anderen Ländern; doch breitete sich die Krankheit immerhin so weit aus, daß viele Fabriken und Schulen geschlossen werden mußten. Glücklicherweise wurden wir einige Monate vor dem Einfall der Seuche von deren Annäherung in Kenntnis gesetzt, so daß wir Vorbereitungsmaßnahmen treffen konnten. Durch unser Magazin „Der Geistige Heiler" („The Spiritual Healer") sowie in allen unseren Antwortbriefen forderten wir die Menschen zu rechtzeitigen vorbeugenden Maßnahmen gegen die Infektion auf. Wir verbürgten unseren Einsatz für alle Kranken und Gefährdeten. Wir baten um genaue Information, wo immer die Symptome der „Asiatischen Grippe" zuerst beobachtet würden, und welche von „unseren Leuten" sie infizierte. Das Ergebnis dieser Aktion war die erfreuliche Feststellung, daß selbst in den Gebieten, in denen die Krankheit am meisten wütete, nur sehr selten einer unserer Patienten angesteckt wurde.

Fünfzehn Prozent der Gesamtbevölkerung des Landes hatten sich jedoch in ärztliche Behandlung wegen Erkrankung an dieser bösartigen Grippeform begeben. Der Prozentsatz der vielen Tausende unserer Patienten, die sich wegen der Grippe in ärztliche Behandlung begaben, betrug den Bruchteil eines Prozents. Eine Schulleiterin schrieb um Heilungsbeistand für ihre Schülerinnen. Während jede andere Schule in jenem Gebiet geschlossen wurde, blieb die ihrige geöffnet, und nur äußerst wenige Schülerinnen wurden angesteckt. Diese Geschichte mag phantastisch anmuten; aber sie ist nichtsdestoweniger wahr, und sie zeigt einen Aspekt der Geistheilung auf, der gar nicht allgemein voll gewürdigt werden mag; nämlich ihre den Krankheiten vorbeugende Funktion, die später noch in näheren Einzelheiten erläutert wird.

Als erfreuliche „Nebenerscheinung" erreichten uns auch zahlreiche Zeugnisse von Patienten, daß ihre bisherige Erkältungsempfänglichkeit verschwunden sei und sie sehr gut und ohne Erkältungen durch den Winter gekommen seien, wovon bisher keine Rede hätte sein können.

Die Tuberkulose ist eine andere Infektionskrankheit, die der Geistigen Heilungsbehandlung sehr leicht weicht. Nur im Ausnahmefall wird bei der Tuberkulosebehandlung kein beständiger und klarer Fortschritt erzielt. Das erste gute Zeichen, das wir den Krankenberichten entnehmen, ist der Rückgang der Temperatur zum Normalpunkt, und das nächste ist der negative Testbefund, der also besagt, daß die Infektion überwunden werden konnte. Danach tritt eine Gesundungsperiode ein; die physische Kraft wird wieder aufgebaut und das Normalgewicht wiederhergestellt. Der ungewöhnliche Fortschritt in der Genesung eines Tuberkulosekranken erregt zuweilen den Argwohn des Arztes. So erwiesen die Röntgen-Platten zum Beispiel vor der Geistigen Heilungsbehandlung eines oder mehrere Löcher in der Lunge; die nächsten Röntgenbilder zeigten, daß entweder keine Löcher mehr vorhanden waren, oder daß sich ihre Beschaffenheit derartig verändert hatte, daß nur noch unscheinbare Vernarbungen zurückblieben. Es ist verständlich, daß die Ärzte verwirrt sein mußten. In vielen solcher Fälle wandten sie alle möglichen Techniken an, um die tuberkulösen Lungenhöhlungen wiederzufinden; natürlich ohne Erfolg. Ich erinnere mich, daß der verblüffte Arzt in einem Falle sagte: „Merkwürdig; alles, was ich dazu sagen kann, ist, daß sich die Dinger versteckt haben müssen."

Die Art und Weise, wie die Tuberkulose auf die Geistheilungsbehandlung anspricht, kennzeichnet den großen Vorteil, der aus einer Zusammenarbeit zwischen Ärzten und Geistheilern resultieren würde. Der Arzt würde sich ebenfalls wie wir auf die Erwartung des günstigen Wechsels einstellen. Es sind Fälle vorgekommen, daß die Ärzte infolge ihres Unverständnisses noch nach erfolgreich vollzogener Geistheilung ihre vorgeschriebene medizinische Tuberkulosebehandlung an den bereits gesunden Patienten fortsetzten

und in einzelnen Fällen sogar als sogenannte „Vorbeugungs-
maßnahmen" noch drastische Operationen ausführten.

Wenn die Röntgenaufnahmen erweisen, daß die Tuber-
kuloseherde völlig verschwunden sind, so wollen manche
Ärzte diesen objektiven und auch von der Kamera gezeigten
Tatbestand nicht wahr haben und bestehen darauf, die
Lunge für die „vorgeschriebene" Periode weiterhin als krank
zu betrachten; möglicherweise für zwei oder mehrere Jahre.
Wenn aber die Patienten oder deren Angehörige den behandelnden Ärzten in jedem Falle von der stattgefundenen
Geistheilungsbehandlung berichtet hätten, so würden diese
eine solche Fülle einleuchtender Bestätigungen für den Erfolg
dieser Behandlung finden, daß sie gezwungen würden, sich
näher mit dieser Tatsache zu befassen und die törichte
Weiterbehandlung eines nur angenommenen Symptoms
unterlassen. Aber bedauerlicherweise scheint die überwiegende Mehrzahl der Patienten keinen Mut aufzubringen,
ihren Ärzten über die Geistige Heilungsweise zu berichten,
da sie offensichtlich deren Reaktion fürchten. Eine solche
„negative Reaktion" mag nun einmal durch die gewissen
Vorurteile des medizinischen Berufs erklärlich sein; aber die
Menschen fürchten sich augenscheinlich vor den Ansichten
der „Autoritäten"; sie fürchten besonders deren mutmaß-
lichen Spott oder Zynismus. Es gab eine Zeit, in der sich die
Leute vor den Polizisten fürchteten, und die Eltern pflegten
ihren unartigen Kindern mit der Drohung, daß „gleich ein
Polizist käme", einen Schrecken einzujagen. Diese Drohung
würde heute ihre Wirksamkeit zweifellos verfehlen, da die
Polizei nicht mehr gefürchtet wird, sondern mit Recht als
hilfsbereite und freundschaftliche Organisation empfunden
wird.

Es würde nun eine ungleich segensreichere Situation für
Patienten und Heiler entstehen, wenn die Ärzte in gleichem
Lichte gesehen würden wie erwähnte Polizisten; aber leider
ist das nicht immer der Fall. Wie oft hört man die Befürchtung eines Patienten: „Ich getraue mich nicht, zum Arzt zu

gehen, denn er könnte mich ins Krankenhaus schicken oder zu einer Operation überreden wollen." Wir bemühen uns nach Kräften, diese Vorstellungen zu beseitigen und den Patienten immer wieder anzuraten, die dem Arzt zukommende Hilfsmöglichkeit unbedingt wahrzunehmen und diesen aufzusuchen.

Die Verbreitung jenes gefährlichen Zivilisationsleidens der „Spinalen Kinderlähmung" (Poliomyelitis) gibt Anlaß zu besonderer Aufmerksamkeit. Viele Menschen werden zwar von diesem Leiden in milderer Form befallen, die leicht bemeistert werden kann. Wir wollen an dieser Stelle nicht über den Wert der Impfungen mit den verschiedenen Lymphen diskutieren; aber ohne jeden Zweifel ist es ethisch nicht vertretbar, daß die Menschheit aus dem furchtbaren Tode von jährlich Hunderttausenden unserer geringeren Brüder, den Affen, auf diese Weise Nutzen zieht. Wir Geistheiler werden aber in der Regel erst um Hilfe angerufen, wenn die Infektion sich bereits festsetzte und somit eine chronische Lähmung besteht, oder wir werden um Beseitigung der Nebenerscheinungen der Krankheit gebeten, was auch oft erst nach einer Reihe von Jahren nach der erfolgten Infektion geschieht. Doch wenn wir uns für von Poliomyelitis heimgesuchte Patienten einsetzten, konnten wir unterschiedslos die Weiterentwicklung der Krankheit verhindern. Der Verfasser ist sich bewußt darüber, daß in diesem Umstand keinerlei Heilungsbeweis liegt; aber die Tatsache sollte dennoch beachtet werden. Wenn das Krankheitsbild der Infektion aber kein chronisches ist, so erfolgt der Rückgang der Infektion bald nach der Heilungsbehandlung, und, darin liegt der wichtigste Punkt, die bösartigen Lähmungssymptome bleiben aus.

Dann gibt es jene extremen Fälle, in denen die Krankheit ein lebensgefährliches Stadium erreicht hat und der Patient in ein Sauerstoffzelt oder in eine „eiserne Lunge" gebracht werden mußte. In diesen extremen Fällen ist der Erfolgsprozentsatz nicht hoch. Doch auch in diesen Fällen erzielen wir Heilungen, die jeder medizinischen Erwartung widersprechen. Wenn endlich eine praktische Form der Zusammenarbeit zwischen Arzt und Heiler zustande käme, würden wir ungeheure Fortschritte in der Vorbeugung und Heilung dieses Leidens machen und der Notwendigkeit der schrecklichen Praktiken, die heute „im Namen der Menschlichkeit" an den bedauernswerten Affen und an anderen Tieren geübt werden, enthoben werden.

Auch bei anderen Infektionskrankheiten wie Magen- und Darmkatarrhen, Blutvergiftungen, Wundfiebern usw. hat die Geistheilung beste Erfolge. Es ist uns klar, daß die Geistführer durch Vermittlung der „Körper-Intelligenz" die Gegengifte des Blutes und der Drüsen mobilisieren, um die Viren und anderen Arten von Eindringlingen zu überwinden, wenn immer sie imstande sind, die infizierten Körpergebiete unter ihre Kontrolle zu bekommen und abzugrenzen. Die Geistführer besitzen auch die Fähigkeit, die chemischen atomaren Elemente, welche die Struktur der Krankheitskeime aufbauen, umzuwandeln und damit zu zerstören.

Es gibt keine strenge Trennungslinie der einen Heilungsart von der anderen. So sind die Heilungsprozesse, die sich auf die Überwindung der Infektionen beziehen, auf die Heilung anderer Übel, von denen ein berüchtigtes der Krebs ist, anwendbar.

Wenn wir die Heilung der Krebskrankheit betrachten, haben wir uns ins Gedächtnis zurückzurufen, daß zunächst die Krankheitsursachen erkannt und beseitigt werden müssen, ehe die Gesundung eintreten kann. Die Krebsforschung besteht seit nunmehr fünfzig Jahren. Zwei Millionen Tiere wurden im Verlaufe der Forschungsexperimente getötet, und doch hat man die Krebsursache nicht entdeckt. Lord Horder, Schatzmeister der „Britischen Krebsbekämpfungsgesellschaft", sagte: „Die eigentliche Ursache des Krebses ist noch schleierhaft; das Problem bleibt weiterhin die Entdeckung der Ursache; die Entdeckung der wirklichen Ursache der Krebsbildung in einer weiblichen Brust oder in einem männlichen Magen will uns nicht gelingen." Leider hat sich an dieser Situation bis heute nichts geändert.

Im Jahre 1955 schrieb ich: „Die Ursache der Krebsentstehung liegt in den verschiedenen Formen der seelischen und geistigen Unruhe oder in der Disharmonie im inneren Selbst, wodurch die Zellwucherungen entstehen, aus denen sich der Krebs bildet." Ich schrieb auch: „In nahezu jedem Falle von Brustkrebs werden auch seelische Konflikte bei der betreffenden Patientin festgestellt werden können wie etwa sexuelle Abneigung, der Wunsch nach Kindern oder der Wunsch, Kinder zu vermeiden oder sonstige unerfreuliche und ungesunde seelische und intime Verhältnisse; oft auch Zwiespalt mit den Müttern."

In den USA fanden Untersuchungen über dieses Problem statt, die meine These vollauf bestätigt. In einem Chicagoer Krankenhaus wurden vierzig an Brustkrebs operierte Frauen sorgfältig untersucht. Die Berichte stellten mit ganz ähnlichen Worten wie den meinigen fest, daß „die Frauen eine ähnliche Persönlichkeitsstruktur und ein ähnliches Verhalten zeigten. Sie hätten eine Abneigung gegen den Geschlechtsverkehr, die meisten von ihnen wünschten keine Kinder zu haben, sie hätten eine unerfreuliche Beziehung zu ihren Müttern, die sie mit äußerer, vorgetäuschter, Liebenswürdigkeit zu verdecken suchten."

Hier ist ein weiterer Auszug aus dem gleichen Bericht: „Die überragende Mehrzahl der an Leukämie (Blutkrebs) Erkrankten sind Erwachsene. Nach zahlreichen und innigen Kontaktnahmen mit an Leukämie erkrankten Patienten kann gesagt werden, daß die meisten von ihnen ein hartes sorgenvolles Leben führen mußten."

Eine Anzahl führender Ärzte unseres Landes vertreten den gleichen Standpunkt. Sir Heneage Ogilvie machte die klassische Feststellung, daß „ein glücklicher Mensch niemals Krebs bekommt".

Daraus kann mit Fug und Recht geschlossen werden, daß der Krebs auch auf gleicher Ebene angegriffen werden muß, durch die er verursacht wird, nämlich durch die Geistige Heilungsweise, da seine Ursache die Disharmonie des Geistigen Selbst ist. Solche seelisch-geistigen Übelstände können aber nicht klinisch beseitigt werden.

Das Ziel der Geistheilung ist also in erster Linie die wirksame Vorbeugung, wie späterhin noch ausführlicher erklärt werden wird; sie wird Herr über die Ursachen der eigenen inneren Disharmonie, die ihrerseits den Krebs verursacht, und deshalb überwindet und zerstört sie schließlich diesen selbst. Dieser Auflösungsprozeß ist vermutlich derselbe, der im Falle anderer Wucherungsformen, wie bei Tumoren, Zysten, Fisteln, Geschwüren usw. zur Anwendung kommt.

Viele wunderbare Heilungsgeschichten von bösartigen Krebserkrankungen dritten Grades, deren Heilungsaussichten nach medizinischem Urteil als hoffnungslos galten, könnten erzählt werden. Typisch für diese ist die Geschichte eines Postbeamten, der in zwölf Monaten sein Pensionsalter erreichen würde. Er hatte sich immer in bestem Gesundheitszustand befunden; doch plötzlich und ohne Vorzeichen wurde er von akuten Unterleibsschmerzen befallen. Er wurde ins Krankenhaus gebracht, wo ihn der Chirurg zwecks Untersuchung operierte, da auf andere Weise keine Diagnose gestellt werden konnte. Man stellte einen fortgeschrittenen Krebs fest, der schon auf den ganzen Körper übergegriffen hatte und nicht mehr operiert werden konnte, so daß man die Wunde gleich wieder zunähte. Es wurde um Geistige Heilung für den Kranken gebeten. Daraufhin erholte er sich nicht nur von den Folgen der Operation, sondern sämtliche Symptome des Krebses verschwanden restlos. Sein Hausarzt war von dem Bericht des Chirurgen in Kenntnis gesetzt worden, und er hatte nur die einzige Meinung, daß der

Mann sterben müsse. Dieser Hausarzt erschien täglich, um dem Kranken Morphiumspritzen zu geben. Als der Sohn dem Arzt nun berichtete, daß sein Vater Geistige Heilung empfangen habe und keine Schmerzen mehr habe, und daß die krebsartigen Schwellungen des Unterleibs ebenfalls zurückgegangen seien, so daß keine Notwendigkeit mehr für Morphiumspritzen bestehe, gab der Arzt die fatalistische Antwort: „Auf jeden Fall muß er sterben, und das scheint mir doch besser durch Morphiumspritzen als durch schmerzvollen Krebs zu sein." So unglaublich erschien dem Arzt die Aussage des Sohnes!

Als ich mein Buch „Der Beweis für die Geistheilung" vorbereitete, stellte ich nicht weniger als 281 Fälle außergewöhnlicher Heilungsresultate von Wucherungen zusammen, die in einem Zeitraum von vier Jahren erzielt wurden. Das war im Jahre 1953. Seither wurde dieses gute Ergebnis nicht nur behauptet, sondern die gleichen Heilungen nahmen noch zu, und ihre Qualität verbesserte sich mit zunehmender Weisheit, Erfahrung und Übung.

Eine Methode der Krebsvernichtung wurde bereits im 9. Kapitel über die „Heilungskräfte" behandelt, worin die „Atomzertrümmerung" der für die Lebenserhaltung der kranken Zellen erforderlichen Elemente durch eine von den Geistführern angewandte Kraft ausgeführt wurde. In diesen Fällen geschieht die Zerstörung des Krebses allgemein äußerst schnell. Eine zweite Methode wurde auch erwähnt, indem nämlich die kranken Zellgewebe vom gesunden Körpergewebe abgetrennt und aus dem Körper durch die Ausscheidungssysteme oder durch Erbrechen ausgeschieden werden. Es ist bedauerlich, daß außer in einem Falle die Exkremente nicht für eine Analyse zur Verfügung standen. In diesem einen Falle wurde festgestellt, daß der Stuhl aus einer Form von „unvollständen Zellgeweben" zusammengesetzt war, welcher Umstand unsere Ansicht des Heilungsprozesses bestärkt. In anderen Fällen der Krebsheilungen wurde eine ungewöhnliche Vermehrung der Schweißabsonderung der Achselhöhlen und der Füße festgestellt. Diese vermehrte Schweißabsonderung hielt einige Tage hindurch unvermindert an und verursachte schmerzhafte wunde Stellen. Die Krebssymptome waren aber damit verschwunden.

Ein allgemein verbreiteter Weg der Krebsheilung besteht in dessen allmählicher und stufenweiser Auflösung. Das ist die gebräuchlichste Heilungsmethode bei Brustkrebs. Für den Kontaktheiler gehört es zur allgemeinen Erfahrung, den günstigen Wechsel in der Beschaffenheit der Krebsgeschwulst unter seinen Fingern zu fühlen. Das Gewächs wird geschmeidiger und kleiner; es wird druckfähig und „fließend". Auch durch die Fernheilungsbehandlung erfolgt die Auflösung des Krebses im allgemeinen allmählich fortschreitend, bis er schließlich vollends verschwindet. Es wird angenommen, daß die kranke Substanz auf diese Weise stufenweise, aber stetig abgebaut und im Blutstrom aufgelöst wird. Wir erreichen nicht in jedem Falle erfolgreiche Heilungen; aber die Zahl der absolut erfolgreichen Krebsbehandlungen ist doch beachtlich.

Ein Arzt, den ich, leider erfolglos, für unsere Krebsheilung zu interessieren versuchte, mißachtete die Resultate in Bausch und Bogen, indem er behauptete, die Krebse wären gar keine solchen, sondern nur Zysten oder sonstige geschwürige Schwellungen, und daß seine Kollegen eben eine falsche Diagnose gestellt hätten. Es ist bemerkenswert, wie bereitwillig Ärzte im allgemeinen ihre frühere Diagnose als Irrtum bezeichnen, wenn der Krebs durch Geistheilung vernichtet werden konnte, und wie bereitwillig sie den Ruf ihrer Kollegen durch den Vorwurf der Fehldiagnose in solchen Fällen in Gefahr bringen. Zufälligerweise stimmte mir jener befragte Arzt aber in der Ansicht bei, daß in einer Reihe von Brustkrebsoperationen, bei denen die ganze Brust oder Teile derselben abgenommen worden waren, die Notwendigkeit der Operation in Frage gestanden habe, da wahrscheinlich gar kein Krebs vorgelegen habe.

Bei der Kontaktheilung von Unterleibskrebsen kann der

Heiler die Erweichung und Verminderung der krebsigen Verhärtungen und Schwellungen mit fortschreitendem Heilungsprozeß unter seinen Fingern verspüren.

Die Heilungsaussichten von Krebsfällen sind von Fall zu Fall verschieden und lassen sich vorher nicht bestimmen. Wenn wir auch zuweilen eine geradezu wunderbare und nahezu spontane Heilung eines fortgeschrittenen oder im letzten Stadium befindlichen Krebses beobachten, so handelt es sich hierbei um den Ausnahmefall. Der Prozentsatz vollkommener Krebsheilungen ist sehr viel größer, wenn die Krankheit bereits in ihrem Frühstadium behandelt wird.

Unglücklicherweise werden aber die meisten Krebserkrankungsfälle dem Heiler erst dann zur Kenntnis gebracht, wenn die Krankheit bereits weit fortgeschritten und die körperliche Widerstandskraft des Leidenden sehr schwach geworden ist. Der Patient vermag keine Nahrung mehr aufzunehmen, seine allgemeinen Kräfte liegen darnieder, und seine irdischen Lebenstage sind gezählt. In der Mehrzahl solcher Fälle ist uns leider keine Heilung mehr möglich; dennoch wird diesen Kranken aber in größerem Maße geholfen, als es Worte zum Ausdruck bringen mögen. Vom Augenblick des Einsetzens der Geistigen Heilungsbehandlung an wird der Kranke seiner Schmerzen und Nöte ledig, findet seinen friedlichen Schlaf wieder, und sein Hinübergang erfolgt ganz sanft und ohne jenen schweren Todeskampf, der gewöhnlich im Falle bösartiger Krebskrankheiten auftritt.

Leukämie ist eine Art Blutkrebs, der nach medizinischer Auffassung unheilbar ist. Bei Erwachsenen sind seine Geistheilungsaussichten im allgemeinen geringer; doch kann das Leben des Kranken gewöhnlich noch eine ganze Reihe von schmerz- und beschwerdefreien Jahren verlängert werden. Größerer Erfolg wird bei von diesem Leiden befallenen Kindern beobachtet, und gerade während ich dieses Kapitel schreibe, höre ich von wunderbaren Heilungen einer Anzahl von leukämiekranken Jungen und Mädchen.

Ich gebe die Geschichte eines Falles von Leukämieheilung wieder, die ich auch der Erzbischöflichen Kommission unterbreitete. Diese Geschichte begann im September 1952, doch wollen wir auf das entscheidende Datum des 13. Dezember kommen, an dem ein Arzt eines Londoner Krankenhauses diagnostizierte, daß ein Junge von einer im allgemeinen im Erwachsenenalter vorkommenden Form der Leukämie erkrankt war, die als gänzlich unheilbar galt. Der Junge wurde in ein anderes Krankenhaus unter die Obhut eines Spezialisten verlegt.

Am 16. Dezember wurde der Vater des Jungen von jenem Arzt in Kenntnis gesetzt, daß die Diagnose auf eine „chronische myeloide Leukämie" laute, und daß für den Jungen keine Hoffnung der Wiedergenesung bestehe. Er könne zwar eine Bestrahlungsbehandlung versuchen, doch würde diese dem Jungen nur unnötiges Leiden verursachen, und die mögliche Hinausschiebung seines unvermeidlichen Endes würde teuer damit erkauft werden.

So stand der Fall also am 16. Dezember; der Zustand des Jungen wurde für völlig hoffnungslos gehalten. Am 17. Dezember traf der Vater des kranken Jungen einen Freund, der ihm von der Geistheilung erzählte, und der sich mit Erlaubnis des Vaters mit der Bitte um Fernheilung für den Jungen an mich wandte. Dieser Brief langte bei uns am 12. Dezember ein, mit welchem Tage auch die Fernheilung einsetzte.

Am 19. Dezember trat bereits die entscheidende Wandlung zum Besseren ein. Der Arzt berichtete dem Vater, daß er um vier Uhr nachmittags eine „gewisse Veränderung" im Befinden des Jungen festgestellt habe, nachdem ein milde Bestrahlungsbehandlung angewandt worden sei.

Vom 19. Dezember bis zum Jahresende, währenddessen der Junge „Sonnenstrahlen"-Behandlung erhielt, dauerte der Heilungsfortschritt weiter an, und am 11. Januar 1953 war die Anzahl der weißen Blutkörperchen auf die Hälfte des Standes zu Beginn der Geistheilungsbehandlung gesenkt worden. Am 24. Januar konnte der Junge nach Hause geschickt werden. Die weitere Prüfung der Blutzusammensetzung ergab die beständig fortschreitende Normalisierung des Blutspiegels bis zur Wiederherstellung der Normalbeschaffenheit. Die im Krankenhaus weiterhin monatlich fortgesetzte Blutuntersuchung stellte die Erhaltung dieses Normalzustandes während des ganzen Jahres 1953 und darüber hinaus fest.

Nachdem ärztlicherseits bekanntgeworden war, daß dieser Fall der Erzbischöflichen Kommission zur Untersuchung vorgelegt worden war, erteilte der Arzt den Eltern des geheilten Jungen die Warnung, daß dessen Besserungsperiode nun abgelaufen sein könnte, und daß bei einem etwaigen Rückfall wenig oder gar keine Hoffnung bestehe, daß der Junge weiterhin auf die ärztliche Bestrahlungsbehandlung anspreche. Es ist bezeichnend, daß der Arzt sich nunmehr bemüßigt fühlte, die Besserung des Jungen auf seine Bestrahlungsbehandlung zurückzuführen, da er das weitere Bekanntwerden der stattgehabten Geistheilung fürchtete. Er erklärte den Eltern, daß es noch keinen medizinischen Heilungsbericht von dieser Krankheit gäbe. Es wären nur ganz wenige Ausnahmefälle vorgekommen, daß die Krankheit durch Tiefenbestrahlung zwei Jahre und in noch selteneren Fällen drei Jahre aufgehalten worden sei. Er betonte, daß der Junge nach seiner Meinung zu diesen seltenen Ausnahmefällen gehöre, und daß er nach medizinischer Erfahrung demnach sehr wahrscheinlich nach Ablauf von zwei Jahren einen Rückfall erleiden müsse, und daß er danach kaum mehr länger als ein halbes Jahr zu leben habe.

Heute sind nun *sieben* Jahre vergangen, und der Junge ist wohlauf. Eine führende ärztliche Kapazität für Blutkrankheiten äußerte nach Untersuchung des Falles, daß nunmehr eventuell noch auftretende kleine Schwankungen in der Blutzusammensetzung völlig bedeutungslos seien.

Wenn ein Patient über Rücken- und Lendenschmerzen klagt, wurde es zur Mode, von einem „Bandscheibenschaden" zu sprechen. Das entspricht den gleichfalls sehr „beliebten" vorläufigen Diagnosen, die sich erst einmal darin erschöpfen, alle möglichen Symptome als „Hexenschuß", „Rheumatismus", „Nervenentzündung" usw. zu bezeichnen und die Behandlung demgemäß den Symptomen, aber nicht deren Ursachen anzupassen. Geistheiler waren sich der Tatsache viel bewußter, daß die Ursachen dieser schmerzhaften Krankheitsbilder häufig im Rückgrat zu suchen sind. Spastische (krampfartige) Symptome oder Wirbelsäulenversteifungen und -krümmungen, die oft in der Schulter- und Nackengegend auftreten, werden häufig als „Bandscheibenschaden" bezeichnet, wenn sie es auch überhaupt nicht sind. Für viele Heiler ist die Lockerung einer versteiften Wirbelsäule, die Wiedereinrenkung fehlgelagerter Wirbel oder eben einer verrutschten „Bandscheibe" ein einfacher alltäglich praktizierter Vorgang. Der Heiler gleitet mit seinen Händen an der Wirbelsäule entlang, ertastet somit die ausgelockerten oder verklemmten Wirbel und versucht diese mit einem Handgriff einzurenken, woraufhin sie ihre normale Beweglichkeit zurückerlangen. Damit werden die eingeklemmten und im Zwischenraum der einzelnen Wirbel befindlichen und herausragenden Nervenästchen wieder frei, und die Symptome der Schmerzen im Rücken und in den Beinen sind alsbald verschwunden.

Geistheiler und Heilpraktiker begrüßen die Zusammenarbeit mit den Medizinern; aber es besteht ein fundamentaler Unterschied zwischen der Meinung der Heiler und der Meinung der Ärzte über die Behandlungsweise erkrankter schmerzhafter und versteifter Gelenke. Die Ärzte empfehlen Stillsitzen und weitestmögliche Bewegungslosigkeit sowohl in Fällen rheumatischer und gichtischer als in Fällen spinaler (von der Wirbelsäule ausgehender) Symptome. Der Patient wird an sein Bett gefesselt und hat sich nicht zu bewegen. Damit ist aber nur jede Gelegenheit gegeben, daß sich die Knoten und Gelenke weiterhin versteifen und daß letztere in manchen Fällen so verknöchert werden, daß sie ihre Bewegungsfähigkeit überhaupt nicht wiedererlangen. Gewiß ist damit weiteren Schmerzen in den kranken Gelenken vorgebeugt; aber das ist keine Heilung. Geistige Heiler sind davon überzeugt, daß die bessere Behandlungsweise dieser Leiden in der Auflockerung und Auflösung der Verhärtungen liegt, indem möglichst sachte und gewaltlose Bewegungen in die erkrankten Gelenke zurückzuführen bestrebt wird und diese damit nach und nach wieder locker werden. Wenn dabei kein Druck und keine Gewalt angewandt werden, denn niemand vermag gewaltsam zu heilen, wird sich als günstiges Ergebnis das Verschwinden des Übels einstellen. Darüberhinaus ist diese Heilungsmethode sogar in Fällen lebensgefährlicher Bandscheibenleiden oder in Fällen durch rheumatische und arthritische Kristalle gequälter Gelenke schmerzlos.

Wenn die Ärzte einen manipulativen Eingriff, etwa im Falle eines Armes oder Beines, für angezeigt halten, so muß der Patient erst durch eine Lokalbetäubung unempfindlich oder durch eine totale Betäubung bewußtlos gemacht werden, da sonst die Schmerzen unerträglich wären. Die Geistheilungsbehandlung indessen verursacht überhaupt keine Schmerzen; die Wirbel und Gelenke kehren ohne Komplikationen in ihren Normalzustand zurück, indem ihre Übel gewaltlos beseitigt werden. Ich habe viele tausende sehr schmerzhafter Gelenkleiden behandelt, und nur in den seltensten Fällen verspürte der Kranke einen flüchtigen Schmerz. Hierbei spielen psychologische Faktoren eine Rolle. Wenn sich Patienten einer ärztlichen Behandlung unterziehen müssen, so erwarten sie, dabei notwendigerweise verletzt zu werden, und sowohl die Ärzte als auch die Krankenschwestern werden als „Schmerzverursacher" angesehen. Doch wenn sich dieselben Patienten einer Geistheilungsbehandlung stellen, so wissen sie, daß ihnen der Heiler keinerlei Schmerzen verursachen wird, und demzufolge stellen sie sich gänzlich auf die Heilung ein und erscheinen mit entspanntem Körper und entspannten Gliedern. Sie „geben sich" gänzlich dem Heiler anheim, und es ist auch keine Muskelspannung oder -verkrampfung bei ihnen festzustellen.

In öffentlichen Heilungsdiensten kommt etwa ein Kranker mit offensichtlicher chronisch gichtbrüchiger Beschaffenheit auf die Bühne. Seine Hände sind knotenhaft verkrüppelt, seine Arme sind nahezu unbeweglich, und er vermag nur mit Unterstützung vorwärtszuhumpeln. In diesen Fällen wird unterschiedslos beobachtet, daß durch die behutsame und sachte Hilfe der Geistheilung die Beweglichkeit in die verkrüppelten Glieder zurückkehrt, bis der Patient seine Arme frei aufwärts und in alle Richtungen wieder zu bewegen vermag. Die Handgelenke werden geschmeidig und die Finger werden biegsam. Die Hüftgelenke werden befreit, und der Patient kann seine Knie in einer „Gänseschritt"-Bewegung anheben. Während dieses geschieht, pflege ich als „festen Bestandteil" der Demonstration zwei Fragen an den Patienten zu stellen. Die erste lautet: „Wann waren Sie früher imstande, Ihre Glieder in dieser Weise frei zu bewegen?" Die gewöhnliche Antwort ist: „Das ist so lange her, daß ich mich nicht erinnern kann." Die zweite Frage lautet: „Was wäre geschehen, wenn irgendjemand anderer Ihre Gelenke in dieser Weise angefaßt und bewegt hätte?" Und wiederum lautet die übliche Antwort: „Ich hätte vor Schmerzen aufgeschrien."

Im Falle des Rückgrats wird oft beobachtet, daß sich bei chronischen Leiden die Wirbelsäule so versteifte, daß sich alle möglichen Arten von „Buckeln" bildeten. Das bedeutet zumeist, daß die polsternden Scheiben zwischen den einzelnen Wirbeln in hohem Grade abgenutzt und überhaupt kaum noch vorhanden sind. Eines der Geheimnisse der Geistheilung besteht darin, daß der Eingriff in Wirbelsäulenleiden weder Schmerzen noch irgendwelche sonst übliche knackende und knirschende Geräusche verursacht.

Dieser Eingriff vollzieht sich so, daß die Bandscheiben ihre Funktion gleichzeitig mit der Zerstörung der verhärtenden und hemmenden Substanzen wiedererlangen.

Rückgratverkrümmungen, die seit der Kindheit oder sogar seit der Geburt bestehen, oder die Folge von bewegungsbehindernden Leiden wie Kinderlähmung und Sehnenentzündung sind, lassen sich ebenfalls durch Geistheilung beheben. Wenn die Verkrümmung leichteren Grades ist, weicht sie der Geistigen Behandlung oft spontan. Wenn sie von schwerer Art ist und die Form des Buchstabens „S" angenommen hat, wobei die Lendenwirbel nach der einen Seite und die Rückenwirbel unter dem Schulterblatt herausgebogen sind, so ist eine Reihe von Behandlungen notwendig, um den Normalzustand nach und nach wieder herzustellen. Es erübrigt sich beinahe zu sagen, daß solche Krankheitssymptome von der offiziellen Medizin als unheilbar angesehen werden.

Um den Ärzten zu zeigen, wie verhältnismäßig leicht solche Wirbelsäulenleiden wie verrutschte Bandscheiben und Verkrampfungssymptome der Geistheilungsbehandlung weichen, wurde eine Abordnung zur Britischen Ärztekammer entsandt. Diese wurde gebeten, eine Anzahl von rückgratsleidenden Patienten zu versammeln und etliche Geistheiler zur Demonstration ihrer entsprechenden Behandlungen einzuladen. Der Grund für diese Heiler, eine solche Demonstration vorführen zu können, lag darin, den Ärzten zu zeigen, daß die Heilung von vielen Wirbelsäulenbeschwerden eine gebräuchliche und leicht durchführbare Praktik ist, die nicht an die Sonderbegabung eines einzelnen gebunden ist. Es ist selbstverständlich, und das wurde auch in unserem Anliegen betont, daß keinerlei Komplikationen oder Schmerzen mit diesem in Gegenwart der Ärzte durchzuführenden Heilungsexperiment verbunden wären. Es erübrigt sich beinahe wiederum zu sagen, daß unser Anliegen abgelehnt wurde. „Warum?" fragt man sich berechtigterweise. Wahrscheinlich gehört zu den ärztlichen

Berufsgepflogenheiten, daß sich die Britische Ärztekammer grundsätzlich weigern muß, der Ausübung der Heilungstätigkeit durch „Laienheiler" zuzustimmen.

Im Falle der Bandscheibenleiden werden die Patienten ärztlicherseits gewöhnlich ins Krankenhaus geschickt. Dort werden sie für einen Monat oder noch länger unbeweglich gehalten, da man hofft, daß sich die Wirbelsäule selbst zurechtrücken wird. Das ist natürlich nur selten der Fall, da die Bewegungsfunktion völlig ausgeschaltet ist. Anschließend hat der Patient Dehn- und Streckübungen zu unternehmen, bei denen kleine Flaschenzüge angewandt werden, von deren Betätigung durch den Patienten man ebenfalls entscheidende Besserung der Symptome erhofft. Auch diese Methode zeitigt nur geringe Erfolge. Wenn nun also diese mechanischen Methoden nichts genützt haben, so tritt der Chirurg auf den Plan. Er schneidet entweder die hervorstehenden Wirbelbänder weg oder pfropft ein Knochenstück in Form einer Schiene längsseits des Rückgrats, um die Wirbelsäule überhaupt an der Bewegung zu hindern; und schließlich wird dem Patienten ein nicht wieder zu beseitigendes Stahlkorsett angebracht, das ihn vor allen schädigenden Bewegungen schützen und somit Schmerzen und weiteren Komplikationen vorbeugen soll. Es ist einleuchtend, daß derartige zum Schluß angewandte Prozeduren keine Heilung bedeuten, sondern nur eine klägliche Kapitulation vor den Krankheitsbedingungen darstellen.

Die Leichtigkeit, mit der schwere Wirbelsäulenleiden durch die Geistheilung beseitigt werden können, mag an folgenden beiden Beispielen verdeutlicht werden, die auch der Erzbischöflichen Kommission unterbreitet wurden, um die Durchgängigkeit der Wirksamkeit der Spirituellen Heilung zu beweisen.

Der erste Fall ist der des Mr. William Olsen, der an einer Wirbelsäulenknickung mit schweren Bandscheibenschäden litt. Er wurde ins Krankenhaus geschickt und den üblichen oben beschriebenen Behandlungen unterzogen; aber ohne Erfolg. Sein Zustand verschlechterte sich zusehends; er befand sich in beständiger Todesgefahr, konnte nicht mehr schlafen und essen, wurde völlig abgezehrt, und eine allgemeine Lähmung begann sich auszubreiten. Schließlich wurde der ganze Körper in Gips gelegt, und er wurde ungeheilt nach Hause geschickt, wo ihm weiterhin Medikamente zur Linderung seiner Schmerzen gegeben wurden. In Anbetracht seines trostlosen Zustandes und seiner Todeserwartung veranlaßte er Frau und Sohn, die Gipshülle aufzutrennen. Am nächsten Morgen, es war der Weihnachtsmorgen, wurde der Kranke in ein Auto gebracht und zu unserem Heiligtum gefahren. Behutsam suchte ich um Geistheilung seiner lebensgefährlich erkrankten Wirbelsäule nach. Innerhalb von drei Minuten war dieses Werk vollbracht. Mr. Olsen konnte wieder aufrecht stehen und sich soweit vornüber beugen, um seine Zehen berühren zu können. Seine Schmerzen waren restlos verschwunden. Er ging nach Hause, um sich anschließend an einen langen, friedlichen und erfrischenden Schlaf des Christfestes zu erfreuen. Die Erzbischöfliche Kommission forderte die medizinische Anerkennung seiner wunderbaren Wiederherstellung, die Mr. Olsen nicht beibringen konnte. Ich wandte mich deshalb an die Britische Ärztevereinigung und bat diese, weitere Nachforschungen und Untersuchungen in diesem Falle anzustellen und Mr. Olsen eventuell eine ausführliche Unterredung mit dem Chirurgen, der seinen Fall behandelt hatte, zu ermöglichen. Dieser Chirurg bezeugte zwar, daß die Heilung seines ehemaligen Patienten vollkommen war; aber er wollte keine Stellung zu dem Punkt nehmen, daß Geistheilung bei seiner Wiederherstellung eine Rolle gespielt hatte, da der Fall achtzehn Monate zurück läge. Seit jener drei Minuten währenden Heilungsbehandlung am Weihnachtstage 1953 wurde Mr. Olsen nie mehr von irgendeinem Leiden, gleich welcher Art, heimgesucht.

Der zweite Fall betrifft eine Frau, die in ihrer Kindheit von einer Rückgratkrümmung befallen worden war, die

fortschreitend schlimmere Symptome annahm. Vierzig
Jahre lang war sie in ärztlicher- und Krankenhausbetreuung
gewesen, ohne die geringste Besserung erreicht zu haben.
Statt dessen wurde die Verkrümmung zu einem Buckel. Die
Röntgenaufnahmen erwiesen (ich zitiere Auszüge aus dem
Krankenbericht): „Rückgrat: Erhebliche Kyphose (Verkrümmung) auf den Sektoren DV 4, 5 und 6 mit teilweiser
Zerstörung und Verkeilung auf 3, 4 und 5. Damit können
einige leichte Gewebegeschwülste verbunden sein. Die Erscheinungen weisen auf „Pottsche" Krankheit hin. Hüft-
wirbelsäule und Becken: Krankhafte Veränderungen bestehen in den unteren Rückenwirbeln, die der Beschaffenheit der Bandscheiben in den Sektoren V 4, 5, LV 5 und S 1
zu ähneln scheinen." Im Verlaufe der Zeit verschlechterte
sich ihr Zustand beständig. Sie erlitt fortgesetzte Schmerzen,
ihre Beine wurden gelähmt, und sie konnte nur noch ganz
langsam mit Hilfe von zwei Stöcken umherhumpeln, wobei
sich ihr Körper nach rechts über beugte. Das war ihr Zustand nach vierzigjähriger ärztlicher Behandlung. Dann
kam sie in unser Heiligtum und wurde von uns behandelt.
Diese Geistige Einschaltung dauerte nicht länger als höch-
stens fünf Minuten. Das Ergebnis war, daß sie wieder
aufrecht stehen konnte, ihr Buckel war verschwunden, ihre
Wirbelsäule war begradigt, und sie war frei von Schmerzen.
Sie warf ihre Stöcke fort und konnte wieder normal gehen.
Seit jenem Tage des Jahres 1951 wurde sie niemals mehr
von Beschwerden befallen. Es ist interessant, daß auch
andere Beschwerden, so zum Beispiel ihre Sehschwäche,
seit jener Behandlung verschwanden. Sie heiratete nach
ihrer wunderbaren Wiederherstellung und ist heute eine
tüchtige tatkräftige Farmersfrau. Aus Dankbarkeit für ihre
Heilung stellte sie ihr Heim als Heilungsort zur Verfügung.

Das mit der Untersuchung ihres Falles befaßte ärztliche
Komitee hielt es weder für nötig, die Frau selbst vorzuladen,
um sie nach den Tatsachen zu befragen, noch ihren Kran-

kenbericht und die Röntgenplatten, die ihren Zustand vor und nach der Heilung zeigten, anzufordern.

Wenn Lähmungen als Folge von Rückenmarkskrankheiten oder Nervenleiden vorliegen, so vermag die Geistheilung das gestörte Zusammenwirken der Nervenfunktionen und deren „Schaltstellen" wieder herzustellen. In der Regel erfordert diese Behandlung geraume Zeit. Es ist selbstverständlich, daß der volle Gesundheitszustand der Nervenzellen erst wieder erreicht sein muß, ehe deren komplizierte Funktionen wieder ordnungsgemäß ausgeführt werden können. Wir suchen dabei stets die Mithilfe des Patienten zu erlangen, indem wir diesem die richtige seelische Einstellung in Form seiner Entspannungsbereitschaft für die Behandlung zu vermitteln suchen, wodurch die Nerven leichter in die Lage versetzt werden, die Befehle vom Gehirn zu empfangen und an die Muskeln weiterzuleiten. Eine solche Praxis wenden wir in allen Fällen von Lähmungsbehandlungen, sowohl bei durch „Nervenschocks" entstandenen als auch durch Rückenmarksverletzungen entstandenen Lähmungserscheinungen an.

Wie wir an den Beispielen der Heilungen von Leukämie zeigten, kann der Blutkreislauf angeregt, entsprechende Schwächen überwunden und eben die Beschaffenheit des Blutes überhaupt zum Guten geändert werden. Das wurde auch in Fällen von „blauen" (kreislaufgestörten) Babies gezeigt. Obwohl wir nicht in allen dieser Fälle Erfolge buchen können, erzielten wir doch häufige Heilungen, die entgegen den medizinischen Prognosen verliefen.

Hierzu möchte ich zwei Beispiele anführen. Da war ein „blaues" Baby, ein Mädchen im Alter von nur wenigen Wochen. Es war so schwach, daß die Ärzte keine Bluttransfusion verantworten konnten. Sie beschieden deshalb die Eltern, daß das Baby nicht lebensfähig sei und in verhältnismäßig wenigen Stunden mit seinem Ableben gerechnet werden müsse. Die Eltern baten uns telefonisch um Hilfe, und wir schalteten uns sofort mittels Fernheilung ein. Innerhalb weniger Stunden wurde ein Wechsel im Zustand des Babies festgestellt, und es wurde mit neuer Kraft erfüllt. Nach den Worten des Krankenhausarztes, unter dessen Obhut das Baby war, „schien es in ein neues Leben eingetreten zu sein". Die Blutzusammensetzung begann sich zu ändern, und die Blaufärbung verschwand zusehends. Somit wurde die Wandlung eines hoffnungslosen Krankheitszustandes zum Normalzustand durch die Einwirkung Geistiger Heilung erreicht. Dieser Fall hatte nun ein bezeichnendes „Nachspiel". Während die Ärzte die Wandlung im Zustand des Babies beobachteten, gaben sie ihm ein „neues" Medikament. Da das Baby völlig genas, verfaßten die Ärzte dieses Krankenhauses eine „Denkschrift" über diesen Fall, in der sie die Krankengeschichte des Babies und die Einzelheiten dessen Behandlung mit dem neuen Medikament darlegten. Diese Denkschrift wurde als Rundschreiben an die anderen Krankenhäuser gesandt und erhielt natürlich die Empfehlung zur Nachahmung des „hervorragenden" Verfahrens!

Ehe ich die zweite Geschichte erzähle, möchte ich den interessanten Umstand erwähnen, daß eine Reihe von Fällen, deren außergewöhnliches Heilungsergebnis eine Folge der Geistheilungsbehandlung war, von den Ärzten als „Ausstellungsfälle" zur Demonstration ihrer eigenen „Kunst" behandelt wurden! Die Berichte über diese Fälle wurden als Rundschreiben verbreitet, oder sie wurden Experten-Ausschüssen als Beispiele außergewöhnlicher medizinischer Heilungsfälle vorgelegt. Im allgemeinen waren die Ärzte nicht darüber orientiert, daß in diesen Fällen Geistheilung eingewirkt hatte; und wenn es bekannt war, so wurde dieser Faktor ignoriert. Es müßte doch möglich sein, daß die Ärzte die charakteristischen Heilungssymptome in besonderen Krankheitsfällen, und die auf Grund ihrer Gleichartigkeit und Spontaneität auf die Einwirkung der Geistheilung hinweisen, endlich ihrer Herkunft nach anerkennen und demzufolge eine fruchtbare Zusammenarbeit mit den Geistheilern einzugehen bereit wären. Bis diese Zeit gekommen ist, messen die Ärzte der Medikamentebehandlung offensichtlich mehr Gewicht bei, womit sie sich und ihrer Aufgabe leider einen schlechten Dienst erweisen.

Der zweite Fall betrifft ebenfalls die Heilung eines an Kreislaufstörungen und anderen Komplikationen schwer erkrankten Babies. Der Vater des Babies bat mich telefonisch, zum Guildford-Krankenhaus zu kommen, um sein Baby, dessen Hinübergang in jeder Minute erwartet wurde, zu taufen. Als anerkannter Spiritualistischer Priester begab ich mich in Begleitung von Mrs. Burton zu dem Krankenhaus, um das sterbende Kind zu taufen. Wir wurden in die betreffende Station geführt, wo ein Dutzend oder mehr neugeborene Babies in ihren Wiegen lagen. „Unseres" lag unter einem Sauerstoffzelt. Es war blau, wurde von Krämpfen geschüttelt, konnte keinerlei Nahrung zu sich nehmen und war am Ende seiner Kräfte. Die ebenfalls kranke Mutter wurde im Rollstuhl in die Kinderstation gefahren, und die Schwester vom Dienst kam ebenfalls. Das Sauerstoffzelt wurde geöffnet, um mir das Hineinlangen meiner Hand und den Vollzug der Taufzeremonie zu ermöglichen. Während ich dies tat, überkam mich plötzlich intuitiv die feste Überzeugung, daß das Baby am Leben bleiben würde. In einer kurzen Unterredung mit den Eltern des Kindes, die von der Wahrheit der Geistheilung überzeugt waren, vermochte ich ihnen Trost zu spenden, ohne irgendeine Voraussage zu machen. Von jenem Moment an bekam das Baby niemals wieder einen weiteren Krampfanfall. Die Hautfarbe wechselte von der krankhaften Bläue zum natürlichen gesunden Rosa, und bald konnte das Kind Nahrung aufnehmen. Innerhalb eines Tages hatte sich ein so bemerkenswerter Wechsel in seinem Zustand vollzogen, daß die Ärzte den Eltern erklärten, die Gefahr sei nur vorüber. Zufälligerweise wurde die Mutter ebenfalls von ihrer

Krankheit befreit. Heute ist das Baby ein reizendes kleines Mädchen und erfreut sich bester Gesundheit.

Es mögen gute Gründe dafür vorhanden sein, daß Babies und Kleinkinder besonders gut auf die Geistheilung ansprechen. Sie sind unbefangen, haben keine bewußten Ängste wie sie Erwachsene besitzen und sind besonders heilungsempfänglich, da die kleinen Körper noch nicht fest geformt, sondern noch „knetbar" sind und den Bemühungen der Geistführer wenig Widerstand entgegensetzen.

Bei funktionellen, innersekretorischen Leiden wie Diabetes (Zuckerkrankheit) und anderen Drüsenkrankheiten zeitigen die Geistheilungsbehandlungen in der Regel keinen so schnellen Erfolg. Es ist gewöhnlich ein gewisser Zeitraum erforderlich, den heilsamen Wechsel der inneren Körperfunktionen herbeizuführen und der Ursache des Leidens und damit dessen Symptomen beizukommen. Auch einige Zirkulationsstörungen wie krampfaderige Beschwerden, perniziöse Anämie und Gelbsucht fallen unter diesen Vorbehalt und weichen den Geistheilungskräften langsam aber beständig. Das ist auch verständlich, denn bei der Behebung funktioneller Störungen gilt es, durch Einführung steuernder Impulse einen günstigen Wechsel im chemischen Körperhaushalt herbeizuführen und damit die richtige Zellenfunktion wieder herzustellen, welcher Vorgang komplizierter ist und deshalb mehr Zeit erfordert als die Beseitigung oder Auflösung fester störender Substanzen, die häufig spontan erfolgen kann. Die einzige logische Erklärung des Vorgangs der Heilung der funktionellen Krankheiten liegt darin, daß den Körperzellen die fehlende notwendige Menge und Qualität ihrer feinstofflichen Substanzen zugeführt wird, die ihre gesunde und zweckvolle Funktion wieder ermöglicht. Dieser Vorgang konnte bei der Wiedergewinnung der normalen Anzahl roter Blutkörperchen im Falle der Leukämie und bei „blauen" Babies beobachtet werden.

Ich werde an den Vorfall erinnert, daß ein Arzt einmal

sogar die Möglichkeit dieser Geistheilungserfolge glattweg ableugnete, als ich diese vor der Erzbischöflichen Kommission erwähnte, und ich werde andererseits an den Fall von Sir Herbert Barker erinnert. Vor vielen Jahren wurde er von der Ärzteschaft in die Kategorie der „Quacksalber" eingestuft, und seine Anästhesie-Methode (Schmerzbetäubungsmethode) wurde nicht würdig für die Aufnahme im medizinischen Register befunden. Einige Jahre später lehrte Sir Herbert seine Methoden den größten Ärzten jener Zeit, und wir haben seinen Entdeckungen die heute gebräuchlichen fortschrittlichen orthopädischen Behandlungsmethoden zu verdanken.

In der Wiederherstellung von Sinnesfähigkeit, insonderheit des Gesichts und Gehörs, ist auch ein beachtilcher Erfolg zu buchen, und zwar nicht nur im Falle organischer Fehler, sondern auch in der Behebung von nervlich verursachten Fehlfunktionen.

Zwei jüngere Beispiele zu diesem Thema mögen die Heilungskraft auch in Fällen lange bestehender Gebrechen verdeutlichen. Während des öffentlichen Heilungsdienstes in der „Central Hall" in Westminster kam ein pensionierter Geistlicher der „Kirche von England" auf die Bühne und wollte wissen, ob sein Gehör auf seinem rechten Ohr verbessert werden könnte. Um sein linkes Ohr war er nicht bekümmert, denn dieses war bereits seit dreißig Jahren „stocktaub". Es wurde um Heilungshilfe für ihn nachgesucht. Als er anschließend untersucht wurde, stellte sich heraus, daß er den Gehörsinn in dem bisher total tauben linken Ohr wiedergewonnen hatte und Geräusche in ihm vernehmen konnte, während sein Gehör im rechten Ohr so bedeutend besser geworden war, daß er wieder Unterhaltungen führen konnte. Als dieser Geistliche einige Zeit später dieses gute Heilungsergebnis veröffentlichte, fügte er die Information hinzu, daß sein Rheumatismus ebenfalls mit verschwunden sei.

Der zweite Fall, der bereits an früherer Stelle mit erwähnt wurde, betrifft die Frau eines Methodisten-Priesters. Sie kam zum Heiligtum mit der Bitte, auf ihrem rechten Auge klarer sehen zu können. Das linke war bereits seit dreißig Jahren fast erblindet. Mrs. Burton behandelte sie, und als sie ihre Hände fortgenommen hatte, stellte sich heraus, daß das nahezu blinde Auge seine volle Sehkraft wiedererlangt hatte.

Mrs. Burton ist in der Geistheilung von Gesicht, Gehör, Nerven- und Gemütsleiden geübt. Es stellte sich im Laufe der Jahre heraus, daß sie besonders als Werkzeug für die für jene Spezialgebiete zuständigen Geistführer geeignet ist. Daraus erhellt, daß jeder Heiler für sein besonderes „Fach" geschult werden kann, woraus sich weitere Rückschlüsse ergeben.

Es liegt auf der Hand, daß nicht ein einziger Geistführer sämtliches Heilungswissen besitzen kann, so wie auch ein irdischer Arzt nicht sämtliche menschlichen Krankheitsbedingungen und deren Heilungsmethoden kennen kann, denn andernfalls hätten wir keine Spezialisten. Es ist also offensichtlich, daß es auch „jenseitige Spezialisten" gibt, die eingehender einen bestimmten Heilungsaspekt und dessen beherrschende Gesetzeskräfte studiert haben als andere Geistführer. Deshalb werden jene Geistführer, die am besten für die Behandlung besitmmter Leiden geeignet sind, von der Geistigen Organisation einem bestimmten ebenfalls geeigneten irdischen Helfer „zugeteilt", um durch diesen die bestmögliche Behandlung durchzuführen.

Die mit dem Gesichts- und Gehörssinn verbundenen Leiden sind zahlreiche. Obwohl der Prozentsatz erfolgreicher Heilungen in den einzelnen Krankheitsarten verschieden ist, so zeigt die Erfahrung jedoch, daß diese Störungen der Sinnesorgane im allgemeinen sehr leicht auf die Geistheilungskraft reagieren. Jene Fälle, in denen die Sinnesschwäche durch Fehlfunktionen der Seh- und Gehörsnerven, welche die „Botschaften" dem Bewußtsein zuzutragen haben, verursacht ist, sprechen am besten auf die Geistheilung an. Die Erfahrung lehrte, daß durch Kräftigung dieser Nerven die Aufnahmefähigkeit der betreffenden Sinne wieder verbessert oder zurückgewonnen werden konnte. Wenn die Sinnesschwäche aber eine Alterserscheinung ist, so vermag die Geistheilung gewöhnlich nicht mehr eine völlige Wiederherstellung herbeizuführen, während aber in den meisten Fällen die Sinne in jenem Maße gekräftigt werden konnten, daß ihr weiterer Verfall radikal aufgehalten wurde.

Die verschiedenen Arten der Stare und Glaukome sind grundsätzlich heilbar. In einigen Fällen wurden auch Netzhautschäden korrigiert. Unsere Berichte erweisen, daß der Heilungserfolg in jenen Fällen, in denen schon chirurgische Eingriffe stattgefunden haben, geringer ist; und tatsächlich bezieht sich diese Erfahrung auf die meisten organischen Leiden. Der Grund dafür ist offensichtlich; denn wenn ein künstlicher Eingriff in die natürlichen Funktionen erfolgt ist, so muß deren Wiederherstellung zwangsläufig schwieriger sein. Daraus können keinerlei Rückschlüsse auf die Geschicklichkeit und Kunst der Chirurgen gezogen werden. Diese bemühen sich um hervorragende Arbeit; aber die erwähnte Erfahrungstatsache bleibt dennoch bestehen. So wie es auch bei vielen anderen Gebrechen der Fall ist, weichen auch die Leiden der Sinnesorgane der Geistheilungsbehandlung sehr schnell, wenn sie sich erst im Anfangsstadium befinden. Das gilt besonders für die Starleiden. Es ist keine Seltenheit, daß wir bei Staren im Frühstadium eine völlige Wiederherstellung der Sehkraft erreichen konnten, was später durch die Untersuchungen der Augenärzte bestätigt wurde.

Wenn das Gehör durch verschiedene mechanische Störungen im Mittelohr beeinträchtigt ist, so können diese in der Regel ebenfalls rasch behoben werden. Mehr Zeit wird schon für die Heilung benötigt, wenn die Krankheitsursache in der empfindlichen Organisation des inneren

Ohres liegt. Geräuschüberempfindlichkeiten und Ohrensausen sind häufig hartnäckige Übel; aber auch diese vermögen nach und nach in ihrer Intensität gemildert zu werden, indem die für diese Symptome „verantwortlichen" Nervenspannungen beschwichtigt werden.

Häufig liegt die Ursache für die Krankheiten und Schwächen der Sinnesorgane aber in der mentalen Ebene, und Schocks oder dauernde Aufregungen und Sorgen rufen die Krankheitssymptome hervor. In diesen Fällen müssen zuerst die Disharmonien im Ganzheitlichen Selbst beseitigt werden, um den Sinnesfunktionen die Befreiung zu ermöglichen.

Eine andere Hauptursache der Augenleiden ist in der die Augen überanstrengenden täglichen Arbeit des Patienten zu suchen, und wenn diese nach vollzogener Heilung weiter fortgesetzt wird, so ist natürlich ein Rückfall unvermeidlich. Es empfiehlt sich dringend, daß diese Patienten ihr Augenlicht mehr zu würdigen wissen und als eine heilige Gabe behandeln und sich nach einer anderen Beschäftigung umsehen. Eine andere den Heilungsfortschritt beeinträchtigende Schwierigkeit liegt in der Unwilligkeit mancher Patienten, ihre Augen recht zu „pflegen". Wenn jemand einen gebrochenen Arm hat, so wird er diesen „pflegen", indem er ihn in einer Schlinge trägt; aber angegriffene Augen gebraucht man rücksichtslos weiter, damit einem nur nicht etwa das Fernsehprogramm entgeht. Aber ungeachtet dessen bleibt die Erfolgsquote der Heilung von Gebrechen der Sinnesorgane beachtlich.

Krankheitserscheinungen, die rein organischer Natur zu sein scheinen, da ihre Symptome allein am Körper gefühlt und festgestellt werden, die aber dennoch eine rein nervliche Ursache haben, werden im nächsten Kapitel behandelt.

Die Heilungserfahrung lehrt, daß auch Faktoren, die sich auf die Beachtung der allgemeinen Gesetze der Gesundheit und Körperpflege beziehen, den Heilungsprozeß fördern oder hemmen können. So ist zum Beispiel Verstopfung ein häufiger erstrangiger Krankheitsgrund. Der Blutstrom wird vergiftet und vermag seine Funktion der Zellenkrafterneuerung und damit der Vorbeugung und Verhütung von Krankheiten nicht mehr richtig zu erfüllen. Die Gruppe der arthritischen und rheumatischen Leiden sowie auch viele Magenbeschwerden werden zuweilen in dieser Weise verursacht. Obwohl unsere Heilungsbehandlung einen guten gesundheitlichen Allgemeinzustand herbeiführen und auch in der Beseitigung der Verstopfung helfen kann, so empfiehlt es sich doch für die Patienten, auch nach Kräften selbst dabei mitzuhelfen. Wir weisen unsere Patienten in jedem Falle an, die elementaren Gesetze zur Gesunderhaltung zu beachten; Verstopfungen zu vermeiden; tief zu atmen, um die nötige Menge Sauerstoff aufzunehmen; nach Möglichkeit unnötige Aufregungen und Befürchtungen zu vermeiden; Unterleibsmassage zur Stärkung der wichtigen inneren Organe zu betreiben und Massagen zur Anregung des Blutkreislaufs und der Muskeln zur Vorbeugung von Verhärtungen usw. vorzunehmen.

Der Heiler ist nicht nur „Kanal" für die Vermittlung der eigentlichen akuten Heilungsströme, sondern er hat gleichzeitig die Aufgabe, nach Maßgabe seiner Erfahrung und seiner Kenntnisse gute Ratschläge und Anweisungen zu erteilen, die dem Patienten die bestmögliche Anpassung zur Erreichung des guten Heilungszieles finden lassen.

Der Verfasser hat kein spezifisches medizinisches Wissen. Es könnte sogar möglich sein, daß der Besitz eines solchen ausgesprochenen Fachwissens für einen Geistheiler hinderlich ist, und so empfängt er seine für die Heilung wesentlichen Kenntnisse durch seine innere Verbindung und enge Zusammenarbeit mit den Geistführern auf intuitivem Wege. Allgemeine Grundkenntnisse der Anatomie und der Körpersysteme sind natürlich nützlich und wertvoll, soweit diese sich auf die Mechanismen des Körpers beziehen und nicht den medizinischen Sektor der Anwendung von Medikamenten betreffen. Der Geist des Heilers sollte frei und unbefangen sein, um die Diagnose und Anweisung des jenseitigen Heilungsführers rein empfangen zu können. Die Gabe der eigenen intuitiven Diagnosefähigkeit ist den meisten Geistheilern zu eigen und entwickelt sich im allgemeinen mit zunehmender Heilungserfahrung; aber sie ist keine wesentliche Voraussetzung für die Heilung. Es muß die Aufgabe des Geistführers sein und bleiben, das Übel und seine Ursache zu erkennen und die entsprechende Behandlungsart, die spezifischen Heilungskräfte und -impulse durch das „Instrument" des Heilers anzuwenden, um die gegebene Krankheitsbedingung zu bemeistern. Wenn der Geistführer imstande ist, diese Diagnose dem ihm geeinten Geist des Heilers zu übermitteln, so hat dieser den Vorteil der bewußten Anwendung der Geistigen Heilungsanweisungen.

Wenn in diesem Kapitel nur die hauptsächlichen Krankheitsarten erwähnt wurden, so bedeutet das nicht, daß in anderen Leidensfällen nicht geholfen werden könnte. Selbstverständlich kann geholfen werden, denn jenes physische Leiden wurde bisher nicht gefunden, das nicht in größerem oder geringerem Ausmaß zumindest gelindert oder gänzlich geheilt werden konnte. Häufig wird beobachtet, daß mit der Beseitigung eines Hauptübels auch die etwaigen weiteren alsbald verschwinden.

Das Gebiet der Geistheilung des physischen Körpers ist ein „Land der unbegrenzten Möglichkeiten". Weil kein Heiler von sich aus imstande ist, irgendetwas zur beschleunigten Beseitigung des Übels zu tun, deshalb sollte er die Heilungsmacht des Jenseitigen niemals in seiner Vorstellung begrenzen, denn innerhalb des Spielraums der uns alle beherrschenden Ganzheitlichen Gesetze ist diese unbegrenzt.

14. Kapitel

Heilung „nervlicher" Krankheiten

Das Gebiet der sogenannten „Nervenleiden", wie man auch teilweise die Gemüts- und seelischen Leiden bezeichnet, unterliegt besonders der Zuständigkeit der Geistheilung. In den Kapiteln über die „Heilungskräfte" und die „Heilung organischer Krankheiten" wurden die Methoden aufgezeigt, mittels derer die Geistführer Gebrechen beheben und physische Krankheitssymptome beseitigen. Man muß sich jedoch vergegenwärtigen, daß der größere Prozentsatz dieser geheilten Leiden einer nervlichen Ursache entspringt. Keine Heilung kann jemals stattfinden, ehe nicht die Ursache des Leidens beseitigt wurde. Da der Ursprung so mancher Gebrechen in Disharmonien des physischen und des spirituellen Geistes liegt, so gehören diese auch zur Kategorie der Nervenleiden, wie noch im einzelnen gezeigt werden wird.

Der Grund, daß wir unglücklicherweise so viele für unheilbar erklärte Krankheitsbedingungen haben, liegt auch darin, daß unsere Ärzte unfähig sind, die Ursache des Leidens und deren Charakter zu ermitteln, und daß natürlich die Heilung deshalb außerhalb ihrer Möglichkeiten liegt.

Wenn wir Zeuge der Geistheilung eines für „unheilbar" Erklärten werden, so besagt das, daß die Geistführer der Ursache des Übels beikommen und diese überwinden konnten und somit in die Lage versetzt wurden, auch die Symptome zu besiegen. Krankheiten unterliegen auch dem Gesetz von Ursache und Wirkung, und es ist ein einfacher logischer Schluß, daß beide Faktoren in die Heilungsbehandlung einbezogen werden müssen, ehe die volle Wiederherstellung der Gesundheit erfolgen kann.

Geistheilung ist ein planmäßig fortschreitender Vorgang,

der mit der Behandlung der Ursache beginnt und mit der Korrektur der Symptome fortschreitet.

Um eine Krankheitsursache beseitigen zu können, müssen die Entstehungsbedingungen dieser Ursache erkannt und verstanden werden. Sie müssen zwangsläufig im Wesenszustand des Patienten begründet liegen, und die Wandlung in diesem Wesenszustand kann nur auf gleicher Ebene erfolgen. Medizinische Behandlungen vollziehen sich auf der physischen Ebene, und sie haben mit Zustandsformen zu tun, deren Wandlung von den die Materie beherrschenden Gesetzen abhängig ist.

Deshalb kann eine regulierende Wandlung in den „Geistern" eines Patienten nach dem Gesetz der Entsprechung nur auf der gleichen Ebene bewerkstelligt werden. Es verhält sich also bei der praktischen Geistheilung tatsächlich so, daß die eigentlichen und erstrangigen Krankheitsursachen den eingeführten Heilungsströmen zunächst weichen müssen, denn andernfalls würde der Kranke niemals geheilt werden können.

Die Grundlage aller menschlichen Erfahrung bildet das Bewußtsein. Dieses ist kein Organismus, sondern es ist die Fähigkeit des Empfangs von Eindrücken und Erfahrungen des physischen und des spirituellen Selbst. Mit dem Bewußtsein gekoppelt sind unsere Nervensysteme und innersekretorischen (Drüsen-) Funktionen. Die vegetativen oder motorischen Nerven werden vom Bewußtsein entweder direkt oder uns unbewußt betätigt. Die Nerven, welche alle unsere Bewegungen kontrollieren und ausführen, empfangen ihre Befehle dazu vom Bewußtsein, wie es ebenfalls bei jenen Nerven der Fall ist, die unsere Herzschläge und die Verdauungsvorgänge regulieren. Es ist das Bewußtsein, welches jedes Gefühl und jeden Sinneseindruck registriert. Es befähigt uns, einen Gedanken mit dem anderen zu verknüpfen und somit einen dritten zu schaffen. Es kann aus dem Reservoir der Erfahrungen ebenso wie aus dem an-

erworbenen Wissensschatz nach Belieben schöpfen, und ohne
Bewußtsein gäbe es kein Gedächtnis und keine Erinnerung.

Über das Bewußtsein kommt uns auch unsere Erkenntnis,
und diese schafft uns die Fähigkeit der Unterscheidung
zwischen richtig und falsch. Durch das Bewußtsein wird uns
auch unser Gewissen offenbar, das zwischen guten und
bösen spirituellen Einflüssen zu unterscheiden weiß, und
deshalb ist es sowohl für die Einflüsse des Geistes oder des
inneren Selbst als auch für die Einflüsse des physischen
Geistes empfänglich.

Wenn das Bewußtsein frei von jeglicher Angst ist, so
fühlen wir uns wohl und befreit, doch wenn es von Furchtgedanken und Zwangsvorstellungen erfüllt ist, verdüstert
es unser Gemüt. Nach einer Zeit der geistigen Überforderung, der Überlastung mit zu vielen schweren Verantwor-
tungen oder unter der Last eines schlechten Gewissens, ist
das Bewußtsein in seinem klaren Aufnahmevermögen gestört, und es ergeben sich verschiedene Schwierigkeiten im
klaren Denken oder in der Aufnahme und Verarbeitung
neuen Wissens; es wird stumpf und träge.

Wenn eine immer gegenwärtige drückende Angst besteht,
so schafft diese im Bewußtsein einen Spannungs-Hinter-
grund, der auf den gesamten Gemützustand im negativen
Sinne „abfärbt". Wenn ein solcher Zustand im Menschen
besteht, so sind die Nerven- und Drüsensysteme besonders
anfällig und zeitigen auch das Symptom der allgemeinen
Abspannung und Gereiztheit. Der betreffende Mensch fühlt
sich zerschlagen und deprimiert, und es ermangelt ihm die
Lebensfreude. Es ist so, als habe ihn sein Willen verlassen,
und er ist nicht mehr Herr seiner Empfindungen.

Wenn ein solcher Zustand herrscht, ist man erheblich
anfälliger für Krankheiten und Infektionen. Das Drüsensystem, das auch mit dem Zellenwachstum zu tun hat, die
Gesundheit jeder Zelle und deren Stoffwechsel, das Ge-
mütsleben, die Sexualfunktionen und die Regulierung der
Körpertemperaturen und des Kreislaufs — alles dieses

wird in Mitleidenschaft gezogen und wird ebenfalls auf einen „Tiefstand" gedrückt. Wenn die Ursache der Depression tief sitzt und bereits lange Zeit besteht, so verschlechtert sich auch der Zustand des Drüsensystems. Es verliert seine feste Kontrolle über die Erhaltung der Zellenfunktionen, wodurch die angegriffenen Zellen sich vollends „selbständig" machen können und „Amok zu laufen" beginnen und somit Krebs oder andere Übel bilden. Dieser Gemütszustand macht den Körper auch für die Invasion der Viren bereit. Durch den Niederbruch der nervlichen Lebenskraft werden auch die Funktionen des Blutstroms beeinträchtigt und ermöglichen den Ausbruch aller Arten von funktionellen Beschwerden.

Ein deutliches Beispiel hierfür haben wir in der Bildung von Magengeschwüren. Sämtliche medizinischen Autoritäten gestehen zu, daß viele Magengeschwüre neurotisch bedingt sind. Geschäftsleute und sonstige Menschen mit großen Verantwortungslasten sind besonders anfällig für Magengeschwüre. Viele Arten von Hautleiden sind direkte Folgen hektischer nervöser Temperamente und gequälter Gemüter. Der Mann oder die Frau, die sich über das gebührende Maß sorgen und grämen und von furchtsamer Gemütsart sind, oder die auch einen berechtigten Grund zur Furcht haben, werden in erster Linie von Migräne und Kopfschmerz befallen. Wenn eine Person den Verlust eines ihr Lieben sehr schmerzlich empfindet, so daß dieses Leid beständig in ihrem Bewußtsein ist, bildet das einen häufigen Grund für einen gesundheitlichen Zusammenbruch in oft schwerer Form. Anämie und Gelbsucht werden ebenfalls häufig durch die Untergrabung der körperlichen Widerstandskraft infolge seelischer Disharmonien verursacht. So kann man diese Aufzählung beliebig fortsetzen, und sie führt uns eindeutig wieder zur Erkenntnis jener fundamentalen Krankheitsursache der mentalen und nervlichen Störungen.

Es liegt auf der Hand, daß zur Vermeidung dieser Ursachen eine ausgeglichene Gemütshaltung notwendig ist, und daß die Nervenspannungen beschwichtigt werden müssen. Das kann nur auf dem Wege des Gedankenprozesses erreicht werden. Die Spirituelle Heilung vermag das zu erreichen, und es erhebt sich die berechtigte Frage, auf welchem Wege sie dieses vollbringt.

Wenn man die Wahrheit erkennt und zugesteht, daß das innere Selbst dem Empfang des Einflusses aus der Geistigen Welt offensteht, so ist die Antwort leicht zu finden. Wenn im physischen Leben die Ursache eines seelischen Leidens bekannt ist, so kann das Gemüt durch guten Zuspruch und guten Rat getröstet werden. Das ist die Praktik der Psychiatrie. Diese wird auch im täglichen Leben geübt, wenn Freunde oder Verwandte eines seelisch Leidenden alle ihnen zugänglichen Tröstungsmöglichkeiten anwenden, um dem Leidenden neue Zuversicht und die rechte Denkweise wiederzuverschaffen. Oftmals ist das gar kein einfaches Unterfangen, denn es ist eine Erfahrungstatsache, daß viele solcher Leidenden zäh und eigenwillig an ihrem Jammer festhalten und den guten Rat ihrer Freunde gar nicht annehmen wollen.

Es ist offenkundig, daß die Geistführer zur Behebung dieser Leiden berufener sind und viel leichter die guten Einflüsse zu dirigieren verstehen, denn man möge immer wieder bedenken, daß der größere Prozentsatz seelischer Leiden seinen Ursprung im spirituellen Geist des Menschen hat, welcher der Sitz der Gefühle, des Willens und der Charakterbildung ist. Es besteht ein wesentlicher Unterschied zwischen physisch verursachter Furcht und mental verursachter Furcht; die erstere gehört dem physischen Geist, die letztere dem spirituellen Geist an.

Unsere eigenen Tröstungsmöglichkeiten für unsere seelisch leidenden Freunde sind sehr beschränkt, denn wir sind auf den Gebrauch bloßer Worte angewiesen, die meist den wahren Hintergrund gar nicht treffen, und im allgemeinen überhaupt nichts zur Behebung des Leidens beitragen können. Die Jenseitigen sind in dieser Beziehung nicht so

„gehandicapt". Der spirituelle Geist des Menschen befindet sich auf derselben Ebene wie der spirituelle Geist des Heilungsführers, der dadurch fähig ist, in des Patienten Geist wie in einem offenen Buch zu lesen. Der Geistführer vermag die Grundursachen des Leidens in allen Einzelheiten zu erkennen und dem Kranken jene hilfreichen Gedanken zuzusenden, deren er zur Überwindung seiner Disharmonie bedarf. Wenn diese nun vom Bewußtsein aufgenommen und an den physischen Geist weitergeleitet werden, ist die Bahn frei für die Aufnahme neuer Gemütsinhalte, welche die alten herabziehenden überwinden, wozu ich ein Beispiel anführe.

Eine Frau sprach im Heiligtum mit ihrer kleinen Tochter vor. Sie befand sich in einem extremen Spannungszustand, und es war klar zu erkennen, daß sie seelisch gequält war. Aus ihrer Erzählung ging hervor, daß sie dauernd in der Furcht lebte, ihrem kleinen Mädchen könne irgendetwas passieren; ein Ungemach irgendeiner Art. Sie befand sich in einem Zustand mentalen Terrors, wenn die Tochter nicht bei ihr, sondern in der Schule war. Sie sagte mir, daß sie seit langem nicht mehr geschlafen habe, und es war offenkundig, daß sie kurz vor einem Nervenzusammenbruch stand. Ich spendete ihr Trost und versicherte sie des Beistandes und suchte um Erleichterung ihres Gemüts und um Geistigen Einfluß zur Zerstreuung ihrer Zwangsvorstellung nach. Ungefähr eine Woche später kam sie wieder; einfach, um zu danken. Sie war augenscheinlich ein anderer Mensch geworden. Sie lächelte, und ihre Augen strahlten glücklich. Ich erkundigte mich nach den Umständen der Bewirkung dieser guten Wandlung, und sie berichtete mir.

Am darauffolgenden Tage ihre Besuches bei mir erhielt sie den Antrieb, zur Schule gehen zu müssen, wo sie zur „Frühstückspause" ankam. Sie blieb außerhalb des Zaunes stehen, und bald sah sie ihr Töchterchen glücklich mit ihren Freundinnen spielen. Als sie dort stand und schaute, fühlte sie plötzlich „irgendetwas", wie sie sagte, in sich eintreten und zu ihrem Bewußtsein sprechen. Sie wurde aufgefordert, alle die anderen Kinder zu betrachten, und besonders die älteren, die alle aufgewachsen waren, ohne daß ihnen irgendetwas geschehen wäre. Warum sollte denn ihrem Töchterchen irgendein Ungemach zustoßen? Sie verspürte, daß eine starke tröstende Führung gegenwärtig war, die ihrem Geist die Versicherung gab, daß ihr Töchterchen vor allem Unheil geschützt sein würde. Als sie dieses erlebte, fühlte sie eine große Last von ihrem Herzen genommen. Sie berichtete mir weiter, daß sie seitdem nie mehr hätte zur Schule gehen brauchen, um ihre Tochter abzuholen, obwohl sie diese Gewohnheit vorher niemals unterbrochen hatte.

Diese Geschichte zeigt uns, daß ein heilsamer Gedankeneinfluß, der einen bestimmten Zweck verfolgte, in ihr Gemüt geleitet wurde, um ihre Furchtkomplexe zu zerstreuen. Ihr Gefühl, daß „irgendetwas in ihr war", zeigte an, daß ihre Heilung über ihr inneres Selbst oder geistiges Selbst vollzogen wurde. Als ihr Bewußtsein diesen höheren Gedankenimpuls empfing, der ihrem physischen Geist übermittelt wurde, der damit den guten Rat aufnahm, vollzog sich der glückliche Wechsel in ihrem Gemütszustand.

Ein weiteres bezeichnendes Beispiel hierzu möge noch erwähnt werden. Ein Mann in guter Position war Trinker. Geldmangel herrschte nicht, und seine Frau sagte mir, daß er ein guter Ehemann und Vater seiner Kinder sei, aber er neigte dazu, meist während des ganzen Tages zu trinken. In der Regel kam er in ziemlich angetrunkenem Zustand heim. Während er in keiner Weise gewalttätig war, so schien er doch sein Heim, seine Frau und Kinder gänzlich vergessen zu haben. Die Frau grämte sich darüber sehr, denn sie glaubte vorauszusehen, daß mit der Fortdauer dieser täglich schlimmer werdenden Gewohnheit die Gesundheit ihres Mannes untergraben würde, so daß er sich schließlich buchstäblich „zu Tode trinken" könnte. Ich sagte ihr zu, daß wir um jenseitige Hilfe für ihn nachsuchen würden, was auch geschah.

Hieraus ergab sich folgendes: Der Mann wurde wenig später von einem seiner Mitarbeiter in dessen Haus eingeladen. Er wurde dort herzlich willkommen geheißen, und die Kinder machten viel Aufhebens um ihn und erhoben ihn zum Mittelpunkt, und er beteiligte sich an ihren Spielen. Währenddessen ermahnte ihn sein Gewissen ganz plötzlich zu einem Vergleich dieses Heimes mit seinem eigenen. Auf seinem Heimweg fühlte er sich veranlaßt, einen Park zu betreten und sich auf eine Bank zu setzen; eine Handlung, die er niemals vorher begangen hatte. Als er dort saß, kamen verschiedene Bilder vor sein geistiges Auge, und er erzählte seiner Frau später, daß er sich wie in einem Kino beim Anschauen rasch wechselnder aktueller Bilder vorgekommen sei. Diese brachten ihm Szenen aus seinen ersten Ehejahren, aus den Flitterwochen, den Urlaubsreisen und von der Geburt ihres ersten Kindes in sein Gedächtnis zurück. Er sah sich selbst in diesen Bildern, wie er damals glücklich in der häuslichen Atmosphäre lebte. Er erzählte seiner Frau weiter, daß er sich nicht von jener Bank hätte erheben können und sich wie angeleimt gefühlt hätte, und daß er diese erregende Erfahrung nicht abzubrechen gewünscht hätte. Anschließend ging er schnurstracks nach Hause, und bemerkte beim Eintreten den erstaunten Ausdruck in den Augen seiner Familie, der sich in schiere Freude wandelte, als sie erkannte, daß er nun zu seinem normalen Selbst zurückgefunden hatte.

In diesem Beispiel haben wir einen Fall, daß ein zielgerichteter Gedankenimpuls in einen Menschen gelenkt wurde, der nicht von sich aus danach gesucht hatte. Meine letzten Nachrichten über diesen Mann lauten dahingehend, daß er sich jene Lektion so zu Herzen genommen hat, daß er dem Alkoholtrinken gänzlich abschwor.

So gibt es viele Geschichten dieser Art, und eine jede ist individuell verschieden. Zwei Beispiele von Charakterwandlungen, die wir mit unserer Heilungseinschaltung erzielen konnten, wurden in einem früheren Kapitel angeführt. Es gibt jedoch noch andere krankheitsschaffende seelische Ursachen, die nicht so augenscheinlich zu Tage treten, und die sich auf Verletzungen und Verdrängungskomplexe des inneren Selbst beziehen. Es mag sein, daß die leidende Person seit ihrer Kindheit den inneren Wunsch hegte, irgendeine Kunst ausüben oder eine Mission erfüllen zu können, daß aber die Umstände und möglicherweise der elterliche Einfluß die Erfüllung dieser Sehnsucht nicht gestatteten, so daß ein anderer Lebensweg eingeschlagen werden mußte. Obwohl die äußere Bejahung dieses tatsächlichen Schicksals erfolgte, blieb dennoch das unterbewußte Unbefriedigtsein im spirituellen Selbst zurück, das sich fortgesetzt gegen das Schicksal auflehnt und damit eine beständige Disharmonie schafft, die zur Bildung von Krankheiten führen kann.

Um dieses zu verdeutlichen, denke ich an Mr. und Mrs. Burtons ältesten Sohn Roger. Seit früher Jugend hatte er den Wunsch geäußert, Gott als ein Priester der Kirche dienen zu dürfen. Als er die Vorbereitungsschule besuchte, organisierte er eine Bet- und Andachtsgruppe unter seinen Mitschülern. Diese kleine Gruppe pflegte sich einmal wöchentlich an einem Abend in einem Schulraum zu treffen, wo sie ihre Andachtsstunden abhielt, für die Roger bereits Tage vorher die Gebete und Studienunterlagen vorbereitet hatte. Wie man sich vorstellen kann, erforderte dieses erheblichen Mut, denn die übrigen Jungen konnten sich gar nicht in die Seelen der Andächtigen hineinversetzen, und sie verspotteten diese nicht nur, sondern machten daraus ein solches Aufsehen, daß der Schulrektor sich veranlaßt sah, die Treffen zu verbieten. Doch Roger ließ sich nicht entmutigen und verfolgte sein Ziel weiter. Als er die Höhere Schule besuchte, gab ihm der Rektor zu bedenken, daß er sich in Anbetracht der knappen Stipendien wohl überlegen solle, ob er wirklich den Priesterberuf ergreifen wolle, denn viele würden auch später denken, daß dieser Beruf nur eine „schlechte Auszahlung der Erziehungskosten" böte. Aber glücklicherweise war Roger imstande, diesen Weg, den ihm sein Herz gewiesen hatte, fortzusetzen. Wären nun aber Umstände dazwischengetreten, die seine Absicht vereitelt hätten, so kann man sich unschwer ausmalen, wie ihm die Bitterkeit einer solchen Enttäuschung zugesetzt hätte, die damit ein Einfallstor für Unsicherheit und Unruhe gebildet hätte, da er an Stelle einer glücklichen Berufung eine weniger befriedigende und nicht gewünschte Beschäftigung hätte aufnehmen müssen, woraus dann die verschiedenen Leidenssymptome hätten resultieren können.

Es gibt noch andere Möglichkeiten, durch die der harmonische Grundton des Lebens gestört werden und das innere Gleichgewicht ins Wanken gebracht werden kann. Mir wurden Fälle seelischer und nervlicher Leiden bekannt, die durch schreckliche Kindheitserlebnisse, wie etwa der Angriff auf ein kleines Mädchen durch einen sexuell Abnormen, verursacht wurden. Die Wunden, die solche Erfahrungen in der Seele oder im Geist-Selbst hinterlassen, können so tief sein, daß sie nicht heilen und seelische Schädigungen zur Folge haben. Einzig und allein durch die Spirituelle Heilung können solche Verletzungen des inneren Selbst geheilt und damit auch die körperliche Harmonie wiederhergestellt werden.

Noch manche anderen Krankheitsbedingungen erheischen unser besonderes Mitempfinden, so das „Parkinsonsche" Nervenleiden, besonders, wenn es einen verhältnismäßig jungen Menschen befällt. Es besteht keine Frage, daß die primäre Ursache dieses Leidens in seelischen Spannungen, in einer Überforderung des seelischen Fassungsvermögens oder anderen ähnlichen Gründen, zu suchen ist und dadurch akute Störungen der Nervenfunktionen hervorgerufen werden. Eine allgemeine Trägheit setzt ein, die von Gesichtszucken, Körper- und Gliederzittern begleitet ist. Wir beobachteten, daß das Zittern und die Verkrampfungen in allen diesen Fällen verschwunden waren, wenn der Patient schlief. Daraus folgt die Notwendigkeit, die seelischen Spannungen zu beschwichtigen, und hierin vermag die Geistheilung häufig viel Gutes zu leisten.

Ein weiterer Schluß, der aus der Heilungserfahrung gezogen werden muß, ist der, daß die Geistführer imstande sind, die Funktionen der physischen Nerven direkt zu beeinflussen. In einer großen Anzahl von Fällen mit ausgesprochen extrem schmerzhaften Bedingungen, wie zum Beispiel bei Krebsen, Gehirnhautentzündungen usw., beobachten wir, daß die Schmerzen vollständig fortgenommen werden. Wenn ein Heiler Kontaktheilung bei manchen sehr peinigenden Leiden, wie rheumatischer Arthritis, Bandscheibenschäden oder inneren Verletzungen, gibt, werden keinerlei Schmerzen während der Behandlung verursacht, und diese bleiben auch anschließend erheblich gelindert oder vollends verschwunden. Täglich enthalten die Fernheilungsberichte den gleichen Satz: „Die Schmerzen sind verschwunden." Die Hypothesen lauten dahingehend, daß diese guten Effekte entweder durch direkten Geistigen Einfluß auf die Nerven als dem Sitz des Übels oder durch Bewußtseinsbeeinflussung, keinen Schmerz zu empfinden, oder aber durch beide Faktoren zugleich zustandegebracht werden. Im Falle der Parkinsonschen Krankheit müssen die Heilungskräfte imstande sein, zunächst die Nervenspannungen zu lösen und anschließend fortschreitend die Zittersymptome auszumerzen. Um das Symptom der Trägheit. oder Bewegungsschwere zu beseitigen, wird ein neuer anreizender Impuls in das motorische Nervensystem geleitet, der dieses wieder für die vom Bewußtsein gegebenen Befehle empfangsfähig macht.

Bei allen Arten von Muskelkrankheiten, seien diese nun durch Verletzungen, Lähmungen, Entzündungen oder Atrophien (Schwunderscheinungen) verursacht, wird ein verschiedenartiger Heilungserfolgsgrad durch die Geistheilung beobachtet, der zuweilen in vollkommener Beseitigung des Übels besteht. Diese Heilungen benötigen für gewöhnlich einen gewissen Zeitraum, denn die Nervenzellen müssen erst erholt und entspannt sein, ehe sie belebende Heilungskraft aufnehmen können. Wir haben in unseren Protokollen Fälle von infolge chirurgischer Eingriffe durchgetrennten Nerven, wodurch der betreffende Körperteil gebrauchsunfähig wurde. Doch konnte mittels der Geistheilung eine schrittweise Wiedererweckung der lahmgelegten Funktion herbeigeführt werden. Ein solcher Erfolg widerspricht natürlich jeglicher medizinischen Erwartung. Die Heilungsführer vermögen auf nur ihnen bekannten Wegen gebrauchsunfähige Glieder wieder instand zu setzen. Sie mögen das entweder direkt bewerkstelligen oder den Schaden durch Einschaltung von anderen Nervenzellen überbrücken, welche die Funktion der ausgefallenen mit übernehmen.

Die Mithilfe des Patienten ist höchst wichtig, um einen bestmöglichen Heilungserfolg zu erzielen. Wir raten dem Leidenden, unsere Bemühungen um Wiederherstellung seiner Bewegungsfähigkeit durch ganz behutsames Ertasten der neuen Bewegungsimpulse zu unterstützen, wobei er jede physische und mentale Gewaltsamkeit und Ungeduld streng zu vermeiden hat. Der Sinn dieses Ratschlages liegt in der Beeinflussung der Nerven, die Befehle des Bewußtseins zum Gebrauch der Muskeln wieder ordnungsmäßig durch die geschwächten Nervenzellen zu leiten. Wird auf diese Weise kein Ergebnis erzielt, so empfehlen wir dennoch die weitere Bemühung des Patienten um innere Ausrichtung auf den Empfang der angestrebten Beweglichkeit in bezug auf die „Körper-Intelligenz", durch deren Einschaltung man auch noch zum Ziel kommen kann. Es ist nicht notwendig, zu diesen Fällen Beispiele zu zitieren, denn die stufenweise Wiederherstellung gestörter Bewegungsfunktionen ist eine alltägliche Heilungserfahrung im Falle vieler Patienten. Ein gleicherweise gutes Heilungsergebnis erzielen wir auch in

Fällen von Muskelschwund, in denen wir die Erneuerung des Zellgewebes und die Neubildung der Muskelsubstanz beobachten. Das besagt auch, daß die innersekretorische Kontrolle der Zellenbildung wieder in richtige Funktion gesetzt wurde. Der Erfolg hängt auch wesentlich von dem Patienten und dessen Bereitschaft, Geistheilung zu empfangen ab, und besonders bei jungen Menschen spielt auch die beständige Ermutigung der Verwandten und Freunde eine wichtige Rolle. Es ist nur natürlich, daß man zur Erreichung des Heilungszieles auch im Falle der Geistheilung den Weg des geringsten Widerstandes geht, und die mögliche Mithilfe der Patienten, die besonders bei Lähmungskrankheiten wichtig ist, einschaltet.

Die Kontaktheilung hat im Falle dieser Leiden ebenfalls alltäglich Erfolge zu verzeichnen. Der Patient kann unter der zweckvollen Anleitung des Heilers wieder seine Beine bewegen und vermag an Stelle des Schlürfens einen besseren Gang anzunehmen; doch fällt er unmittelbar in den alten Zustand zurück, sowie er sich von sich selbst aus zu bewegen versucht. Hierzu dem Patienten Instruktionen zu erteilen, erweist sich als beinahe ebenso wichtig wie die Heilungsbehandlung selbst. Jede Bewegung hat sehr langsam und planmäßig zu erfolgen. Die Gehübungen müssen zuerst in ganz behutsamen Bewegungen erfolgen, und nur durch eiserne Beharrlichkeit kann der Patient den Segen der Heilungsbemühungen voll empfangen und die natürliche und unterbewußt regulierte Bewegungsfähigkeit zurückerlangen.

Lähmungen der unteren Gliedmaßen haben gewöhnlich Gleichgewichtsschwankungen zur Folge. Diese Patienten neigen dazu, so schnell wie sie nur können zu gehen und das Gleichgewicht durch fortwährende angespannte Bewegungen zu halten. Das wird besonders bei an Sehnenentzündung Leidenden beobachtet. Der Heiler hat nun die Aufgabe, dieser Neigung beizukommen und den Patienten anzuleiten, langsam, bedächtig und unter sorgsamster Kontrolle eines jeden Schritts zu gehen zu versuchen. Die Schwierigkeit, das Gleichgewicht zu halten, ist großenteils auch eine mentale Frage. Die Furcht des Patienten vor dem Stürzen muß mittels verständnisvollem Rat überwunden werden. Die Wiederherstellung des Gleichgewichts erfolgt selbstverständlich gleichzeitig mit der Wiederherstellung der regulären Nervenfunktionen. Hierbei vermögen die Geistführer wieder wertvollen Beistand zu leisten, indem sie dem Gemüt Sicherheit und Vertrauen zurückzugewinnen suchen.

Die Nervenentzündung (Neuritis) ist ein anderes Symptom, das der Geistheilung zugänglich ist und beseitigt werden kann. Die Ursache dieser Erkrankung liegt in mannigfachen, zum Teil lokalen Reizungen, doch häufiger noch in Gemütsspannungen. Die Neuralgie, der Nervenschmerz, der gewöhnlich noch von Kopfschmerzen begleitet ist, ist ein typisches durch Aufregungen und Ängste verursachtes Symptom. Mit Fug und Recht kann gesagt werden, daß das Gefühl der „Furcht", gleichgültig ob es begründet oder eingebildet ist (wobei letztere Kategorie die häufigere ist), die Ursache vieler nervöser „Unruhen" bildet, welche die ganze Familie heimsuchen können und leicht von Neuritis begleitet werden.

Der Heilungsweg ist wiederum jener der Beseitigung der Ursache der Furcht und der Verbesserung der allgemeinen Lebenseinstellung. Da das Symptom der Neuritis in den meisten Fällen die Reaktion von Gemütsspannungen geringfügigerer Art ist, so vermögen die Geistheiler dieses Leiden durchweg auch sehr schnell zu beseitigen, sowie sie dem Patienten eine bessere Gemütsverfassung zu geben imstande waren.

Es ist eine allgemeine Erfahrung bei der Praktizierung der Geistheilung, und besonders gilt das für die Fernheilung, daß die Patienten, ungeachtet der Art ihres Leidens, bereits in den ersten Tagen nach der Behandlung eines inneren Hochgefühls gewahr werden. Es kommt ein Gefühl der Unbeschwertheit und des Glücks in Verbindung mit Wiedergewinnung von Sicherheit und Selbstvertrauen auf. Diese Erscheinung ist das offensichtliche Ergebnis der Bemühung der Heilungsführer, unsere Nervosität zu beschwichtigen und die für den täglichen Lebenskampf erforderliche Gelassenheit des Gemüts zu bewirken.

Im Zusammenhang mit dieser Erscheinung möge eine Theorie erwähnt werden, die besagt, daß unser körperliches Wohlgefühl durch die „Körper-Intelligenz" auf dem Wege der bekannten Drüsensysteme und der weniger bekannten „kanallosen" Drüsen hervorgerufen wird. Das Studium der Medium- und Heilerschaft führte zu dem Schluß, daß ein solches kanalloses Drüsensystem bestehen muß, das mit dem körperlichen Sinnesnervensystem eng benachbart ist. Einer seiner empfangenden Ausgangspunkte befindet sich in der Nasenhöhle und ist mit dem Schleimdrüsensystem verbunden. Der Hauptstamm dieses besonderen innersekretorischen Systems führt an der Wirbelsäule entlang und endet in der Hüftregion. Von dort aus verzweigt er sich durch den Unterleib und die unteren Gliedmaßen. Es spricht vieles dafür, daß dieses Drüsensystem durch bestimmte Atmung für die Aufnahme der kosmischen Kräfte empfänglich ist und auch auf die magnetische Heilungsbehandlung reagiert.

Wenn sich jemand so beschwingt und stark fühlt, daß er „die Welt aus den Angeln heben möchte", so muß dem ein bestimmter Prozeß zugrunde liegen. Umgekehrt muß es einen bestimmten Grund haben, wenn sich der Körper schwer und abgespannt fühlt und jede körperliche Leistung zu einer großen Anstrengung wird. Es wurde die Theorie vorgebracht, daß diese Symptome der körperlichen Allgemeinverfassung von der Aufnahme kosmischer Ernährung durch dieses kanallose Drüsensystem abhängt. Die Verwunderung der Ärzte, die es nicht fassen können, woher der mit Geistheilung behandelte Patient wohl seine „Kraft" hernimmt, mag zwar verständlich sein, obwohl es auf der

Hand zu liegen scheint, daß diese kanallosen Drüsen Umschaltstellen für seelische oder geistige Anweisungen sind. Wenn also diese „psychischen Drüsen" mit dem Sinnesnervensystem verbunden sind, wird der Prozeß erklärlich, durch den eine gesunde Körperkonstitution wiederhergestellt und die Neuritis beseitigt werden kann.

Es ist auf jeden Fall unmöglich, den Vorgang der Spirituellen Heilung auf einen einzigen Prozeß zurückzuführen. Es spielen dabei viele Faktoren eine Rolle, von denen wir jedoch nur sehr wenig wissen.

Ein anderer wichtiger Aspekt der Heilung mentaler und nervlicher Übel bildet die Behandlung von Patienten, die an „Umsessenheiten" und „Besessenheiten" leiden. Fälle akuter „Besessenheit", die besagen, daß die Persönlichkeit des Patienten beständig von einer spirituellen, also jenseitigen, Wesenheit in unangenehmer Weise in Besitz genommen ist, sind bedeutend seltener als man im allgemeinen annehmen mag. In vielen Fällen, in denen sich ein Kind oder eine erwachsene Person unlogisch und unverständlich aufführt, kommt bei den Angehörigen zunächst der Gedanke auf, daß derjenige „von einem bösen Geist befallen ist". Diese Annahme findet sich sogar zuweilen bei Ärzten und Psychiatern, ohne daß sie unbedingt begründet sein muß. (In Deutschland dürften die Mediziner allerdings sehr selten den Fall der Besessenheit in Erwägung ziehen, da bei uns diese spirituelle Tatsache ärztlicherseits nahezu gar nicht bekannt, geschweige denn anerkannt ist. D. Übers.)

„Umsessenheiten", also der Zustand der Beeinflussung durch jenseitige Wesenheiten und Kräfte, nehmen verschiedene Formen an, die sowohl harmlos als auch bösartig sein können. Gerade solche Menschen, die für völlig normal gehalten werden, können von bestimmten Ideen, Missionen oder Projekten „besessen" werden. Der Beeinflussungsgrad ist hierbei schwankend. Wenn ein Mensch beständig und mit „unnatürlichem" Enthusiasmus eine bestimmte, vorzugsweise religiöse, Gedankenrichtung verkündet, so sagt man, daß dieser Mensch „von seiner Mission besessen" sei, obwohl eigentlich eine „Umsessenheit" vorliegt oder aber in den meisten Fällen einfach das logische Abschätzungsvermögen mangelt.

Nichtsdestoweniger konnte die Geistheilungspraxis zahlreichen Fällen bösartiger Umsessenheit beikommen. Einige von diesen sind zum Beispiel Platzangst, Verfolgungswahn, Furcht vor bestimmter Nahrung und vor Berührung, „Visionen sehen" und „Stimmenhören". Solche Leiden können seelische und geistige Qualen schaffen, die hartnäckiger und gefährlicher sind als manche körperlichen Schmerzen.

Ich erinnere mich an ein junges Mädchen, das den „Berührungskomplex" hatte. Jedesmal, wenn sie den Türgriff berührt hatte, fühlte sie sich schmutzig und hatte nicht eher Ruhe, bis sie ihre Hände eine ganze Zeitlang „abgeschrubbt" hatte. Dieses unglückliche Mädchen verbrachte die meiste Zeit ihres jungen Lebens mit Baden und Händewaschen. Sie konnte aus diesem Grunde weder irgendeiner regulären Beschäftigung noch ihrer Hausarbeit nachgehen. Man hatte sie zu zahlreichen Nervenspezialisten und Psychiatern gebracht, und jeder von ihnen brachte seine besten Überredungskünste und sonstigen Mittel auf, und auch die Eltern taten natürlich alles, was in ihrer Macht lag; es war alles umsonst. Man unterwarf das Mädchen einer dreiwöchentlichen Schlafkur und hoffte, daß die Umsessenheit weichen würde. Sie wurde in Hypnose versetzt, um ihren Geist zur normalen vernunftgemäßen Funktion wiederzuerwecken; es nützte alles nichts. Nunmehr wurde für sie durch ihre Mutter um Fernheilung nachgesucht. Es wurde uns berichtet, daß sie in den folgenden Tagen nach Einschaltung der Fernheilung teilnahmslos wurde und nur noch zu schlafen wünschte.

Doch dann kam sie eines Morgens als ein neuer Mensch zum Frühstück herunter. Ihre Augen leuchteten, und sie zeigte ein Lächeln, das sie so lange nicht mehr gehabt hatte. Ihre Eltern beobachteten diese Wandlung mit Erstaunen;

194

aber sie machten klugerweise keine Bemerkung. Nachdem sie ihr Frühstück beendet hatte, warteten die Eltern auf ihren unvermeidlichen Gang ins Badezimmer zum Händewaschen. Aber das tat sie nicht, sondern sie machte sich statt dessen an das Aufwaschen des schmutzigen Geschirrs — eine Handlung, die man sich vorher niemals hätte träumen lassen. Die glückliche Wandlung der Kranken war vollkommen. Ich stand noch einige Zeit danach mit der Mutter in Verbindung, um zu sehen, ob irgendein Rückfall dieses Leidens erfolgen würde. Aber der erfolgte nicht, und das Mädchen blieb völlig normal. Die Spezialisten für Nervenleiden, die diesen Fall ebenfalls behandelt hatten, erklärten, eine solche erstaunliche Wandlung in ihrer bisherigen Praxis noch niemals erlebt zu haben. Es muß bemerkt werden, daß sich dieses Mädchen mehr zum Vater als zur Mutter hingezogen fühlte. Und als übrigens später die Mutter ihrer Tochter und ihrem Mann von ihrem Gesuch um Einschaltung Geistiger Heilung und dem dadurch bedingten guten und schnellen Wandel erzählte, wurde sie von beiden ausgelacht und der Gedanke der Spirituellen Hilfe als unmöglich verschmäht.

Die Heilung eines von Gewissensbissen gequälten Menschen, der nicht mit seinen in der Vergangenheit begangenen Fehlern fertig wird, zögert sich manchmal länger hinaus als die Heilung scheinbar bedeutend schwerwiegenderer und schwierigerer seelischer Konflikte. Der Grund dafür scheint offensichtlich darin zu liegen, daß der physische Geist und das Gedächtnisvermögen so tief beeindruckt worden sind, daß sie der Lösung hartnäckig widerstehen. Ebenso verhält es sich auch im Falle tiefer seelischer Verwundungen wie durch unglückliche Liebesaffären oder durch das Abscheiden naher Angehöriger oder sonstiger lieben Menschen. Das mag besagen, daß ein solcher beständiger Aufruhr des physischen Geistes schwieriger durch den Spirituellen Einfluß besänftigt werden kann als eine im spirituellen Geist begründete Disharmonie.

Fälle von echter Besessenheit, Schizophrenie oder Persönlichkeitsspaltung, die oft in Wahnsinn und Gewalttätigkeit ausarten, erfordern die persönliche Behandlung speziell dafür geeigneter Heiler. Wenn der widrige Einfluß nur ein schwächerer ist, so ist die Chance der Austreibung des Besessenheitswesens selbstverständlich größer. Wenn jedoch die Besessenheit des Patienten kritische Formen angenommen hat, so haben die Geistheiler im allgemeinen keine Gelegenheit zur persönlichen Behandlung, da in diesen Fällen die Kranken gewöhnlich in eine Heilanstalt gebracht werden. Die Kontaktheilungsmethode in diesen Fällen vollzieht sich im allgemeinen durch vernünftige Beeinflussung und Belehrung der von dem Kranken besitzergreifenden Wesenheit durch einen Geistführer, der durch ein in Tieftrance befindliches Medium spricht. Im Falle der Besessenheitsbefreiung durch Fernheilung ist die Folgerung logisch, daß die Geistführer die Besessenheitswesen von der Geistigen Seite des Lebens aus dazu beeinflussen, den Patienten zu verlassen.

Gute Erfolge werden auch bei der Bekämpfung leichterer Arten von Wahnsinn und Geisteskrankheit beobachtet. Wenn sich der Kranke zu Hause befindet, vollzieht sich die Heilung leichter; doch liegen uns auch zahlreiche Fälle vor, in denen in Krankenanstalten untergebrachte Patienten ihr seelisch-geistiges Gleichgewicht wiederfanden und geheilt zu ihren Familien zurückkehren konnten. Diese Erfolge werden gewöhnlich durch Fernheilung erzielt. Wenn diese Patienten Zeichen der Besserung zeigen, so werden sie gewöhnlich zunächst nur für kurze Zeit und auf Abruf nach Hause geschickt, bis diese Zeiten schließlich länger werden, und bis sie schließlich gänzlich entlassen werden, wenn sich keine weitere Notwendigkeit einer Anstaltsbehandlung erweist.

In der Vergangenheit wurde die Behauptung aufgestellt, daß die Beschäftigung mit dem Spiritualismus Wahnsinn hervorrufe. Es gibt keinen einleuchtenden Grund zur Unterstützung dieser Behauptung. Tatsächlich findet sich in den

Berichten der betreffenden Kommission kein einziger Fall von Wahnsinn verzeichnet, der dieser Ursache direkt zuzuschreiben wäre. Im Gegenteil wurde eine beachtliche Anzahl von Wahnsinn befallener Personen erfolgreich durch die Geistheilung behandelt. Ein ebenso wichtiger, wenn auch unbeweisbarer, Umstand ist die Bewahrung vieler Menschen vor der geistigen Umnachtung durch den regelnden und heilenden Einfluß eines Geistführers.

Somit zeigt das Bild der Heilung mentaler und nervlicher Leiden zwei Seiten. Die erste ist die Beseitigung der Krankheitsursache auf der Gedankeneben und im Ganzheitlichen Selbst des Patienten.

Die zweite betrifft die Glättung und Beschwichtigung physischer und nervlicher Spannungen und die Wiedererweckung der richtigen Zusammenarbeit und Kontrolle der Sinnes- und motorischen Nerven.

Hier erschließt sich ein Heilungsfeld, das bisher nur wenig von den medizinischen Autoritäten gewürdigt wird. Während diese zugestehen, daß der Gemütszustand eine große Rolle für das physische Wohlbefinden spielt, zollt die fortschrittliche medizinische Praxis dem Studium und der Erforschung der seelischen Zusammenhänge nur wenig Beachtung. Der Grund hierfür mag darin liegen, daß die Seele und der Geist nicht unter ein Mikroskop gelegt werden können, und daß die rein physisch gebundene Wissenschaft in ihrem Gesichtskreis zu beengt ist, um die Gesetze, die diesen wichtigen Teil der Persönlichkeiten beherrschen, zu erkennen.

Während der ganzen letzten fünfzehn Jahre hielt der Verfasser, zusammen mit dem Ehepaar Burton, regelmäßig einmal in der Woche eine Sitzung zwecks Einweisung und Führung in das ganze weite Gebiet der Spirituellen Heilung, der „Heilung durch Spirits", ab. Der Kontrollgeist der Geistheilungsorganisation spricht dabei durch den in Trance befindlichen Verfasser, und eine Reihe dieser Instruktionen wurden auf dem Tonband aufbewahrt. Auf diese Weise wurde erhebliches Wissen, insbesondere in der Erkenntnis der Ursachen und der Behandlung von seelischen und geistigen Krankheitsbedingungen erworben. Wenn die praktische Ärzteschaft willens wäre, mit der Geistheilerschaft zusammenzuarbeiten, so würden sie zu ihrem verstandlich erworbenen Wissen ebenfalls wesentliche und unschätzbar wertvolle zusätzliche Kenntnisse durch ihre Einstellung auf ihre jenseitigen Kollegen gewinnen.

Das Ausmaß der Fälle von Nerven- und Geisteskrankheiten, in denen Geistheilung stattgefunden hat, wird verschieden eingeschätzt. Die Beurteilung richtet sich ganz nach der Einstellung des Beobachters. Zuweilen wird ein Urteil über den Zustand eines behandelten Patienten gebildet, ohne daß die einzelnen Umstände berücksichtigt werden. Zum Beispiel bleibt ein an beiden Beinen total gelähmter Patient, der sich nicht von der Stelle rühren kann, gemäß der Einstellung der Ärzte ohne weitere wirksame Behandlung. Wenn nun dieser Gelähmte mittels Geistheilung die Kontrolle über die gelähmten Beine und damit deren Wiedergebrauch stufenweise zurückgewinnt, wenn er wieder aufrecht zu stehen und sich mit Hilfe eines Stockes fortzubewegen vermag und als Beispiel einer erfolgreich vollzogenen Geistheilung hingestellt wird, so mag der uneingeweihte Beobachter angesichts des Stockes und sonstiger möglicher Behinderungen zu der Meinung neigen, daß die Heilung fehlgeschlagen sei. Es gab Fälle, in denen eine Rückgratskrümmung weitgehend behoben werden konnte, während jedoch eine Knochenverwachsung der Schulter noch weiter bestand. Im Laufe der Jahre hatte sich diese Verkrüppelung als Folge der Rückgratsverkrümmung entwickelt. Da es der Geistheilung aber nicht möglich ist, die übergewucherte Knochenmasse zu beseitigen, schloß man fälschlicherweise, daß die Heilung erfolglos gewesen sei. Gelegentlich kommen aber auch Fälle vor, daß solche Mißbildungen, insbesondere bei jüngeren Leuten, mit fortschreitender Heilungsbehandlung nach und nach vermindert wurden.

Ich denke dabei an den Fall eines etwa zwölfjährigen Jungen, der von einem Heiler auf die Bühne der „Victoria Hall" in London gebracht wurde. Er mußte getragen werden, denn er war von Geburt an mit einem Nervenleiden behaftet, das ihn sowohl am Aufrechtsitzen als auch am Gebrauch seiner Beine hinderte. Ärztlicherseits war er als vollkommen hoffnungsloser Fall angesehen worden. Die Ärzte urteilten, daß er niemals wieder gehen könne. Bei dieser Gelegenheit wurde seine Wirbelsäule teilweise gestrafft, und er vermochte besser aufrecht zu sitzen und seinen Kopf aufrecht zu halten. Seinen Beinen war jedoch keine ersichtliche Wirkung geschehen, und der Heiler brachte ihn wieder fort. In den folgenden Monaten versuchte er Woche für Woche die Wiedergewinnung der totalen Bewegungsfähigkeit durch Kontaktheilungsbehandlungen zu erwirken. Ich wurde von dem Zustand des Jungen in Kenntnis gesetzt, und wir schlossen ihn in unsere Fernheilungseinschaltungen mit ein.

Langsam begann in die bisher gebrauchsunfähigen Beine Leben zurückzukehren. Nach einer Weile wurden ihm Krücken gegeben, um ihm das Umherhumpeln zu ermöglichen. Nach weiterer Fortsetzung der Heilungsbehandlung konnte der Junge diese Hilfsmittel weglegen. Der Heiler setzte seine Behandlung für diesen Patienten jahrelang geduldig fort. Seine schönste Belohnung dafür war die Feststellung der fortschreitenden Besserung des Übels seines Patienten, bis der junge Mann zum Erwachsenen herangereift und völlig wiederhergestellt war, einer Arbeit nachgehen und ein harmonisches geregeltes Leben führen konnte.

Zehn Jahre später, nachdem er völlig hilflos in die „Victoria Hall" getragen worden war, war er imstande, den Chorgang einer Kirche in Surrey mit seiner Braut am Arm hinunterzugehen. Das einzige noch verbliebene Zeichen seines einstigen Leidens war ein geringfügiges Schaukeln der Hüften. Als einem seiner Freunde gesagt wurde, daß der Bräutigam Geistheilung empfangen habe, lautete dessen

Antwort: „Nun gut; es hat ihm aber nicht viel genützt, denn er kann nicht ganz gerade gehen."

Dem Verfasser waren auch Ärzte bekannt, die das Vorhandensein irgendwelcher körperlichen Defekte bei einem Patienten als Vorwand benutzten, den diesem durch Geistheilung schwerwiegender und ärztlicherseits als unheilbar bezeichneter Leiden zuteil gewordenen Segen abzuleugnen.

In jedem Falle ist die Anerkennung der Geistheilung eine Sache des gerechten und objektiven Urteilsvermögens.

15. Kapitel

Außergewöhnliche Heilungen

Dieses Buch wird im Frühjahr geschrieben, und die Kirschbäume stehen in Blüte.

Um nun die Mannigfaltigkeit erfolgreicher Heilungen zu zeigen, will ich in meine „Sonderliste" der ersten drei Monate dieses Jahres (1959) hineingreifen. Diese Sonderfälle sind die einzigen, die aufgezeichnet werden können, denn bei einem wöchentlichen Posteingang von mehr als 10 000 Briefen ist es völlig ausgeschlossen, jeden einzelnen Fall zu registrieren. Dazu wäre die Beschäftigung vieler Schreibkräfte und ungeheure Zeiträume erforderlich. Durchschnittlich über eintausend neue Geistheilungsgesuche erreichen uns wöchentlich. In vielen dieser Fälle können wir alsbald Heilung schaffen. So gibt es eine fortwährend wechselnde Kategorie von Patienten, deren detaillierte Heilungsaufzeichnung eine undurchführbare und unnütze Prozedur wäre. Abgesehen von diesen „normalen" Heilungsresultaten, gibt es solche, deren behandeltes Leiden als „unheilbar" angesehen wurde. Wenn solche Kranken geheilt werden, so werden die Heilungsergebnisse in ihrer bestimmten Rubrik aufgezeichnet. In solchen Fällen wie zum Beispiel bei Leukämie bewahren wir alle sich auf diese Krankheit beziehenden Briefe auf, während andererseits die Masse der Briefe verbrannt wird, nachdem sie beantwortet worden sind und die Einschaltung stattgefunden hat. Der Grund für ihre Verbrennung liegt darin, daß viele Briefe intime und persönliche Einzelheiten enthalten. Selbstverständlich sind alle Briefe vertraulich. Es wird niemals von ihnen Gebrauch gemacht; es sei denn, daß die Erlaubnis dazu gegeben wurde. Deshalb werden in den nachfolgend angeführten aktuellen Briefauszügen keine

Namen genannt und keine Hinweise auf die Persönlichkeit des Schreibers gegeben.

Sämtliche Briefe dieser „Sonderliste" beziehen sich auf Fälle, deren Heilungsgesuch von irgendeiner vertrauenswürdigen, gut beleumundeten Person oder Organisation gestellt wurde, so daß wir deren Echtheit jederzeit nachprüfen können.

Im Laufe der Jahre, seit wir im Heiligtum zu Shere gewesen sind, haben sich über 30 000 Berichte über solche außergewöhnlichen übernormalen Geistigen Heilungen angesammelt, die sich auf nahezu jedes Leiden erstrecken, von dem die Menschheit heimgesucht werden kann. Man möge beachten, daß dieses das Ergebnis der Bemühungen nur einer einzigen Heilergemeinschaft ist. Wenn man sich vergegenwärtigt, daß es jetzt eine große Anzahl von den Spiritualistischen Kirchen angeschlossenen Heilergruppen gibt, und daß außerdem tausende von einzelnen Heilern ihre Zeit freiwillig für die Kranken opfern, so muß die Zahl der Menschen, die durch die Geistheilung Segen empfangen haben, gewaltig sein. Dieser Erfolg forderte auch Tag für Tag die öffentliche Unterstützung der Spirituellen Heilung heraus.

Nachdem ich an einem BBC-Fernsehprogramm teilgenommen hatte, bei dem meine Gegner in der Überzahl waren, empfing die BBC („British Broadcasting Corporation"; Britische „weitverbreitete" Körperschaft, d. h. die größte Rundfunkgesellschaft des Landes. D. Übers.) mehr Zuschriften, und zwar hauptsächlich Proteste gegen meine Gegner, als sie jemals bei irgendeinem früheren Programm bekommen hatte. Das veranlaßte die BBC zu dem unerhörten Schritt, eine nationale Hörer-Rundfrage über die Geistheilung durchzuführen. Mir wurde von einem maßgeblichen Mitarbeiter der BBC gesagt, daß diese Meinungsrundfrage tausende von Pfunden kosten würde, und daß sie deshalb nur in außergewöhnlichen Fällen durchgeführt würden. Die Hörermeinungen dieser Sendung wurden als besonders strenges Dienstgeheimnis der BBC bewahrt; doch wurde mir von einem hohen Funktionär anvertraut, daß über neunzig Prozent der befragten Leute an die Geistheilung glaubten, und daß über sechzig Prozent die von mir selbst, meinen Mitarbeitern und anderen Spiritualistischen Heilern angewandten Heilungsmethoden bejahten und unterstützten.

Eine solche öffentliche Unterstützung entwickelte sich selbstverständlich nur auf Grund der Heilungserfolge und nicht auf Grund von „Nichterfolgen". Von seiten der Ärzte und anderer wurden zwar auch in der Absicht, die Spirituelle Heilung herabzusetzen, Fälle angeführt, in denen kein Heilungsresultat erzielt wurde. Freilich geben wir zu, daß es Fälle gibt, die unseren Bemühungen widerstehen oder nicht unseren Erwartungen gemäß reagieren, und es wurde diesem Problem ein Kapitel gewidmet. Es leuchtete indessen ein, daß der Beweis des Segens der Geistheilung nicht auf dieser geringen Minderheit der Versager beruht, sondern auf den unschätzbaren Segnungen, die der großen Mehrzahl der Kranken zuteil wurden, die durch diese ihre Gesundheit wiedererlangten. Die kleine Auslese aus der großen Anzahl solcher Heilungsberichte, die wir nun folgen lassen, möge einen allgemeinen Einblick in die behaupteten Tatsachen geben.

3. 1. 59.
„Mr. W. litt angeblich an einem Krebs im fortgeschrittenen Stadium. Nachdem er ins Krankenhaus gegangen war, um operiert zu werden, wurde ihm zunächst eine Gewebeprobe herausgeschnitten und dem Fachprofessor zur Untersuchung gesandt. Zwei Tage darauf besuchte ihn der Chirurg am Krankenbett und berichtete ihm, daß eine außergewöhnliche Sache passiert sei, daß nämlich keine Notwendigkeit mehr für eine Operation bestehe, da keine Spur des Krebses mehr vorhanden sei, und daß er ihn in sechs Monaten wiedersehen wolle. Er machte

auch die Bemerkung: ‚Seit achte Jahren habe ich noch nicht wieder ein solches Ergebnis geschehen sehen.'"

17. 1. 59.

„Ich bin der Pfarrer, den Sie gütigerweise wegen seiner Schwerhörigkeit im rechten Ohr und seiner Taubheit im linken Ohr behandelten. Das linke Ohr hat sich bemerkenswert verbessert, und das rechte vernimmt nun das Sprechen der Leute, und mein Gehör ist somit bedeutend besser. In der Tat habe ich den Eindruck, daß die Leute laut schreien. Ich erwähne Ihnen dieses nicht, um etwa zu sehr als Hypochonder (vom Krankheitswahn Besessener. D. Übers.) zu erscheinen, sondern vor etwa drei Monaten hatte ich einen sehr schmerzhaften Rheumatismus in beiden Schultern. Beim Aufwachen heute morgen (am Tage, der Ihrer Behandlung folgte) stelle ich fest, daß die Schmerzen in der rechten Schulter verschwunden und in der linken bedeutend vermindert sind. Ob Zufall oder nicht, es nimmt mich Wunder."

20. 1. 59.

(Canada.)

„Mein Schwiegersohn wurde mit Herzthrombose in lebensbedrohlichem Zustand ins Krankenhaus gebracht. Ein berühmter Herzspezialist wurde von Minnesota herbeigeholt. Er bereitete meine Tochter auf das Schlimmste vor, denn es bestand ‚keine Hoffnung'. Als sie ihn verließ, befand er sich in Delirien. Ich telegraphierte an Sie um Hilfe ... und als der Spezialist ihn wieder besuchte, sagte er, daß sich eine Wandlung vollzogen habe. Es ist ein Wunder; nach menschlichem Ermessen hätte er schon ‚zweimal' gestorben sein müssen. Er ist heute wieder wohlauf und nach Hause zurückgekehrt."

25. 1. 59.

„Acht Tage sind vergangen, seit ich mein Baby zu Ihnen brachte. (Bemerkung: es war blind.) Die Verbesserung ihrer Augen ist erschütternd. Sie kann jetzt ganz kleine Gegenstände aus einiger Entfernung sehen, und das einstige fortwährende Augenrollen ist fast überhaupt nicht mehr vorhanden. Ich habe sicher gewußt, daß alles gut werden würde, seit ich sie Ihnen zur Geistigen Heilung gebracht habe; doch rechnete ich damit, daß Monate vergehen würden, ehe irgendein bemerkenswerter Erfolg beobachtet werden würde. Ich hätte niemals gedacht, daß dieser so schnell eintreten würde."

27. 1. 59.

„Vor etwa vier oder fünf Jahren erbat mein Vater Ihre Hilfe für meinen Bruder, der hoffnungslos an der „Hodgkinsonschen" Krankheit darniederlag. Heute wird er von den Ärzten als ,lebendes Wunder' betrachtet, nachdem er völlig wiederhergestellt wurde."

29. 1. 59.

„Vor sieben Jahren behandelten Sie meinen Mann. Er hatte die schwersten Verletzungen; darunter einen Schädelbruch, eine Gehirnquetschung usw. Im Krankenhaus wurde mir gesagt, daß nur geringe Hoffnung für seine Wiederherstellung bestünde; aber dank Ihnen genas er und führt noch heute ein erfülltes und glückliches Leben, und nur eine geringfügige Behinderung blieb zurück."

30. 1. 59.

„Hier ist der Bericht. J. C., 58 Jahre alt, Krankenhaus Belfast. 13. Januar: Coronarthrombose. 14. bis 18. Januar: sehr krank und geschwächt. 20. Januar: Spezialisten erklären der Frau, daß ,überhaupt keine Hoffnung mehr bestehe'. Der Sohn wurde zu mir geschickt, und ich rief Sie telefonisch um Hilfe an. 21. Januar: Patient verbrachte eine bessere Nacht. Sohn sah die Spezialisten, welche sagten, daß sich das Herz des Mannes, seit sie seiner Frau sagten, daß keine Hoffnung mehr wäre, plötzlich gebessert habe und jetzt Hoffnung bestünde. Patient liest Zeitung. 22. Januar: Gute Nacht. Patient ist fröhlich und ißt. Sohn (bei der Marine) sagte, daß er zu seiner Einheit in Übersee zurückkehren könne. Seither nahm seine Gesundung beständigen Fortschritt. Meine Frau und ich sind überzeugt, daß ihn irgendeine Macht außerhalb des medizinischen Bereichs gerettet hat."

2. 2. 59.

„Ich muß Ihnen wieder schreiben und berichten, wie viel besser ich bin. Meine Hüften und Knie sind wirklich wunderbar (das ist der einzige Ausdruck, den ich gebrauchen kann). Nur eine kleine Steifheit besteht noch gelegentlich, aber abgesehen davon ist ‚nichts'. Ich denke daran zurück, daß ich mich in solchen Schmerzen befand, ehe Ihre Heilung einsetzte, und ich kann nicht glauben, daß ich es jetzt selbst bin. Auch finde ich mich ausgelassen singen und pfeifen, was ich seit Jahren nicht mehr getan habe."

4. 2. 59.

„Ich schreibe für meinen Bruder, der im Universitäts-Krankenhaus in London war. Seine Speiseröhre war operiert worden, und er konnte keine Nahrung aufnehmen. Er mußte mittels einer Röhre ernährt werden. Ihr Brief konnte zu keiner geeigneteren Zeit kommen, denn er war sehr elend; doch freute er sich sehr, ihn zu bekommen. Meine nächste Nachricht mag phantastisch klingen; aber gestern morgen aß er Ei und Brötchen, die durch seine Kehle gingen wie bei jedem anderen Menschen, und wenn ich Ihnen berichte, daß er seit einem Monat nichts mehr essen konnte, so können Sie sich vorstellen, wie erfreut er war. Er führte das auf Ihre

Hilfe zurück, denn es kann keinen anderen Grund
dafür geben."

5. 2. 59.

„Sie mögen sich erinnern, daß ich Sie im Frühjahr 1955
besuchte. Ich litt an einem Stein im Harnleiter. Sie
sagten mir, daß Sie hofften, daß dieser Stein aufgelöst
werden würde. Am Tage vor diesem Besuch sah ich den
Stein deutlich in der Röntgenaufnahme; aber nachdem
mich die Chirurgin einige Tage später operiert hatte,
konnte sie ihn nicht finden. Sie nahm an, daß er in die
unteren Schichten durchgebrochen sei, denn zwei Tage
später fanden sich Spuren von ihm im Katheter. Die
nächste Röntgenaufnahme zeigte nichts mehr, und ich
wurde seither nie mehr von diesem Übel belästigt."

24. 2. 59.

„Ich fühle mich verpflichtet, Ihnen in bezug auf die
Fernheilung, die Sie mir letztes Jahr zuteil werden
ließen, zu schreiben. Bereits seit August vergangenen
Jahres ist das hartnäckige Ohrensausen und die damit
verbundene Taubheit, unter der ich früher gelitten hatte,
spurlos verschwunden. Zunächst zweifelte ich ein wenig
an der ganzen Sache; doch nachdem ich nun diese Behandlung von Ihnen erfuhr, hat sich meine Ansicht über
die ganze Sache völlig gewandelt."

18. 2. 59.

„Nachdem sie bei Ihnen war, hat sie keine Beschwerden
mehr gehabt, soweit es ihr Gehen betrifft. Wie Sie wissen, behandelten Sie sie zu gleicher Zeit wegen ihrer
Gelenkentzündung und wegen ihrer Gallensteine, wegen
denen sie am nächsten Tage ins Krankenhaus ging, um
sie operativ entfernen zu lassen. Sie rieten uns, daß wir
auf erneuten Röntgenaufnahmen bestehen sollten, ehe
irgendeine Operation vollzogen würde. Sie war aber

noch wegen einer anderen Krankheitsbedingung im Krankenhaus, und nachdem diese geklärt worden war, wurde die Aufnahme neuer Röntgenplatten beschlossen, um den jetzigen Befund der Gallensteine festzustellen. Acht Platten wurden aufgenommen, und es wurde entdeckt, daß sie überhaupt keine Steine mehr hatte; sie waren alle verschwunden."

21. 2. 59.

„Vor beinahe zwei Jahren wohnte ich einer Ihrer Heilungsdemonstrationen in Glasgow bei. Als allgemeiner praktischer Arzt befragte ich einen Patienten vor und nach der Heilung und war wirklich verblüfft über das inzwischen Geschehene. Es war ein Erlebnis, das ich niemals vergessen werde. Ich möchte nun um Ihre Hilfe für meinen eigenen Gesundheitszustand bitten."

27. 2. 59.

„Ich bin immer noch so viel besser, seit ich Sie am letzten Donnerstag sah. Ich werde das niemals vergessen. Sie retteten mich vor dem Tode, oder, was viel schlimmer gewesen wäre, vor einem Leben als Krüppel. Ich bin imstande, aus dem Bad herauszukommen, auf einem Stuhl zu stehen und an den Mahlzeiten der Familie teilzunehmen, wozu ich vorher nicht in der Lage war. Und die Wucherung in meinem Nacken ist praktisch verschwunden."

16. 3. 59.

„Ich bin Tanzlehrer ... Als wir an diesem Wochenende eine Unterrichtsstunde mit H. K. hatten, erzählte er mir von der großartigen Kur, die Sie an seinem Knie vollbrachten ... Es ist ganz wundervoll, ihn mit jenem Bein tanzen zu sehen. Sämtliche Ärzte sagten, daß er nicht wieder tanzen könne, doch nachdem er an Sie geschrieben hatte, zeigte er seine Tanzkunst bereits wieder in einem Monat."

18. 3. 59.

„Eine Woche ist verstrichen, seit Sie mir die Wirbelsäule in Höhe des Nackens schmerzlos zurechtrückten ... Ich kann mich nicht nur der wiedergewonnenen Bewegungsfreiheit meines Kopfes erfreuen, sondern auch mein ganzer Körper machte eine völlige Wandlung durch. Der linke Arm, den ich bisher so viel als möglich zu gebrauchen vermied, um Schmerzen zu vermeiden, ist nun wieder locker, völlig frei und gebrauchsfähig. Meine Schultern sind beschwerdefrei, und der fortgesetzte Schmerz in meinem linken Schlüsselbein ist jetzt eine vergessene Angelegenheit; auch die extremen Schmerzen meiner linken Nackenseite sind praktisch verschwunden. Kein einziges Mal während der ganzen Woche hatte ich den leisesten Eindruck einer Rückkehr der Steifheit; nicht einmal beim morgendlichen Aufwachen. Die ganze Bewegungsfähigkeit meiner Wirbelsäule ist wieder da und erstreckt sich bis zu den Hüftknochen, wodurch sie meinem ganzen Körper rhythmische Biegsamkeit und richtiges Zusammenwirken zurückgibt."

20. 3. 59.

„Ich bin ganz begierig, Ihnen die gute Nachricht über meine Schwester geben zu können. Sie ist nahezu in der Lage, das Nervensanatorium verlassen zu können, und es wurde ihr damit eine große Last von der Seele genommen. Der Psychiater selbst kann eine so schnelle Genesung nicht begreifen. Er erklärte, daß es fünf Mann des Personals bedurfte, um sie während ihrer Tobsuchtsanfälle zu bändigen. Doch nun nach der Geistheilung ist sie fröhlich mit anderen Patienten zusammen, und in drei Wochen werden wir sie zu Hause haben. Mein Sohn wurde ebenfalls von seinem Drüsenleiden befreit."

6 4. 59.

„Die Zeit, zu der ich Ihnen über den Zustand der

Hände meiner Tochter berichten sollte, ist schon lange fällig gewesen. Ich entschuldige mich deswegen, obwohl es von mir aus wohl erwägt war. Es hatte sich eine geradezu unheimliche Verbesserung ihres Hautleidens vollzogen. So durchgreifend war die Wandlung, daß ich annahm, es könne unmöglich so bleiben; aber es blieb so, dank Ihnen. Ihre Hände wurden in einem solchen Maße wiederhergestellt, daß sie geradezu schön sind — mit neuer Haut, weich und von frischer, gesunder, rosiger Farbe."

Die folgenden Briefe beziehen sich auf einen anderen Heilungsaspekt:

25. 2. 59.
„Ich bin sehr erfreut, Ihnen von der großen Hilfe berichten zu können, die Sie mir während der Geburt meines Babies angedeihen ließen. Ich wurde von einem reizenden kleinen Mädchen ohne jegliche Beschwerden entbunden. Ich hatte Ihnen erklärt, wie es mir bei der Geburt meiner letzten beiden Kinder gegangen war. Im Vergleich damit wußte ich nicht, wie mir geschah, als ich dieses Baby bekam. Ich hatte viel schneller vorübergehende Wehen und war nicht im Krankenhaus. Bei jeder Untersuchung machte ich so gute Fortschritte, daß die Schwester und der Arzt erkannten, daß ich von diesem Baby zu Hause entbunden werden könnte, was auch ohne Chloroform und Zange geschah, und tatsächlich hatte ich keinerlei äußere Nachhilfen nötig . . ."

Ohne Datum.
„Ich schreibe, um ‚ich danke Ihnen' für all Ihre Hilfe zu sagen. Nach dreizehn Jahren des Wartens haben wir ein hübsches Mädchen bekommen, und während der ganzen Wehen wurde ich von den Gedanken der Hilfe und der Kraft beruhigt, die mich erreichten."

6. 3. 59.

„Wir sind sehr stolz, dieses Baby zu haben, nachdem uns gesagt worden war, daß es unmöglich sei, jemals eines zu haben."

Es muß bemerkt werden, daß eine Reihe der Berichte über in der Vergangenheit vollzogene Heilungsbehandlungen den Zweck erfüllen, als Unterrichtsmaterial für die Heilungsbehandlung anderer Patienten herangezogen zu werden. Solche Berichte bilden eine Sondersparte innerhalb der Briefauswahl, die einen Einblick in das ununterbrochene Wirken der Heilung verschaffen. Ungefähr dreitausend Briefe dieses Charakters werden jedes Jahr empfangen. Dazu kommen natürlich die Tausende anderer Berichte, die Besserungen und Heilungen bezeugen. Deren Anzahl wird auf jährlich etwa eine halbe Million geschätzt.

Die letzten drei Briefe erwähnen die Hilfe, die bei der Geburt und für das Kommen eines Babies gegeben wurde. In bezug auf den letzteren muß erwähnt werden, daß diese Heilungshilfe gegeben wird, wenn ein physisches Gebrechen bei einem oder bei beiden Partnern vorliegt. Durch die Geistheilung wird dieses Gebrechen beseitigt, und der Weg für die Zeugung oder Empfängnis eines Kindes ist frei.

Ich erinnere mich an den Fall einer Mutter, deren erste Geburt so schwer war, daß ihr Leben gefährdet war und das Baby verloren gegeben werden mußte. Der Mutter wurde dringlich angeraten, keine weiteren Babies mehr zu haben. Doch die Zeit nahm ihren Lauf, und ein weiteres Baby war doch unterwegs. Besondere Vorsichtsmaßregeln wurden dieses Mal getroffen, um das Ereignis so unbeschwerlich wie möglich geschehen zu lassen. In einem Kingstoner Krankenhaus hatte man es so vorbereitet, daß ein berühmter Gynäkologe (Frauenarzt) an einem Londoner Krankenhaus eigens von dort herkommen würde, sobald die Geburt bevorstand. Spirituelle Heilungsbehandlung wurde bereits seit den ersten Tagen nach der Empfängnis gegeben. Mit den ersten Anzeichen der Wehen wurde die Mutter ins Krankenhaus geschickt, und der Spezialist wurde telefonisch benachrichtigt. Die Frau wurde gebeten, eine kurze Weile zu warten. Sie saß mit ihrer Mutter im Warteraum. Während sie wartete, kam das Baby auf natürliche Weise — im Warteraum!

In einem anderen Falle erwartete eine Frau ihr erstes Baby im Alter von neununddreißig Jahren, und man hegte natürlicherweise etliche Besorgnisse. Unsere Heilungshilfe wurde für die Frau erbeten. Während der Wehen ging sie zur Kommode, und ehe sie zurückgehen konnte, war das Kleine ohne viel Aufhebens und ohne Beschwerden gekommen.

Alle meine Töchter haben mir Enkelkinder geschenkt, und in jedem Falle verlief die Geburt außerordentlich leicht. In einem Falle war das Baby sogar ohne jegliche Wehenschmerzen gekommen, und meine Tochter, die natürlich von der Ursache wußte, berichtete das telefonisch der Hebamme. Diese hielt die Mitteilung für einen Scherz und beharrte darauf, daß meine Tochter im Bett bleiben müsse. Nur mit Mühe konnte die Hebamme veranlaßt werden, zu kommen, um sich selbst zu überzeugen — und siehe da, das Baby war bereits geboren worden!

Die Medizinische Generalversammlung würde zweifelsohne sehr überrascht sein, wenn sie erführe, daß ich in den ersten drei Monaten dieses Jahres zweiundachtzig Briefe von Mitgliedern der Britischen Ärztekammer erhalten habe. Selbstverständlich wurden aber alle diese Briefe unter dem Siegel des Vertrauens empfangen. Ich will einige Sätze aus diesen Ärztebriefen anführen:

„Meine Frau bittet mich, Ihnen mitzuteilen, daß sie eine fortgesetzte Besserung erfährt, die ich bestätigen kann."

„Alle meine Familienmitglieder befinden sich jetzt wohlauf. Bei ‚X.' ist der hohe Blutdruck verschwunden, und ‚Y.' erfuhr eine bemerkenswerte Besserung der Kopfschmerzen und der Schwindelanfälle."

„Meine Frau ist jetzt völlig wiederhergestellt. ‚A.' befindet sich bei guter Gesundheit, ist fröhlich und imstande, eine Zeitlang im Garten zu verbringen."

„Seit ich mich mit Ihnen verband, stellte ich fest, daß ich weniger leicht ermüde und eine größere physische Leistungskraft besitze."

„Mein Katarrh bleibt weiterhin erheblich gebessert. Mein allgemeiner Gesundheitszustand gibt mir auch ein größeres Vertrauen in die bestimmt erfolgende Besserung meines Nervensystems."

„Von der Tatsache ausgehend, daß ich bereits jetzt Besserungen durch Sie empfangen durfte, sehe ich dem kommenden Jahr in bezug auf eine weitere Verbesserung meines Ohrenleidens hoffnungsvoll entgegen. Ich möchte Ihnen auch sagen, daß meine Verbindung mit Ihnen einen gewaltigen Wandel in meiner Lebensanschauung geschaffen hat."

„Wiederum gute Nachrichten. Ich bin sehr zufrieden mit dieser Woche. Meine Frau hat sechs gute Tage gehabt und nur einen mit einem mäßig schweren Anfall."

„Eine plötzliche bemerkenswerte Wandlung hat sich mit ‚B.' vollzogen. Ich hatte Ihren Brief in der Tasche, als ich ihn heute morgen besuchte und ihm mitteilte, daß Sie Ihre Behandlung eingeschaltet hätten. Ich traf ihn aufrecht sitzend und mit einem Geduldspiel beschäftigt an; seine Temperatur war normal; am meisten verwunderte es mich, daß er ohne einen mir ersichtlichen Grund besser geworden war."

„Wenn ich Ihre Methoden verstehen könnte, so würde ich den Vorgang besser abschätzen können, wie sich die Umwandlung in den beiden Patienten, für die ich um Ihre Hilfe bat, vollzog. Als ich Ihnen schrieb, war es nur ‚mit einem lachenden und einem weinenden Auge‘ und weil Dr. ‚C.‘ Sie empfohlen hatte … Das Verschwinden der schmerzhaften Symptome war in beiden Fällen nicht auf die Medikamente zurückzuführen, weshalb ich den Wechsel zum Guten nur Ihnen zuschreiben kann …“

„Ich danke Ihnen; ich befinde mit jetzt bedeutend besser und kann normale Kost zu mir nehmen.“

„Ich wundere mich, wie ich ohne angesteckt zu werden durch die Grippe-Epidemie gekommen bin, die in diesem Bezirk besonders schwer gewesen ist und möchte das auf irgendeine Weise auf Sie beziehen … alle meine Kollegen hatten die Krankheit. Ich verspüre auch, daß meine Lebenskraft besser ist und daß ich täglich mehr als früher zu leisten vermag, ohne Ermüdungserscheinungen gewahr zu werden.“

Manche von diesen Ärzten und andere sind zum Heiligtum zwecks persönlicher Heilung gekommen, während andere ihre Patienten begleiteten. Wenn ich weiß, daß ein Arzt anwesend ist, so lade ich ihn ohne Bezugnahme auf seinen Beruf ein, die Krankheitsbedingungen, wie etwa eine Buckelbildung, vor dem Behandlungsbeginn zu prüfen, so daß er selbst die Veränderung mit dem Patienten beobachten kann. Dann erlaube ich dem Arzt, seine Hand unter die meinige zu legen, wenn die Biegsamkeit der Wirbelsäule wiederhergestellt oder eine Krümmung begradigt wird, so daß er den Vorgang akut fühlen kann. Ich habe die Ärzte in jedem Falle bereit gefunden, den günstigen Wechsel, der stattgefunden hat, zu bestätigen.

Im vergangenen Jahr waren einige Medizinstudenten

gekommen, um unsere Heilungen zu beobachten, und sie waren davon, unserer anschließenden Unterhaltung nach zu urteilen, höchst beeindruckt. Es geschah nun, daß ich eine Weile darauf eine Einladung erhielt, anläßlich ihrer Monatsversammlung über Geistheilung zu sprechen — aber in letzter Stunde wurde diese zurückgenommen. Warum?

Während wir manchmal rapide und zuweilen spontane Heilungen erzielen, zeigen die folgenden Briefauszüge doch, daß der gebräuchliche Heilungsweg in stufenweisen Fortschritten besteht: —

16. August. „,A.' kam ins Krankenhaus wegen Poliolähmung. Sofortige Durchführung eines Luftröhrenschnitts; die Kehlkopfmuskeln sind gelähmt. Sie konnte weder sprechen noch Nahrung aufnehmen. 18. August: Sie wurde in eine automatische Atmungsmaschine (‚Eiserne Lunge') gebracht. Die ärztliche Meinung lautete, daß ‚A.' nicht mehr länger als drei Stunden leben könne. Nunmehr wurden Sie wegen dringender Heilungsbehandlung ans Telefon gebeten. Die Ärzte sagten, daß die Lähmung, die ihren Nacken, das Gehirn und die obere Körperhälfte befallen hatte, nun auch das Herz ergreife. Die Herzschläge waren matter und langsamer geworden. Der linke Lungenflügel hatte die Funktion eingestellt, und ihre Augen waren zu einer totenähnlichen Maske zusammengesunken. Neun Stunden später lebte sie noch, und ich vermochte sie soeben noch wiederzuerkennen. Ihr Hinübergang wurde nur noch als selbstverständlicher Schluß erwartet, der jetzt zu jeder Zeit stattfinden mußte. Die Ärzte und Schwestern, die ihr beistanden, konnten nicht begreifen, was sie die Nacht hindurch und den nächsten Tag leben ließ, und woher sie ihre Lebenskraft bekam. 20. bis 24. August: Ihr Leben war gerettet, sie schien ein wenig klarer auszusehen, und es war ein wenig Farbe in ihre Wangen zurückgekehrt. 26. August: Sie begann ohne Unterstützung durch die Röhre in ihrem

Nacken zu atmen. Die Schwestern sagten, daß sie erstaunliche Willenskraft habe. Der Fortschritt vollzog sich langsam weiter, bis am 9. September die ersten Lebenszeichen der Wiedererweckung ihrer Stimme erschienen. Der Fortschritt hielt an; Worte konnten geformt werden, und am 20. September vermochte sie ihren Kopf vom Kissen zu erheben und schon natürlicher zu sprechen. Am 23. September wurde die Ernährungsröhre entfernt, und ‚A.' war imstande, ein wenig Flüssigkeit zu sich zu nehmen. Die Ärzte können noch nicht verstehen, aus welchem Grunde sie wiedergenas, und sie sagen, daß es nicht auf ihre Bemühungen zurückzuführen ist. Der Heilungsfortschritt dauerte an, und am 6. Oktober saß sie bereits für ein und eine halbe Stunde aufrecht und versuchte zu gehen. Am 3. November war ‚A.' in der Lage, frei im Raume umherzugehen. Der Fortschritt blieb beständig. Sie vermag nun das Innere des Toast (geröstete Brotschnitte) zu essen und nahm acht Pfund zu. Am 26. November verließ ‚A.' das Krankenhaus zur Erholungskur; aber mußte dort dreimal wöchentlich zwecks weiterer Behandlung erscheinen. Heute, also ein Jahr später, würde man kaum mehr jemand erzählen können, daß sie jemals an Poliolähmung gelitten hat."

Man möge beachten, daß die Fernheilung einsetzte, während man stündlich ‚A.s' Tod erwartete. Mit der einsetzenden Fernheilungsbehandlung wurde die Lebensgefahr beständig verringert. Die Ärzte erkannten, daß irgendeine Kraft zusätzlich zu ihren Bemühungen mit im Spiele war, die sie die kritischen Tage überstehen ließ. Die Fernheilungsbehandlung wurde drei Monate hindurch fortgesetzt.

Entfernungen bilden kein Hindernis für Fernheilungen, und Berichte von außergewöhnlichen Fernheilungen kommen sogar von der anderen Seite der Erdkugel. Ein Beispiel hierfür ist die folgende Geschichte, die von Lady Baden-Powell geschrieben wurde, die selbst erfolgreich wegen Gicht und anderer Leiden behandelt worden ist. Es war

Anfang des Jahres 1959, daß sie in einen Unfall verwickelt wurde, wobei ihr einige Rippen brachen. Sie wünschte besonders deswegen reisen zu können, um ein wichtiges Engagement im Zusammenhang mit der „Girl Guide"-Bewegung erfüllen zu können, und sie schrieb mir mit der Bitte um dringende Hilfe, ihr die Ausführung ihres Planes zu ermöglichen. Das geschah auch, und nachdem die Verbände um ihren Brustkorb geöffnet worden waren, wurde festgestellt, daß die Rippen völlig geheilt waren. Lady Baden-Powell schrieb den folgenden Brief, während sie Südafrika bereiste, um die von ihrem Mann begründeten Pfadfinder-Traditionen fortzusetzen. Es heißt in diesem Brief: —

„Die wärmste und innigste Bewunderung möge Ihnen in vollster Würdigung Ihrer so wundervollen Leistung für meine Nichte entgegengebracht werden. Sie war so furchtbar krank mit ihrer Rückenverletzung gewesen; die Ärzte hatten sie operiert, und es ging ihr schlechter und schlechter. Ein Spezialist sagte, daß sie niemals wieder richtig gehen können und für den Rest ihres Lebens ein Krüppel bleiben würde.

Sie werden wissen, was das für eine junge, kraftvolle, feinsinnige Frau in den Dreißigern bedeutet, die mit einem Farmer verheiratet ist, der mit ihr gerade ein neues gemeinsames Leben beginnen will und die Farm mit wenig Geld und der Voraussetzung beiderseitiger Gesundheit begründete.

Durch ihren Freund (Mr. ‚X.' aus Hove) kam sie mit Ihnen in Berührung, und was Sie für sie taten, ist wahrlich das erstaunlichste Wunder, das man sich überhaupt vorstellen kann. Sie ist nicht nur wieder völlig gesund, sondern befindet sich im Sattel auf ihrer wilden 2000-Morgen-Farm, reitet Stunde um Stunde durch die Steppenberge, hütet ihr Vieh, bekümmert sich um die Urbarmachung dieses jungfräulichen Landes, überwacht das Scheren ihrer 500 Schafe, ist mit der Führung der Wirtschaftsbücher betraut, und darüber hinaus fungiert sie noch als lokale Sprecherin für die Afrikaner, als Sekretärin der Farmer-Union, als kluge und tatkräftige Beraterin der „Ostafrikanischen Frauen-Liga" und ist all und jedem gegenüber eine liebenswürdige Gastgeberin.

Dank Ihnen ist sie lebensstark, auf der Höhe und glücklich — und zu ihrem besonderen Vergnügen ist sie eine große Pferdeliebhaberin, züchtet, trainieret und reitet, und gewann schon eines oder zwei der lokalen Rennen."

Hier ist ein anderer Bericht aus weiter Ferne. Die Schreiberin ist die Frau eines Richters in Oklahoma, USA:

„Hier ist der Bericht, den Sie erbeten haben. Mein Mann hatte einen Autounfall erlitten. Als Folge davon und im Anschluß an die erlittenen Operationen an Nacken und Rücken wurde er von der Taille abwärts total gelähmt, so daß er auch die Kontrolle über seine Eingeweide verlor. Er verbrachte seine Tage entweder im Bett oder in einem Rollstuhl. Sein großes Leid bestand darin, daß er den Gerichtsverhandlungen nicht mehr beiwohnen und keinerlei aktives Interesse am täglichen Leben mehr nehmen konnte. Es war auf Grund des Ratschlags unseres Pastors, daß ich Ihnen schrieb, aber nicht wirklich glaubte, daß Sie irgendetwas für ihn tun könnten, nachdem alle unsere Professoren uns beschieden hatten, daß es außerhalb ihrer Fähigkeit liege, für ihn irgendetwas zu tun.

Ihren ersten Brief erhielt ich im Juli letzten Jahres und schöpfte daraus wieder Hoffnung, daß Sie doch imstande sein könnten, ihm zu helfen, und ich sandte Ihnen deshalb weiterhin regelmäßig Briefe. Mein Mann wurde durch Ihre Briefe von neuer Hoffnung erfüllt, und er wartete sehnsüchtig auf jeden neuen. Drei Wochen nach Ankunft Ihres ersten Briefes stand er eines Tages auf und ging zu seiner und unserer großen Freude die Veranda entlang. Von diesem Tage an kehrte seine Kraft zurück, seine Bewegungsfähigkeit verbesserte sich, und er wurde wieder Herr seiner

Eingeweidefunktionen. Gegen Ende August war er imstande, eine kürzere Wegstrecke mit Hilfe eines kräftigen Stockes zurückzulegen. Der Wirbelsäulenriß, den die Ärzte als Bruch angesehen hatten, und der ihn zum Krüppel gemacht hatte, wurde beseitigt. Im Oktober konnte er seine Tätigkeit bei Gericht wieder aufnehmen.

Es sind nun bereits sieben Monate vergangen, seit ich Ihnen zum ersten Male schrieb, und ich kann keinerlei Zeichen seines Gebrechens mehr feststellen, und niemals wurde er mehr von irgendwelchen Beschwerden befallen. Ich denke, daß es jetzt Zeit für Sie ist, Ihre Behandlung abzubrechen, da er so gesund ist.

Es wird Sie gewiß interessieren, wie ich annehme, daß die mit ihm befreundeten Ärzte seine Wiederherstellung verblüfft und kopfschüttelnd zur Kenntnis nahmen, denn sie mochten ihren Augen nicht trauen. Mein Mann wird nicht müde, Ihnen ‚Loblieder zu singen‘. Als er seinen Freunden, den Krankenhausärzten, die ihn zuerst behandelten, über Ihre Heilung berichtete, konnten diese ihm seine Aussagen nicht ableugnen, aber sie schüttelten ebenfalls ihre Köpfe, denn sie konnten das nicht begreifen. Unsere Dankesschuld Ihnen gegenüber kann niemals in irgendeiner Form abgetragen werden ...“

Viele, viele weitere Heilungsgeschichten könnten angeführt werden; doch mögen die hier angegebenen bereits genugsam ihren Zweck, den Skeptikern eine volle Antwort zu geben, erfüllen und unseren Anspruch hinlänglich rechtfertigen, daß durch die Kraft der Geistigen Welt jene der medizinischen Wissenschaft unzugänglichen Krankheiten wirklich geheilt werden. Schließlich möge man sich vergegenwärtigen, daß die in diesem Kapitel gegebenen Heilungszeugnisse in den Bereich der außergewöhnlichen Heilungen gehören, und daß es eine Unzahl von Heilungen weniger schwerer Krankheitsbedingungen gibt. Jeder offizielle Untersucher kann, nach vorheriger Vereinbarung, kommen und Einblick in jegliche Korrespondenz nehmen. Er kann den Eingang der verschlossenen Briefe überwachen, kann diese öffnen und sie, selbstverständlich vertraulich, lesen, um zu sehen, daß unsere Behauptungen einschränkungslos bewiesen werden.

Doch möchte ich noch eine weitere Geschichte anführen, die insofern von besonderem Interesse ist, als sie ein Kind betrifft, das für absolut unheilbar gehalten wurde. Die folgenden Auszüge sind dem Zeitungsbericht entnommen, der über ein Jahr später nach der Heilung erschien:

„Man sagt, daß dieses hübsche kleine Mädchen mit blondem Lockenhaar, das wie alle anderen Kinder in der West Street-Kinderpflegeschule in Colne tanzt, springt und herumtollt, ein Wunder ist.

Ein Wunder; denn Barbara wurde mit Krämpfen, blind, sowie geistig und körperlich unterentwickelt geboren. Sie war bereits zweimal als Baby aufgegeben worden; einmal, als sie todkrank an Lungenentzündung darniederlag, und dann, als sie, soeben von der Lungenentzündung genesen, wieder von Krämpfen befallen wurde und die ärztliche Meinung lautete, daß sie zu einem bedauernswerten Leben verurteilt sein würde, wenn sie erhalten bliebe.

Barbara wurde von ihrer Mutter auf die Bühne in der Colner Stadthalle getragen, wo Mr. Edwards eine Demonstration Spiritueller Heilung gab. Barbara war damals zweieinhalb Jahre alt. Mr. Edwards, so erinnert sich unser Reporter, lächelte das kleine Mädchen im grünen Kleidchen an. Sie konnte nicht gehen; sie hatte Schwierigkeiten, soeben ihren Kopf zu heben. Mr. Edwards bat die Mutter, ihr Töchterchen niederzustellen. Er nahm dann Barbaras Hände in seine eigenen und ermunterte sie, zu gehen. Ein erregtes Raunen ging durch die Zuhörerschaft, als Barbara, die niemals zuvor gehen konnte, ihre ersten unsicheren Schrittchen unternahm.

Sechs Monate später vermochte Barbara großartig zu

gehen und ist heute beinahe ein normales Kind... Und sagte Barbaras Schulleiterin: ‚Ich glaube nicht an die Spirituelle Heilung; aber jetzt glaube ich. Ich meine, daß mit Barbara ein Wunder geschehen ist!‘"

Der Ortsgeistliche, Rev. Geoffrey Petts, nahm zu diesem Fall wie folgt Stellung: „Barbara ist gerade einer von vielen tausenden Menschen, dem bleibender Segen durch die Geistheilung zuteil wurde. Barbaras Heilung war ebensowenig ein Wunder wie die Geistheilung anderer, denn ein Wunder ist ein durch eine übernatürliche Macht verursachtes Ereignis, währenddessen bei der Geistheilung nichts Übernatürliches beteiligt ist. Im Gegenteil handelt es sich um ein höchst natürliches Phänomen.

Die Wissenschaft entdeckt täglich neue Faktoren, die eine materialistische Lebensanschauung nicht länger aufrechtzuerhalten erlauben. Es ist nicht länger möglich, die materialistischen Annahmen durch Anführung althergebrachter Begriffe der Biologie, Physiologie, Physik usw. zu unterstützen, denn diese setzten voraus, daß die Materie fest ist, während sie das eben nicht ist, wie gewiß jedermann in unserem Zeitalter der Atomstrukturen, -gewichte und -energien heute wissen wird.

Die augenscheinlichen Tatsachen führen vielmehr zu dem Schluß, daß der Mensch sowohl eine spirituelle als auch eine materielle Natur besitzt. Er ist mehr als Fleisch und Blut, das im Grabe endet. Die Tatsachen der Geistheilung erweisen die Existenz von Wirkungsimpulsen oder Kräften jenseits der durch Instrumente meßbaren Kräfte. Diese Tatsachen helfen die allgemeine Anerkennung der Grunderkenntnisse der Geistheiler mitunterstützen; daß der Mensch ein Wesen ist, das einen Geist besitzt, der den Körper beeinflußt und von diesem beeinflußt wird; daß Krankheit eine Folge des gestörten Gleichgewichts der materiellen und der spirituellen Natur im Menschen ist; daß er, der Heiler, ein vermittelndes Instrument für eine im Universum gegenwärtige Kraft oder Macht ist, die, zielgerichtet gelenkt, Disharmonien beseitigt oder doch wesentlich mildert.

Diese Heilungsweise ist nicht neu in dem Sinne, daß sie ein Phänomen unserer Zeit wäre. Die ‚Wunder‘ Jesu waren nichts anderes als eine Manifestation dieser gleichen Kraft, die immer gegenwärtig gewesen ist, aber die bis heute im allgemeinen nicht richtig erkannt oder verstanden worden ist. Diese Heilung ist in keiner Hinsicht übernatürlich. Sie hängt nicht vom Wissen des Leidenden, der geheilt werden möchte, ab. Sie hängt nicht vom religiösen Glauben oder von irgendeiner anderen Art des Glaubens ab. Geistheilung ist keine Glaubensheilung. Sie ist eine Kraft, die in ihrer eigenen Richtung wirkt, und jene, die sich die Mühe machten, diese Zusammenhänge zu durchdenken und zu verstehen, können diese Kraft als einen normalen Bestandteil des Daseins erkennen und gebrauchen.

Mr. Edwards ist wahrscheinlich der größte Geistheiler unserer Zeit, aber er steht nicht allein in seiner Mission. Jeder Bezirk hat ein oder zwei Menschen, die sich ausschließlich dem Dienst an den Kranken widmen und sie von ihrem Unglück zu befreien suchen.

Wie man sich denken können wird, sind viele kaum dazu bereit, diese Tatsachen anzuerkennen; am allerwenigsten die Ärzteschaft. Man kann mit diesem Berufsstand sympathisieren; aber laßt es uns in aller Milde sagen, daß die widerrechtliche Verdammung der Spirituellen Heilung die reinste Narrheit und törichtes Vorurteil ist.

Entgegen mancher Vorstellungen muß gesagt werden, daß die Spirituelle Heilung die orthodoxe Medizin weder zu verunglimpfen noch zu verdrängen sucht. Geistige Heiler erkennen die Aufgabe und den großen Wert der orthodoxen Medizin, und ihrer aller Anliegen ist es nur, daß auch ihrem eigenen Werk die Beachtung geschenkt wird, die es verdient!"

Mit klareren Gedanken konnte dieses Kapitel der Zeugnisablegung gewiß nicht beschlossen werden.

17. Kapitel

Schlußfolgerungen und Ausblick

Die Frage mag nun gestellt werden: „Aus welchem Grunde geschieht es dann, daß sich Ärzte und andere in das größere Reich des Geistigen Lebens Eingetretene mit dem Erwerb zusätzlichen Wissens abplagen, um den auf der Erde Zurückgelassenen zu helfen?" Es mag der Gedanke aufkommen, weshalb jene Hinübergegangenen auf ihren neuen Lebensbahnen, die so viele Gelegenheiten zur Freude und zur Weiterentwicklung der künstlerischen und philosophischen Fähigkeiten und deren Betätigung bieten, willens sein sollten, ihre Bemühungen auf die Fortsetzung der Heilung irdischer Kranker durch entsprechende Heiler zu beschränken?

Die Antwort mag in zwei Richtungen gefunden werden. Die erste lautet, daß ein viel höherer Zweck im Heilen als im bloßen Kurieren liegt. Bei oberflächlicher Betrachtung mag das nicht als von so großer Wichtigkeit erscheinen, obwohl es sehr wesentlich für, sagen wir, Mr. Smith und seine Familie ist, der durch Geistheilung von seinem schweren Leiden befreit wurde. Es *muß* ein höherer Zweck hinter der Geistheilung liegen.

Seit den frühesten Tagen der Menschheitsgeschichte wohnte den Menschen ein innerer Drang inne, mehr zu tun, als es der vorgezeichnete Lebensweg, mit dem man unzufrieden war, zuließ. Jedes Tier ist zufrieden mit guten Wetterbedingungen, einem Paarungsgefährten und hinreichender Nahrung und sucht nach nichts weiterem. Schafft man einem Menschen ähnliche Bedingungen, so ist er mit diesen nicht zufrieden, sondern er wird nach weiteren Lebenswerten und Betätigungen suchen. Im Rückblick auf die Geschichte der Menschheit finden wir eine weitere bemerkenswerte Gemeinsamkeit. Ungeachtet dessen, ob die Menschen einem fortgeschrittenen Zivilisationsvolk oder einem primitiven Stamm von Wilden angehören, sie alle verehren und fürchten einen Gott. Ihre Vorstellungen von Gott und vom Leben nach dem Tode widerspiegeln die Ansichten und Weltanschauungen ihrer Zeit. Später erwachte mit fortschreitender Entwicklung der Menschheit, als man sich des Vorrechts des Besitzes von Dingen zu erfreuen begann, in ihr der innere Wunsch, diese Besitztümer zu schützen, indem man mit seinen Nachbarn in Frieden zu leben bemüht war.

Diese Qualitäten, welche die Menschheit immer besessen hat und noch besitzt, deuten auf das Vorhandensein eines nicht-physischen mentalen Idealismus hin, der nicht mit den groben irdischen Ausrichtungen in Zusammenhang gebracht werden kann. Dieser Umstand ist es, der das Vorhandensein der menschlichen Seele, oder, wie wir es benennen, seines Spirituellen Selbst, erweist.

Wir erkennen in den Gesetzen, die unsere Schöpfung beherrschen, den Zweck des geistigen Fortschritts. Dieser ist mehr als kalte „Evolution", denn letztere ist das Ergebnis physischer Ursachen und Wirkungen.

Die menschliche Sehnsucht richtete sich stets auf die Suche nach einem höheren Lebensweg auf der Grundlage spiritueller Befriedigung. Doch kein geistiger Fortschritt kann durch die fortschreitende Überbewertung der irdischen Lebenswerte seitens der Menschheit erzielt werden.

Das Kommen Jesu in einer kritischen Zeit in der Geschichte der Menschheit brachte uns die spirituellen Richtlinien für unser richtiges Leben und demonstrierte uns die Macht des Geistes in der Heilung der Kranken. Die schnelle Verbreitung der Frühkirche wurde von Historikern auf die Anwendung sowohl der Praxis des Predigens der neuen Wahrheiten als auch auf die Praxis der Krankenheilung zurückgeführt. Mit diesem Wachstum überkam die Kirche aber auch der Wunsch nach persönlicher Macht und nach weltlichem Besitz, und die Heilungsgabe ging langsam aber sicher verloren.

Es mag gut möglich sein, daß in diesen Tagen der Fortschritt der materiellen Wissenschaft eine andere kritische Zeit in der Menschheitsgeschichte heraufbeschwören wird, in der die materialistischen Tendenzen die spirituellen und qualitativen Ziele zu überwuchern drohen, aus welchem Grunde die Heilungsgabe wiedererweckt wurde, um die Wahrheit von der Menschen Geistigkeit und Bruderschaft zu künden. Die Menschen von heute hungern nach geistiger Weisung, die sie vernunftgemäß annehmen können. Das wurde auch durch die ungeheuren Zuhörerschaften bewiesen, die herbeigeströmt waren, um den amerikanischen Evangelisten Billy Graham zu hören, als er hier war. Leider aber stellte sich heraus, daß diese Bemühungen kein Ansporn für die Menschen waren, zum kirchlichen Gottesdienst zurückzukehren, obwohl die Menschen willig waren, brauchbare geistige Nahrung zu erhalten. Die Kirche hat die Verantwortung dafür zu tragen.

Die Menschen heutiger Zeit, und besonders gilt das für die jüngere Generation, sind nicht damit zufrieden oder willens, legendäre Rituale und urtümliche Theologien auf der Basis eines blinden Glaubens und Vertrauens anzunehmen. Sie suchen nach irgend etwas Greifbarem. Durch die Geistheilung wird der Beweis für die Seele und den Geist gegeben. Mit dem Beweis der Tatsache des individuellen Weiterlebens nach Beendigung dieser irdischen Seinsphase kann ein neues geistiges Lebenskonzept gewonnen werden.

Ich erinnere nochmals an die nationale Hörerumfrage der B.B.C., die nach meinen vertraulichen Informationen ergab, daß über neunzig Prozent der Stimmen sich für die Spirituelle Heilung aussprachen. Das Geistige Feuer glüht fortwährend in uns, obwohl es zuzeiten gedämpft sein mag und nur schwelt. Aber es kann niemals verlöschen, da es uns innewohnt. Es bedarf nur der Anführung eines vernünftigen Beweisgrundes, um die Flamme neu anzufachen. Die

Zeit des Glaubens an die alleinige Macht der Priester ist vorbei. Je eher sich die Kirche als Ganzes erneuert, desto besser ist es. Wenn die Kirche an Stelle der „Macht des Priesters" die „Macht des Geistes" setzt, die durch den Priester demonstriert werden kann, und wenn sie die Kranken in öffentlichen Heilungsdiensten vor dem Altar heilt, dann werden die Menschen jene geistige Nahrung erhalten, nach der sie hungern. Die Kirche wird dann ihre Aufgabe im Göttlichen Plane, den Menschen Führer zu sein, erneuern.

Es mag sein, daß wir heutzutage Zeugen der Entfaltung eines Göttlichen Planes sein dürfen, der die Beeinflussung unseres Erdenlebens zu neuer geistiger Aktivität durch die Geistheilung vorsieht, in welchem die jenseitigen Ärzte die zukünftigen Missionare sein werden. Genauso wie wir in der Vergangenheit Missionare mit besonderen Befähigungen der Krankenheilung aussandten, um rückständigen Völkern zu helfen, so mag es auch in der Zukunft, aber in einem viel weiteren Sinne, aussehen, denn den gegenwärtig erzielten Heilungserfolgen liegt ein höherer Zweck zugrunde.

Echte Fortschritte in der Wissenschaft sowie auf Spirituellem Gebiet können nur durch stufenweises, aber beständiges Wachstum erzielt werden, aber dieses ist abhängig von der vollen und richtigen Einschätzung aller dazugehörigen Faktoren. Die Verwirklichung wird einer solchen richtigen Einschätzung folgen. Indem sich die Nachricht verbreitet, daß Kranke und Gebrechliche, und besonders die sogenannten „Unheilbaren", durch Spirituelle Mittel geheilt werden, so muß daraus die Tatsache geschlossen werden, daß diese Geheilten selbst ein Teil dieses Geistes sein müssen, um überhaupt Hilfe durch den Geist und aus der Geistigen Welt empfangen zu können. Indem sich dieses Wissen ausbreitet und die Vorurteile der beruflichen „bestallten" Interessen der Kirche und der Medizinerschaft beiseiteschiebt, so wird die Menschheit als Ganzes dazu geführt werden, einen Wandel in der materiell betonten Rangordnung der Werte, die unser heutiges Leben hauptsächlich bestimmen, vorzunehmen.

Somit sind wir jetzt in der Lage. den größeren Zweck, welcher der Heilung der Kranken durch Geistige Mittel zugrunde liegt, zu erkennen, der darin besteht, den Ausblick des Menschen zu weiten, seinen Lebensweg zu vergeistigen sowie Krieg, Armut, Begierden und alle anderen Lasten der Menschheit zu verbannen.

Wir dürfen Zeugen der Entfaltung des Göttlichen Planes eines geregelten und bewußten Geistigen Fortschritts sein, der im Endresultat sehr viel dauerhafter sein wird als, sagen wir, irgendein plötzliches wunderbares Geschehnis auf unserem Lebensweg.

In den ersten Jahren des vergangenen Jahrhunderts waren die Mittel zur Herstellung der Verbindung zwischen Geistigem und irdischem Leben von noch sehr viel roherer Form. Die Mediumschaft entwickelte sich mehr auf der Linie der Manifestationen physikalischer Art; offensichtlich zu dem Zweck, den menschlichen Intellekt von ihrem übernormalen Charakter zu überzeugen. Diese Form der Medialität hat sich allmählich gewandelt, wie beobachtet werden konnte. Der nächste Entwicklungsschritt war die Ausbreitung der mentalen Medialität ,wie jene mit Hellseh- und Trancekontrolle, die uns den Beweis des individuellen Fortlebens nach dem irdischen Tode bewies und lehrte, daß unserer physischen Existenz ein höherer Zweck zugrunde liegt, wodurch uns die Augen für die Tatsache unseres ununterbrochenen Fortschritts auch im vor uns liegenden Geistigen Leben geöffnet wurden. Diese letzteren Gaben des Geistes werden niemals aussterben, denn ihre Bestimmung kann niemals voll ausgeschöpft werden. Der dritte Meilenstein auf dem Wege des Verständnisses des Sinnes der Geistheilung wird jetzt durch die beständig wachsende Zahl der Heiler ersichtlich, die gerade zur rechten Zeit erfolgt, in der die Bürde der Krankheitsplagen so drückend geworden ist, wie in diesen Tagen.

Wenn der Zeitgenosse eines früheren Jahrhunderts, der in einer Zeit lebte, in der so viele Menschen von Epidemien dahingerafft wurden, da es noch keine Antiseptika ("fäulniswidrige" Mittel gegen Blutvergiftung usw.) und medizinische Hygiene gab, die gewaltigen Fortschritte hätten sehen können, welche die medizinische Wissenschaft heute gemacht hat, würde er sich sicher zu der Erwartung berechtigt gefühlt haben, daraus eine völlig gesunde menschliche Gemeinschaft resultieren zu sehen. Die Krankenhäuser würden, abgesehen von Unglücksfällen, leer sein, und die Ärzte würden wenig zu tun haben. An Stelle dieses glücklicheren Zustandes sind unsere Krankenhäuser voll bis zur Überfüllung, und die Zahl derer, die in den Wartezimmern der Ärzte sitzen, geht in die Hunderttausende. Zweifellos müssen viele sterben, weil einfach nicht die Möglichkeit besteht, jeden, der in Not ist, zu behandeln, Unsere Ärzte sind überarbeitet, und ein alles umschließendes und kontrollierendes staatliches System zur Regulierung der Krankenbehandlung wurde durch Parlamentsbeschlüsse geschaffen. Die Leiden des Krebses und der spinalen Kinderlähmung stellen Geißeln dar, die sich im Laufe der Jahre vermehrt haben. Die Leiden, die sich als Folgeerscheinungen von nervlichen und seelischen Schäden entwickelten, nahmen alarmierende Ausmaße an. Somit befindet sich die Menschheit heute in größerer Not als jemals zuvor. Deshalb kann man rechtmäßig annehmen, daß die Erscheinung der Geistheilung einem Göttlichen Ratschluß entspringt, der menschlichen Familie in ihrer Not zu helfen und den wahren Lebensweg für die Zukunft zu weisen.

Zum gegenwärtigen Zeitpunkt ist unsere Aufmerksamkeit im wesentlichen auf die Absicht der Geistheilung gerichtet, die Ursachen und Symptome der Leiden sofort, nachdem sie geschaffen wurden, zu beseitigen. Wir haben allen Grund, uns über die Art und Weise, in der unsere Krankheitsbedingungen überwunden werden, zu wundern, und der Weg dieser Leistung ist in vielfacher Hinsicht des Nachdenkens wert. Doch es mag sein, daß noch eine viel größere Aufgabe für die Geistheilung verbleibt als die Heilung von Gebrechen und Leiden, und das ist die *Vorbeugung* der Leiden.

Betrachten wir nochmals den Krebs. Ist seine Ursache physisch oder spirituell? Ein halbes Jahrhundert hindurch haben sich die besten Köpfe der medizinischen Welt beständig bemüht, die Ursache des Krebses in irgendeinem physischen Vorgang zu finden. Es ergibt sich die Frage: „Weshalb haben sie versagt?" Mag es nicht deshalb sein, weil die Ursache überhaupt keine physische ist? Wir haben ausgeführt, indem wir den von den Geistführern gegebenen Berichten und unserem eigenen Verständnis folgten, daß der Ursprung der Krebskrankheit ein spiritueller ist. Seine Verursachung liegt in tiefgreifenden Gemütsverletzungen und -verklemmungen, die im Gegensatz zum natürlichen und freien Ausleben des Daseinzweckes stehen. Wir sind gegenwärtig Zeugen der langsamen Annahme dieser These seitens hervorragender Mediziner. In den USA und Kanada wird die Forschung in dieser Richtung vorangetrieben. Gerade weil es durch Statistiken und durch das eingehende Studium des Charakters und des inneren Empfindens jener, die vom Krebs befallen wurden, bewiesen wurde, daß die primäre Ursache im seelischen Gebiet zu suchen ist, erscheint es einleuchtend, daß eine physische Wissenschaft nicht fähig sein wird, dieser Krankheit vorzubeugen oder sie zu überwinden, da sie völlig außerhalb ihres Zuständigkeitsbereichs liegt.

Was aber folgt daraus? Hier kann nur die Zuständigkeit der Spirituellen Heilung in Frage kommen, da es in ihrem Möglichkeitsbereich liegt, das Gemüt und das spirituelle Selbst zu behandeln und zu beeinflussen. Wenn zugestanden wird, daß ein solcher guter Einfluß existiert, so ist auch die Vorbeugung und Verhütung des Krebses möglich. Es ist eine Sache der richtigen Einschätzung der spirituellen Kräfte und der Bitte um ihre Hilfe bei der Vorbeugung von Krankheiten, um die richtigen Impulse zur Überwindung der seelischen Verklemmungen zu erhalten.

Die Anwendung dieses Weges kann erkannt werden, wenn man sich die ersten allgemeinen Eindrücke beim Beginn einer Heilung ins Gedächtnis zurückruft: der Patient wird eines inneren Kraftzustroms bewußt, und ein Gefühl des Wohlbefindens und der inneren Erleichterung überkommt ihn.

In der Regel haben Spiritualisten und andere, die die Wahrheit vom bewußten Weiterleben nach dem Tode und der Wiedervereinigung mit unseren Lieben erkannt und angenommen haben, keine Furcht vor dem Tode. Die auf der Erde Zurückgebliebenen werden durch die Gewißheit getröstet, daß ihre Lieben einfach einen neuen und glücklicheren Lebensweg beschritten haben, den sie eines Tages ebenfalls betreten werden. Auf diese Weise ist jene erstrangige Angst und jener Seelengram fortgenommen, der sehr gut der Beginn der Krebsursache sein kann. Indem dieses Wissen vom persönlichen Weiterleben, mit allen seinen philosophischen Folgerungen, von mehr und mehr Menschen angenommen werden wird, so wird damit auch dieser Aspekt der Seelenqual der Furcht vor dem Tode mit allen ihren Weiterungen beseitigt werden. Keine Religionsform wird dann mehr über die Schrecken des Höllenfeuers und die Todeskämpfe der Straforte predigen, die auch nicht buchstäblich existieren. Die Religion wird einen höheren Zweck erfüllen, und eine geistig erwachte Menschheit wird sich allgemein des Spirituellen Erbes bewußt sein, das vor uns allen liegt, und dem keiner von uns entfliehen kann. Die grundlegende Lebensanschauung wird in eine glücklichere umgewandelt werden.

Indem die Folgerungen aus der Geistheilung allgemeiner angenommen und eingehender verstanden werden, so werden sie auch ein Teil unseres natürlichen häuslichen Lebens werden. Ihre Segnungen werden dann so selbstverständlich und unbefangen gesucht werden, wie wir heute zu unseren Hausmitteln greifen, um kleine Übel zu heilen. Das bedeutet, daß wir die geistigen Werte erkannt und angenommen haben, und daß wir um unsere persönliche Verbindungsmöglichkeit mit der Jenseitswelt genauso wissen wie um die geistige Kraft in uns selbst.

Man kann voraussehen, daß sich auch ein Fortschritt in der Erziehung der Menschen auf spiritueller Ebene ergeben wird. Das physische Leben wird eine echtere und wahrheitsgemäßere Linie in seiner Ausrichtung auf das Ganzheitliche Leben bekommen. Damit muß sich eine beachtliche Verminderung der vorherrschenden Ängste, die auf der Wichtigkeit der irdischen Exeistenz beruhen, ergeben. Die Menschheit wird dieses Leben dann als Vorstufe und Übungszeit für das Größere Leben betrachten.

Somit haben Geistige Heiler nicht nur die Aufgabe der Heilung des Körpers, sondern auch der Seele, indem sie die Lehren über den Vorgang der Geistheilung und das Weiterleben nach dem Tode verbreiten.

Wir werden wahrscheinlich noch andere Fortschritte in der Auswirkung der Medium- und Heilerschaft darin sehen, daß Geistlehrer die Mittel zur Erreichung der neuen Lebensweise angeben werden.

Bis diese Wandlung im mentalen Auffassungsvermögen der Menschheit vollzogen sein wird, und darüber mögen ein oder zwei Jahrzehnte hingehen, muß der Krebsvorbeugung auf die Aktivität der Heiler, die Menschen individuell zu behandeln, beschränkt werden. Wenn die Ursache der Krebskrankheit allgemeineres Wissen wird, so werden jene, die sich ihrer inneren Unzufriedenheiten und Disharmonien bewußt sind, zum Heiler gehen und um innere Befreiung und Erleichterung viel mehr nachsuchen als sie es heute tun. Indem der Leidende das Bewußtsein der Gefährlichkeit seiner inneren Disharmonie bekommt, ist ein sicherer Schritt vorwärts auf dem Wege zum Spirituellen Erwachen getan, und damit kann auch der Ausbruch des Krebses vermieden werden.

Heutzutage suchen mehr und mehr Menschen guten Willens und spiritueller Einsicht die Entwicklung ihrer Heilungsgabe. Die Anzahl der praktizierenden Geistheiler hat sich seit zehn Jahren vervielfacht. Zu dem Zeitpunkt, in dem ich dieses schreibe, wird die Zahl der Heiler im Vereinigten Königreich auf etwa fünftausend geschätzt. Es sind aber viel mehr Heiler erforderlich, um mit der ungeheuren Masse physischer und seelischer Krankheiten heutzutage fertig zu werden. Die gleiche Entwicklung vollzieht sich auch in anderen Ländern. Pionierarbeit wird in Frankreich, Holland, der Schweiz und in Teilen der USA vorangetrieben, wo die Gesetze die Geistige Heilung teilweise noch ächten. Aber keine Wahrheit kann jemals für länger unterdrückt werden.

Mit dem Auftreten von mehr Heilern wird auch die Notwendigkeit einer allgemeineren Anerkennung der Forderung des Göttlichen Geistigen Planes erwachsen. Die geistige Erziehung sowohl der Heiler als auch der Öffentlichkeit wird ein Problem wachsender Bedeutung werden.

Zur Unterstützung des ultimativen Zwecks, welcher der Geistheilung zugrunde liegt, gehört die Notwendigkeit unserer Selbsterziehung. Die Art und Weise, in der uns die Geistführer unterstützen wollen, um zu diesem größeren Verständnis zu gelangen, soll an einigen Auszügen der Ratschläge des allerseits geliebten Geistführers „Silver Birch" („Silberbirke") illustriert werden, die dem Verfasser vor einiger Zeit gegeben wurden. Diese weisen auf die Ordnung der kommenden Dinge hin und unterstützen unsere zukunftweisenden Schlüsse. Der Geistführer sagte: „Haltet Eure Augen für den einen Zweck offen, und der ist die Erweckung der Seelen zur Wirklichkeit des Lebens. Das ist der Zweck, der Hauptzweck, für alle spirituelle Aktivität. Die Heilung und die Tröstung, die erlangt werden, lenken die Aufmerksamkeit auf die Botschaft, daß alle, die leben, Teil des Großen Geistes sind, daß sie Geistige Wesen sind, die sich so entwickeln müssen, daß sie ihre höhere Erbschaft erreichen und ihre Bestimmung erfüllen können.

Wenn alle jene großen Höhen, zu denen die Menschheit

aufsteigen kann, leicht zu nehmen wären, würde ihnen kein Wert innewohnen. Die Seele findet zu sich selbst, nicht durch Leichtfertigkeit, nicht durch Oberflächlichkeit, nicht durch Müßiggang, sondern durch harte Arbeit und Streben und Schwierigkeit. Jene von euch, die ihre Heilungswerke durchführen und denken, wie leicht das alles ist, sehen nur die Oberfläche. Sie vergessen, daß hinter diesem allen die Jahre der zähen Mühe stehen, ehe die gegenwärtige Zinne erklommen worden ist. Du mußt wissen, daß jeder Gipfel, der erklommen wurde, einen anderen Gipfel verdeckt, der ebenso erklommen werden mußte.

Du, der du der Welt der Materie angehörst und dich mit den täglichen Problemen und Bedürfnissen deines materiellen Körpers abzugeben hast, wirst zuweilen so von diesen rein materiellen Dingen angefüllt, daß du die Sicht auf die großen Spirituellen Wirklichkeiten hinter diesen Dingen verlierst.

Wir werden wieder und wieder dem menschlichen Element in eurer und unserer Welt gegenübergestellt. Das Gesetz ist vollkommen; aber es muß durch unvollkommene Wesen wirken. Was ihr nicht kontrollieren könnt, das ist das Maß der spirituellen Entfaltung des Individuums; aber alles wird durch die Entwicklung der Seele kontrolliert. Das ist der entscheidende Faktor. Der Körper ist nur der Diener des Geistes; er ist nicht sein Meister."

Dem Geistführer wurde folgende Frage gestellt: „Können wir nicht durch die Heilung den physischen Geist durch den spirituellen Geist günstig beeinflussen?" Die Antwort lautete: „Der physische Geist ist nur der Diener des Spirits. Wenn ihr den spirituellen Geist wirken laßt, so wird alles andere nachfolgen. Doch wenn der Spirit nicht das Entwicklungsstadium erreicht hat, in dem er antworten kann, so könnt ihr ihn nicht wirken lassen. Was ihr vorhabt, den Körper in Ordnung zu bringen, ist sehr gut. Aber es ist viel wichtiger, daß die Seele zu sich selbst findet, und indem ihr sie mit sich selbst in Berührung bringt, führt ihr sie auf den

Weg des Verständnisses. Der Körper selbst ist eine komplizierte Maschine, und der Geist hat auch viele Gesichter.
Alle diese aber sind Gesetzen unterworfen, die innerhalb
größerer Gesetze arbeiten. Während Harmonie in diesem
„Fachwerkbau" der Gesetze regiert, funktioniert das gegenseitige Zwischenspiel dieser Gesetze, und eines reagiert auf
das andere."

Hier haben wir die Voraussetzung, auf der alle Heilung
beruht: daß sie den Gesetzen zugeordnet werden muß, die
das Leben in seinem weitesten Sinne beherrschen. Keine
Heilung kann erfolgen, ohne daß sie sich den Einflüssen und
Kräften innerhalb des Gesetzes unterordnet.

Die regelnden Einflüsse sind Gedankenanweisungen. Diese
mögen auch zur Kategorie der „Energie" in einer vorgeschriebenen Form gehören. Die gedankliche Vorstellung
ist etwas anderes als Worte. Letztere sind nur das Mittel,
durch welches das Bewußtsein eine Vorstellung in eine durch
den physischen Geist aufnehmbare Erfahrung übersetzt.
Stelle dir zum Beispiel den Gedanken an einen Bleistift vor,
den ein Dutzend verschiedene Menschen haben, die jeder nur
ihre eigene Sprache sprechen. Die Vorstellung würde von
allen mittels derselben charakteristischen Energieform empfangen werden, aber jeder würde ihn durch die Worte seiner
eigenen Sprache zum Ausdruck bringen. Dieser Vergleich
verhilft uns zu dem Verständnis, inwiefern Menschen aller
Völker und Rassen, ungeachtet ihrer Sprache, wirksam von
der Geistigen Welt durch Fernheilung beeinflußt werden
können.

Jede Geistheilung ist eine individuell geplante Handlung,
die innerhalb des Gesetzesrahmens von einem individuellen
Geistführer im Hinblick auf die besonderen Nöte des
Leidenden ausgeführt wird. Dies ist die einfache logische
Grundlage, auf der jede Heilung beruht. Der Methoden
gibt es viele, und die Folgerungen, die daraus erwachsen,
bieten eine höchst faszinierende Reihe von Problemen für
den Denker. Diese Grundlage ist ebenso tatsächlich wie der

Heilungsakt selbst. Wir sind genötigt, diese durch die Erfahrung bewiesenen Tatsachen zu akzeptieren. Zu diesen gesicherten Grundlagen können wir die aus dem Stadium der Heilungserfahrungen gewonnenen Schlüsse hinzufügen. Wir sehen die günstigen Wandlungen, die durch die Einschaltung der Geistigen Heilung beständig, Tag für Tag, erzielt werden. Diese Tatsache befähigt uns, von Grund auf eine vernünftige Hypothese über die von den Geistführern zur Beseitigung der Ursachen und Symptome der Krankheiten angewandten Methoden aufzubauen.

Wenn dieses Buch nur ein wenig zur Erreichung dieser Absicht mit beigetragen hat, dann hat es seinen Teil zur Erreichung eines besseren Verständnisses der Motive, welche die Spirituelle Heilungsweise in Erscheinung riefen, erfüllt. Diese Motive bestehen in der Verstärkung jener guten Kräfte, die in wesentlicherem Ausmaß in den bisher immerwährenden Konflikt des Guten und des Bösen eingreifen können, und die damit zur Förderung des Göttlichen Planes beitragen werden, der mit Gottes Schöpfung eingesetzt wurde.

Verlag Hermann Bauer · Freiburg im Breisgau

Harold J. Reilly / Ruth H. Brod

Das große Edgar-Cayce-Gesundheitsbuch

Die verblüffend wirksamen Heilweisen des
berühmten amerikanischen Mediums Edgar Cayce

5. Auflage, 366 Seiten mit 96 Zeichnungen, gebunden

»Heilung aus einer anderen Dimension« – so könnte der Titel
dieses Buches lauten. Edgar Cayce, auch bekannt unter dem
Namen »Der schlafende Prophet von Virginia Beach«, hinterließ über vierzehntausend sogenannte »Readings«, die ihm in
Trance gegeben wurden.

Harold Reilly und Ruth Brod haben diese Readings studiert und
hier zum ersten Mal in der Geschichte der Paramedizin praktisch dokumentiert und medizinisch ausgewertet. Das Verblüf-
fende an allem sind die erstaunlichen Heilwirkungen, die mit
den paranormalen Rezepturen und Behandlungsanweisungen
erzielt werden können. Beweise für Heilungserfolge finden sich
in diesem Gesundheitsbuch in großer Zahl. Es ist das Verdienst
von Dr. Reilly, ein Edgar-Cayce-Institut in New York ge-
gründet zu haben, in dem zahlreiche berühmte und bekannte
Persönlichkeiten aus- und eingingen. Viele ihrer gesundheitlichen Schicksale werden hier beleuchtet, und immer wieder wird
von erstaunlichen Heilungserfolgen berichtet, oft in ausweglos
erscheinenden Situationen.

Edgar Cayce hinterließ ein kaum zu übersehendes Erbe visionär
erschauter Hilfen sowohl für den Kranken als auch für den Gesunden. Seine Heilungsreadings sind eine wahre Fundgrube für
alle, die um ihre Gesundheit besorgt sind. Allen gesundheits-
bewußten Menschen sei daher *Das große Edgar-Cayce-Gesund-
heitsbuch* zum Lesen und Studieren empfohlen. Der praktische
Nutzwert dieses ungewöhnlichen Werkes ist naheliegend und
erspart manchen Irrweg.

Verlag Hermann Bauer · Freiburg im Breisgau